Ludovica Squirru

Horóscopo chino
2024

DRAGÓN
DE MADERA
2012 • 2024 • 2036

B

Squirru Dari, Ludovica
Horóscopo chino 2024 / Ludovica Squirru Dari. - 1ª ed. - Ciudad Autónoma de Buenos Aires : Ediciones B, 2023.
432 p. ; 22 x 15 cm. (No ficción)

ISBN 978-987-780-438-6

1. Astrología China. I. Título
CDD 133.5

PRODUCCIÓN GENERAL E IDEAS
L. S. D.

COORDINACIÓN EDITORIAL Y CORRECCIÓN
Marisa Corgatelli

DISEÑO Y SUPERVISIÓN DE ARTE
Natalia Marano

FOTOS TAPA, CONTRATAPA, INTERIOR Y PÓSTER CALENDARIO
Claudio Herdener - gatophoto@gmail.com
gatophoto.blogspot.com

ILUSTRACIONES DE INTERIOR
María Ángela Juanena - @majuanena

MAQUILLAJE Y PEINADO
@noe_rivadeneira

VESTUARIO
Mona Estecho - monaxtango@hotmail.com
Andy Fuchs - andyfuchs@gmail.com

COLABORACIONES
Cristina Alvarado Engfui - islacentral@yahoo.com
Ana Isabel Veny Llabres - zonaatomica@gmail.com

COLABORACIONES ESPECIALES
Felicitas Córdoba - fcordoba1964@hotmail.com
Macarena Argüelles - makita-66@hotmail.com

AGRADECIMIENTOS
Aráoz de Lamadrid
Hotel & Bodega
@araozdelamadrid
Deepak Ananda - @horoscopohinduok
Fernando Manguz - fernandomanguz@yahoo.com

AGRADECIMIENTOS ESPECIALES
Hoby De Fino - @hobydefino

INSTAGRAM: @ludovica.squirru
FACEBOOK: Ludovica Squirru

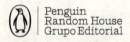

© 2023, Ludovica Squirru Dari

© 2023, Penguin Random House Grupo Editorial, S.A.
Humberto I 555, Buenos Aires
penguinlibros.com

Penguin Random House Grupo Editorial apoya la protección del *copyright*.
El *copyright* estimula la creatividad, defiende la diversidad en el ámbito de las ideas y el conocimiento, promueve la libre expresión y favorece una cultura viva. Gracias por comprar una edición autorizada de este libro y por respetar las leyes del *copyright* al no reproducir, escanear ni distribuir ninguna parte de esta obra por ningún medio sin permiso. Al hacerlo está respaldando a los autores y permitiendo que PRHGE continúe publicando libros para todos los lectores.

Impreso en Colombia - *Printed in Colombia*

ISBN: 979-88-909801-7-5

Queda hecho el depósito que previene la ley 11.723.

DEDICATORIA

A LOS DRAGONES DE MI VIDA
A LOS DRAGONES DE MADERA, EN SU TAI SUI (AÑO CELESTIAL)
Fernando Manguz
Gaba Robin, la Bruja Pop
Juan Pablo Enis
Felicitas Córdoba
Marcela Aguilar
Aníbal Castaño
Candelaria Azar
Pedro Moreno
Antonia Díaz
Norberto Llorca
Marcela Cerini
María Antelo
Nenino

A LOS DRAGONES DE TIERRA
Antonela Roccuzzo
Fernando de María
Tatana Caride
Ariadna Cecilia Román
Milagros Wetzler
Haydeé Argelia Massoni
de Moabre

A LOS DRAGONES DE METAL
John Lennon
Salvador Jacovella
Cristopher Romero
Oriana Arenas

A LOS DRAGONES DE FUEGO
Deepak Ananda
Alfredo Bagnatti
Valeria Subbert
Emilio Krayem
Glenda Vieites
Juan Sigimbosco
Claudia Ramos

A LOS DRAGONES DE AGUA
El Chino Mario de la Triac
Mercedes Sáenz
Susú Pecoraro
Gina Rosasco
Thiago Messi

ÍNDICE

Prólogo: Año del Dragón de Madera 7
Introducción a la Astrología china,
por Cristina Alvarado Engfui 33

ASTROLOGÍA POÉTICA

Rata 44
Búfalo 56
Tigre 68
Conejo 82
Dragón 96
Serpiente 112
Caballo 126
Cabra 138
Mono 152
Gallo 166
Perro 178
Chancho 190

Introducción a la adolescencia 206
Adolescencia
  por Felicitas Córdoba y Macarena Argüelles 208
Respuestas de adolescentes para el año del Dragón 210

Predicciones planetarias, mundiales y espirituales
del año del Dragón de Madera 2024 230
Predicción general para el año
del Dragón de Madera *yang* 2024/4722 235
Predicciones para la Argentina basadas
en la intuición y el I CHING 253

Los astros y sus influencias en 2024 para Latinoamérica,
Estados Unidos de América y España
por Ana Isabel Veny Llabres 270

PREDICCIONES PREVENTIVAS
Rata 294
Búfalo 304
Tigre 314
Conejo 324
Dragón 334
Serpiente 345
Caballo 355
Cabra 365
Mono 375
Gallo 385
Perro 395
Chancho 405

Escribe tu propia predicción 416

Tabla de los años lunares exactos 420
Tabla Ki 9 estrellas 423

Un viaje por los años del Dragón 426

Bibliografía 431

PRÓLOGO 2024

Respiro.

Respiro después de veinte días de algo que jamás había conocido desde que nací.

Olas que son hervideros en la ciudad de Buenos Aires, que rebauticé "Malos Aires" hace unos años.

Llegué a Ezeiza después de la gira que tanto había extrañado durante la pandemia: Uruguay, Miami, México, disfrutando cada día, sobre todo en Ciudad de México, donde recuperé a LSD en su totalidad.

Feliz, renacida, "nada se pierde, todo se transforma" en los ciclos de los calendarios chino, maya, hindú.

Mi infancia salvaje en Parque Leloir y Traslasierra me marcaron, y me animé a "casi todo" lo que la vida me ofreció.

Tenía que volver a las giras.

En mi ADN, los viajes son la sal de la vida; aprendí a no excederme, pues ya a estos katunes soy hipertensa, y por primera vez estoy medicada, para que mi alocado corazón no tenga arritmias.

El libro del año del conejo brincó fuerte y trajo gratas alegrías y desazón, estados que sin duda produce este signo.

Durante el viaje, mis ojos se tiñeron de texturas sagradas en huipiles, colchas, tapices, paredes de colores vivos, mercados, frutas deliciosas que saboreé en cada desayuno en La Condesa, barrio que abracé con un tul transparente para protegerlo de la crudeza y hostilidad que ha envuelto al mundo.

Las vivencias en cada calle, en mis recorridos a lo largo de treinta y pico de años por allí me asaltaban cada tanto.

No permití que la nostalgia me invadiera. Me conecté con el aquí y el ahora.

En México me dicen "señorita".

Tal vez porque no están tan acostumbrados a ver mujeres que viajan solas y no le rinden cuentas a nadie de noche. O porque, aunque no me sienta, parezca más joven, *hippie*, libre.

El invierno tenía la temperatura perfecta con la que me gustaría vivir todo el año.

Clima seco, con un sol que es una nodriza hasta el mediodía y nos deja recibir su influencia protectora y alegre.

Empieza el otoño en el hemisferio sur y la primavera en el norte.

También es el día de la poesía.

¿Dónde estás, poesía?

Celebro a los poetas que aún nos transportan a sus mundos, y nos dejamos llevar, sin reloj, a otra dimensión.

Vivimos despoetizados.

Y cada día es una muralla china que nos impide llegar a los buenos tratos, moderados, espontáneos, que teníamos con quienes nos relacionábamos.

Volví a viajar en el año del tigre, en nuestra primavera.

Feria del libro en Neuquén, en el Museo.

Hacía dos años que no tomaba un avión y con mis meditaciones decreté que todo saldría armónico, con viento a favor y sin ningún tropiezo.

Fuimos con Mariana Paz, amiga y todo terreno en *make up* y peinado, divertidas como dos amigas en un viaje de egresados.

Mi último recuerdo de Neuquén ciudad, hace más de doce años, era áspero.

Un lugar para albergar a gente que trabaja en el mundo petrolero, que hace negocios; con una arquitectura sin feng shui y poco amigable.

Fuimos al mismo hotel de entonces, en el centro, pero me sorprendí al ver entre las calles plazoletas con álamos, bien cuidadas, flores de estación y una pulcritud digna del primer mundo.

Tuvimos un recibimiento cordial y una habitación con vista a la avenida.

Dos días de prensa, con la irrupción de una huelga y explosión de la refinería de Plaza Huincul, que paralizó la agenda ese día.

Uru, serpiente de tierra, a cargo de mí en la feria del libro, captó que había que adaptarse a lo imprevisible, pues ese día era la cita en el Teatro del Museo, a las 19 horas.

Creí que no iría nadie, por la tremenda explosión, que provocó la muerte de tres operarios.

Pero, al llegar, descubrí una fila de mujeres, adolescentes, jóvenes y personas de distintas edades que esperaban verme antes de entrar en la sala.

Hacía tres años que no viajaba por el país, sentí una emoción que humedeció mis ojos, y muchas ganas de disertar.

Hice notas antes, en la oficina de la amable directora del Museo, con su equipo, y cuando la sala estaba casi llena entré en el escenario, donde habían organizado un *sketch* y me presentaban como en el Carnegie Hall de New York.

Transcurría aún el año del tigre, pero ya comencé a dar un panorama del año del conejo y sus imprevistos.

Una larga y paciente fila para firmar, y al final una mujer con cara de adolescente perturbada se presentó: "Soy la machi, quien tuvo la visión de recuperar la tierra para nuestro pueblo mapuche".

GULP.

Jamás me imaginé que alguien de esta controvertida situación viniera a verme.

A mi alrededor, la gente que aún permanecía me hacía señas que interpreté de rechazo, y para que ella se fuera del lugar.

"No interfieras en el karma ajeno", le dije.

Se fue sintiendo que no era persona grata en ese lugar.

Recibí el 21 de septiembre allí.

Salí a caminar feliz. El día invitaba a renacer con los árboles, con sus hojas verdes que bailaban al unísono con la brisa, y me sorprendí por estas avenidas y sus negocios de buen gusto, abiertos y con linda música.

Pasé por un kiosco cercano al hotel para comprar agua.

Y allí, delante de mí, un joven con rasgos mapuches y la armonía que tiene su gente estaba luchando contando lo que tenía para comprar una pizza, queso, tomate y una soda.

Era el día del amor, del estudiante, y de sentir que todo es posible en un mundo imposible.

Le dije sin dudar: "¿Aceptás mi ayuda para comprar algo?".

El kiosquero me miró; el muchacho se sorprendió, y pagué parte de su alimento del día.

Estaba ya en la calle al rayo del sol del mediodía, cuando lo vi correr hacia mí, para decirme: "Gracias, señora, por su gesto. No sabe cómo me ayudó". Y una lágrima roció mi mejilla cuando lo abracé.

Ay, mundo cruel. ¿Cómo se puede vivir en este país con los salarios que ya están licuados antes de cobrarlos?

Quedé transformada por ese joven agradecido y sorprendido. Un pequeño gesto fue para él la salvación.

Los contrastes del país: Neuquén –provincia donde está Vaca Muerta, nuestro futuro y el del mundo– resulta carísimo para la gente que allí vive.

Descansé ese día, disfruté el cordero y la trucha en el menú, con un buen vino, y prometí volver.

En este viaje conocí a Mercedes Pérez Sabbi, que nos deleita con el cuento chino del tigre. Amable y atenta, compartimos feria y hotel en Neuquén, su ciudad natal.

En Buenos Aires hoy hay clima mundialista.

La Selección juega un amistoso con Panamá. En medio de la tragedia socioeconómica, la gente, exhausta de crisis energética, inflación y manicomio, se refugia en la Scaloneta.

Y retomando mi gira, hice un breve paso porteño con prensa y sensaciones primaverales para viajar a la feria del libro de Córdoba.

Me acompañó Hoby, que no conocía la capital cordobesa y extrañaba las giras vip de otras reencarnaciones.

Una de las razones por las que hace veintitrés años elegí vivir en Traslasierra es la multicultural capital con bellos museos, exposiciones, infinitos proyectos artísticos, la diversidad de sus habitantes, los restaurantes y bares de diferentes colores y sabores.

Me habían invitado otros años y no pudo ser, pero se dio en el año del tigre.

Recorrí la ciudad entre el hotel y el canal 12, hice prensa, radios, notas telefónicas y mucha promoción desde la organización de la feria, que además sumó artistas, cantantes, famosos y en ascenso, con diferentes repertorios para cada generación, algo que vivencié en esos días.

El 9 de octubre di mi conferencia en el majestuoso Teatro Real. En los camarines, su custodia y una mujer que parecía Chavela Vargas —testigo de casi una centuria transcurrida desde la apertura del teatro— sentí la energía de quienes me antecedieron.

La sala estaba colmada; salí al escenario bailando la canción que Charly me dedicó hace cerca de treinta años: "Gato de metal", y narré en primera persona el contenido del libro, dedicado a los niños, víctimas de un mundo que los excluye antes de nacer.

Luego, la firma de libros fue en el Cabildo, en la otra cuadra de la plaza, con mujeres muy intensas que me contaban sus dramas como un rap, buscando soluciones mágicas.

La tarde entre los dos lugares era púrpura.

El aire fresco de la primavera traía perfume de jazmines y madreselvas.

Mi corazón estaba oxigenado; di todo y recibí mucho más mientras Lennon soplaba su velita 83 desde el cielo.

Volví a la querencia, donde siempre dejo mochilas y cargo a veces otras inesperadas.

El día que partíamos a Capilla del Monte a encontrarnos con Deepak y Manguz para compartir otra ceremonia y presentación de libro en el teatro Enrique Muiño, se infiltró una triste noticia: Silvana Suárez había dejado su cuerpo para elevar su alma.

Es raro seguir un día cuando se va una amiga que vivía en Nono y tenía su vida allí.

Me costó salir de casa, pero vi una flor de cactus recién nacida, bella y blanca, y sentí que era Silvana que me saludaba con alegría.

Llegamos a Capilla, la cabaña Ozone nos esperaba con calidez, y la gente de allí también.

El 24 compartimos con "el Negro" otra grata experiencia, y ahí estaba, como siempre, Roberto Villamil, que fue la llave esotérica de quienes buscaban develar los secretos de Erks, el Uritorco, los ovnis y el más allá. También partió en enero del año del tigre, causando un agujero de ozono entre quienes lo conocíamos y queríamos.

Retorno a Buenos Aires en avión, puntual y con cielo diáfano.

Más prensa en Buenos Aires.

Y con gran alegría rumbo a *Almorzando con Mirtha Legrand*.

La presentación del libro fue en el jardín japonés al mediodía; un *déjà vu* que nutrió mis sentidos y me dio la alegría de encontrar a amigos de ayer, hoy y mañana.

Me acompañaron María José Demare y Karina, que cantó a capela salvando los imprevistos.

Y por supuesto la carpa estaba llena de buenos escuchas de las profecías y travesuras de LSD.

Mi ausencia de casi tres años en Uruguay, a causa de la pandemia y sus restricciones, fue lo que más sentí.

Por eso acepté feliz la invitación a participar en la feria del libro de Montevideo y, además, cerrarla en el Salón Azul.

La prensa siempre fue excelente por su calidad de reportajes, preguntas y periodistas que conocen mi obra desde el inicio.

Me cuesta decir que no a algunos, pues la amabilidad, el respeto y la paciencia oriental es una de las virtudes del otro lado del charco.

Reencontrarme con mis amigas Cecilia, Anabella, Adriana "Namaste" –que atraviesa la despedida de su madre y, como siempre, da todo el prana a ella, al zoo, a las clientas y a mí– me conmovió profundamente.

Disfruto cada retorno al Radisson Victoria Plaza, mi casa hace más de treinta años, donde puedo detectar el cambio de luz entre el amanecer y el atardecer desde la *suite* del piso 23, navegar en el tenue o arisco oleaje que cambia según el antojo del clima y me deleita con azules intensos o más tenues, con el verde esmeralda en contraste con nubarrones dignos de un cuadro de Turner mientras me preparo para cada reportaje, encuentro, y afino mi voz para que sea clara y diáfana en cada respuesta.

Julián Ubiria, conejo de madera, CEO de la editorial en Montevideo, estaba muy nervioso con la convocatoria en el histórico Salón Azul, sede de grandes debates políticos, culturales, artísticos, y de presentaciones que pude sentir reverberar cuando entré allí por primera vez.

PRÓLOGO

Adriana llegó agitada, pues su madre casi anunciaba la partida; la tranquilicé, como ella a mí cientos de veces por diferentes temas íntimos, de salud, de sintonía con lo que se repite y repite en las relaciones con el hombre y lo que debemos aceptar "porque nacimos para comprender al otro, más que ser comprendidas".

Su mano de artista me dejó más bella que siempre.

Se nos unió Catman y partimos los tres a la feria con una lluvia fina que se convirtió en agua bendita más tarde.

Había una fila larga y ordenada que se ubicó mientras me preparaba entre ventiladores detrás y delante de bambalinas.

Con mis talismanes conejo, respiración acorde, y disfrutando una mesa larga y sólida como la de *La última cena*, fluí con el contenido del libro del conejo creando un clima de atención que duró hora y media.

Hasta el gallinero estaba casi completo, y seguía entrando gente a mitad de la conferencia.

Luego firmé libros y agendas en el *hall*, y me reencontré con amigos que ya son padres, amigas de otra galaxia. Se respiraba alegría, mucha alegría, algo que en Argentina se diluyó "allá lejos y hace tiempo".

Tuve una propuesta, promediando el año del tigre, para realizar una gira por Paysandú, Mercedes y Salto.

Acepté. Me gusta conocer nuevos pueblos y ciudades, y la gente es tan pintoresca como en nuestras provincias.

Catman aceptó conducir Jabalina –nuestra camioneta azul– y ser copiloto de gira.

Salimos con Montevideo al rojo vivo, un mediodía de noviembre, por rutas nuevas, donde siempre nos perdemos hasta que reencauzamos el TAO (camino).

Paysandú, nuestro destino, estaba a cuatrocientos kilómetros.

Estábamos contentos de incursionar por el interior de Uruguay, con aire acondicionado en la camioneta, pues el sol era un soplete en la coronilla.

Mercedes quedó en lista de espera; no había mucha convocatoria. Época de mundial, fin de año, y a pesar de que mi libro es *best seller* en el Uruguay, en todos lados hay que contar las rupias.

Mis mánager eran tres amigos a los que bauticé "los tres mosqueteros" intuitivamente; después me confirmaron que, como socios, ellos tenían ese nombre.

Llegamos alrededor de las cinco de la tarde a Paysandú, que se extiende con su avenida principal hacia el infinito.

Me gustó ver palmeras, azahares, plantas de Santa Rita, jacarandás en sus calles de casas bajas que transmiten sensaciones de pueblo con historia.

Llegamos al mejor hotel de allí, con cuartos pulcros y un salón de desayuno digno de una escuela. Estábamos sofocados.

Nos dimos una ducha helada y fuimos a conocer a un socio que debía darnos GPS del lugar de la presentación.

Un bar con aire, pegado al hotel, nos alivió de las cinco horas soporíferas en la ruta; pedimos agua y un té con tostadas.

Catman combinó para ver el lugar de mi presentación al día siguiente, al mediodía.

Era una casona alejada del centro que parecía una de Cartagena de Indias. Allí estuve, lista y radiante para ese zoo que me tomaba examen; fui con mis cartas de I Ching, y la presentación fue personalizada: cada mujer y los audaces hombres que asistieron se llevaron su predicción en el corazón.

Al día siguiente, Roberto Canessa presentaba su libro en la misma librería en que se vendían los míos.

Fui al convite sola, irritada con Catman, que a veces me descoloca con su humor irascible.

Caminé sin rumbo cuadras de calles solitarias llenas de árboles y fragancias que calmaron mi malestar.

Sabía que llegaría, más tarde que temprano, a destino.

Y así fue; un atardecer tórrido, húmedo estaba esperándonos.

Cortaron la calle, colocaron sillas y un escenario con músicos de buena cepa, y me arrimé al fogón.

Me reconocieron; mujeres con abanicos más grandes que el mío, que habían estado en mi presentación, me saludaron y recibieron con lindas sonrisas.

Me senté a esperar al héroe de la cordillera.

De repente lo vi a Catman allí, desde la vereda buscaba mis ojos esquivos.

PRÓLOGO

Lo sigo amando, pues cuando reacciona como jabalí salvaje sabe que debe sanar ese momento y seguir en armonía, como pacto vital.

Canessa me hizo vibrar como un oboe.

Hacía años luz que nadie transmitía algo tan real de forma didáctica, descriptiva y con moraleja.

Me quedó su comienzo: "No esperen que se caiga el avión, caminen".

Y a partir de allí, amenizando con humor e hiperrealismo no mágico, desarrolló la enseñanza de su experiencia que ya es historia mundial.

Lo saludé, le pregunté su signo: dragón de agua.

—Con razón —le dije—: tenés muchas vidas en esta vida y renacés como el ave fénix.

Pareció interesado en sus características, pero la gente lo abordaba de todos lados, y preferí alejarme con Catman en busca de una parrilla y un vino.

A la brisa de esa noche en Paysandú la llevaré *under my skin.*

Al día siguiente, con un calor digno de la estación y de las manchas solares que son latigazos en la sien, los tobillos y la frente, nos despedimos del hotel, su gente, y nos dirigimos hacia Salto.

Nos advirtieron que en el camino encontraríamos termas para alojarnos y disfrutar sus efectos en nuestros cuerpos cansados por los rugidos del año del tigre. También nos dijeron que en Salto, en el hotel Los naranjos, teníamos piletas termales.

Hacia allá nos dirigíamos; una vez más nos perdimos, dimos vueltas en el centro y la rotonda varias veces, hasta que alguien con claridad nos indicó la entrada a este bálsamo al viajero, ideal para recuperar los siete cuerpos en pocos días.

Desensillamos, almorzamos y, cada uno en su habitación, lujo que pocas parejas se dan, nos encerramos con aire acondicionado mirando desde la cama las cuchillas tan características de Entre Ríos, que al caer la tarde se podían ver con sus luces, al otro lado del río Uruguay.

Bello lugar con el croar de las ranas, los bichitos de luz, el muelle para enamorados y solitarios que tengan nostalgia del futuro.

Al día siguiente llovió todo el día, e incursioné en la pileta termal sola, nadando como una sirena.

Catman vino de mala gana, cuando lo llamé para que sus dolores en rodillas y manos se aliviaran con la temperatura que nuestro cuerpo rememora de nuestra estadía en el útero.

Mientras comíamos en el comedor del hotel, hablábamos sobre la gira, las ganas de retornar a Feng Shui y el cercano 4 de diciembre en Nono, para celebrar otro aniversario de la Fundación Espiritual de la Argentina.

Esta improvisada gira me deparaba presentar el libro en el *shopping* de Salto a las 18 horas, un lunes, en el salón de comidas.

Después de cuarenta años, las editoriales saben que no es el sitio para LSD. Intento estar en lugares rodeados de naturaleza, con horizonte, puesta del sol o salida de la luna, combinando lo que es para los chinos la inspiración con las energías que tenemos dentro y fuera de nuestro cuerpo, comulgando con las estaciones, la luz y el canto de los pájaros o los ladridos de los perros.

No dentro de un *shopping*, con luz de neón, ruidos, música a todo volumen y gente que pasa y se queda mirando o sigue su camino.

Pero "Buda dirige el tráfico". Y con todo el cariño, los libreros de Salto me organizaron un espacio con una mesa, una silla, agua y micrófono, y resultó una fiesta.

Fueron llegando de a poco, educados y con lindo aspecto, los interesados en LSD; una niña con un sombrero de conejito y sus padres, hombres, mujeres, jóvenes, raros y raras como yo.

Di la charla, sonaba bien, no había ruidos externos y después firmé libros allí, con el cariño de la gente que decía: "Tenés que volver, Salto te sigue hace mucho tiempo".

El mayor regalo de ese día, cuando casi me estaba yendo, fue la aparición de una mujer de ojos celestes, medio pelirroja, con una carpeta y unos dibujos dentro.

—Hola, Ludovica —me dijo suavemente—, te sigo desde hace mucho tiempo. Soy rata, me encantan tus libros, y te traje algunos dibujos para ilustrar algún día tu libro o agenda. Vivo en Cabo Polonio, y estás invitada a visitarme cuando quieras.

PRÓLOGO

¡¡Qué loca la vida!!

Estamos en el otro extremo de Uruguay, y esta mujer se enteró de que estaría en el *shopping* y vino hasta acá.

–Dale, lo miro y te cuento.

Y cuando vi su obra, y otra que me envió, decreté: "Serás la artista del año del dragón de madera del libro y de la agenda".

Les presento a María Angélica Juanena.

Al día siguiente, Argentina debutaba con Arabia Saudita en Qatar.

El mundo los miraba, y nosotros a las 7 de la mañana estábamos preparados, con fe en la Scaloneta, para el primer triunfo de la Selección.

Pero hubo gran chasco en el debut.

Creímos que festejaríamos la despedida de Los naranjos con una copa de champán, pero la decepción aceleró nuestra partida.

Nos esperaba la última etapa: desde Salto hasta nuestra casa en Traslasierra.

Soy buena organizando viajes, escalas, y sabíamos que después de cruzar el puente Salto-Concordia teníamos que atravesar de Este a Oeste la provincia de Entre Ríos, en un día húmedo, pringoso y de bajón emocional.

En la aduana, una mujer mono de fuego me reconoció; ligó una agenda y quedó contenta, a pesar de la sorpresa del día del 2 a 0 inicial.

Entre Ríos por dentro es similar a Uruguay en su campo, terreno irregular, horizonte y soledad.

La ruta estaba bastante bien respecto del pavimento, pero –como casi en todo el país– muy mal señalizada.

Nuestro objetivo ese día era descansar en Paraná, ciudad que añoraba y sentía amigable para pasar parte de la tarde y la noche.

Catman estaba concentrado en la ruta con un solo objetivo: llegar de día a destino. Y cerca de las cinco de la tarde entramos en los suburbios de Paraná para instalarnos en un hotel céntrico, frente a la plaza, la catedral, y un entorno bellísimo.

Bajé solo mi mochila, porque estaríamos solo nada más que una noche, y Cat sus equipos de fotos.

Disfrutamos una tarde dorada, con suave brisa. Caminamos unas cuadras para ir a la farmacia, a la lencería, y saludamos a señoras tan amables como en aquellas épocas de una Argentina que ya no es frecuente en modales y afecto.

Me reconocieron y pedían que los visitara, promesa que hice, pues hace un katún (veinte años) que no presento mi libro en el litoral.

A la noche, en el hotel que nos recomendaron, el chef estaba a la altura de un menú internacional. Saboreamos un buen pescado en un ambiente de luces bajas y buena música.

Queríamos salir temprano hacia la querencia, al menos cerca de las 9.30 de la mañana. Siempre atenta a mi agenda, al reloj biológico y mi espíritu viajero, desayunamos con el sol de la mañana alentándonos en la última etapa.

Cat fue raudo en busca de la camioneta y me encomendó sus pertenencias.

Y no sé por obra de qué alux, de qué espíritu que deseaba retenerme en Paraná, al subir el equipaje, mi mochila quedó en el hotel.

¿Descuido?

¿Acto fallido?

¿Pensar en él más que en mí?

¿El joven no vio la mochila en recepción?

Tenía lo esencial de mi vida allí dentro. Y sin candado.

Jamás me di cuenta en la ruta, donde los desvíos entre pueblos y cruces son un laberinto.

Fue una tarde en la que estaba triste, molesta; algo se anunciaba.

Tardamos ocho horas hasta que el camino de altas cumbres apareció como una madrina que nos alentaba hasta la tranquera de Feng Shui.

Y a pesar de la tórrida tarde, abrimos las ventanas para inspirar ese perfume que solo tienen las sierras cordobesas: poleo, peperina, carqueja, cedrón, una cita previa al reencuentro de mi lugar en el mundo.

Un presentimiento, algo me asaltó antes de llegar, en mi caso hacía un mes que había salido rumbo a Capilla del Monte.

PRÓLOGO

Había llovido luego de una larga sequía, y todo estaba reverdecido.

La primavera en flor.

Después de abrir la casa, ventilarla, poner la pava para un mate y un té; vi que Catman bajaba todo el equipaje… menos mi mochila negra.

"¿Y la mochila?", le pregunté.

Con mala cara me dijo: "No está".

Imaginen mi *chop suey* emocional en ese momento.

Tenía la convicción de que había quedado en el hotel de Paraná, olvidada.

Fue una de mis peores llegadas a casa.

Por supuesto, respiré profundo: inhalé, exhalé, lloré.

Después de varias llamadas al hotel, a Catman le dijeron: "Acá está".

Les evitaré el "descoloque" de catorce días sin saber si lo que estaba dentro, mi privacidad, había sido invadida; mis pertenencias, el tensiómetro, la agenda, el kit de cosméticos que se juntan a través de los años; para consolarme, para no sentirme tan mal, me comparé con los que perdieron todo en un plumazo de la vida, y lo conseguí.

A la tercera noche de desvelo apareció la luminosa cara de Marta, mi ángel guardián de Villa Crespo, Entre Ríos.

Es una fundanauta que asiste hace años al 4D (4 de diciembre), y aporta su presencia y las tortas galesas más ricas, que cocina con su mamá.

Ayyyy; por causalidad, tenía su WhatsApp.

Le conté la pérdida de la mochila y sin esperar un segundo me tranquilizó: iré a buscarla y te la llevaré al campo fundacional el 4D.

Siempre tengo ayuda en momentos críticos. Con aplausos, mientras contaba esta anécdota, Marta fue ovacionada el 4D en Ojo de Agua.

Faltaban diez días para la celebración número 19 de la Fundación Espiritual de la Argentina.

Con la ayuda de las mujeres del valle en cada pueblo, la promoción del evento, las ganas de vernos a pesar del cruel año del tigre, y con un calor mayor aun que en otros años, el domingo 4 de diciembre a las cinco de la tarde los amigos, fundanautas, desconocidos y los que somos el elenco estable estábamos recibiendo a quienes llegaron.

Deepak y su combi repleta de sannyasines, Valentina y sus chicas artistas, Carlos Ares y mujer, Flavia, por primera vez sin Miguel, el Chino de la Triac, Hoby, Gustavo, Mónica y sus fanes de Mina Clavero, Julio, el perro guardián que está atento a lo esencial y frívolo del evento, y muchos más.

En la previa hubo artistas como Heraldo, con su guitarra, mujeres que debutaron en la carpa que instalamos hace dos años porque siempre llueve el 4D, aunque no ese día.

Y esa noche fue celebrada por su frescor y una lluvia de estrellas titilantes.

La semana siguiente se desarrollaron los seminarios entre Nono y Las Rosas.

Cada especialista, con un solo asistente o más, dio todo su amor y experiencia. Y a pesar de la incertidumbre que siempre vivimos los argentinos a fin de año, quedamos muy contentos, pensando en nuestro aniversario número veinte, que será este año del conejo.

El peaje kármico que pago inexorablemente después de una gira y del 4D se repite año a año.

En mi casa, al volver de mi "seminario-less" –no vino nadie, seguramente porque cambié de lugar y día–, no encontré la llave de mi cuarto que siempre dejo en el mismo lugar.

OMOMOM.

Llamar a un cerrajero cuando querés tirarte a llorar en tu cama por algo que se repite en mi vida generó mucha ira.

Y de allí a la bronca, el cansancio y la tristeza.

Mis somatizaciones llegan a fin de año, pues tengo un control mental sobre cuándo puedo aflojar con mis responsabilidades.

Tuve tos, mucha tos seca.

Recurrí a Aloe, donde Claudia me recomendó un jarabe de arrope que lentamente fue mejorando mi voz.

Y me dispuse a dejar el *spam*, la mochila del año del tigre y esperar a una pareja de amigos para celebrar el año nuevo del calendario solar, después de varios años de pandemia en los que solo estábamos Catman, nuestros perros y algún amigo de la zona.

Desde hace tiempo, Traslasierra es una región en la que cada año veranea más gente; algo que ver tengo en esto, por la publicidad que le hago y el boca a boca de la gente que llega a estos lugares.

Entonces, en enero es mejor hacer vida dentro de nuestro hogar y evitar la colapsada ruta 14, en la cual cada vez se producen más accidentes de tránsito.

A mediados de enero, algo repuesta, celebré la ruta aérea Merlo Buenos Aires para hacer un breve paso por la capital, visitar a Magui, mi hermana, ver a pocos amigos y prepararme para retornar de gira a Piriápolis, al Argentino Hotel y a visitar a Ago Páez Vilaró en el Octógono, lugar dedicado a movimientos espirituales, esotéricos, artísticos, donde cada presentación de mis libros es sinergia de lazos de amistad, admiración y respeto mutuo.

Invité a Flavia Grinberg. Su primer año de duelo fue tan desolador, áspero y triste que aceptó gustosa el convite.

Mi reencuentro con el Argentino Hotel y su gente fue conmovedor.

Hacía tres años que no iba, y además había partido quien fue el alma y motor del lugar por casi cuarenta años, junto a su marido. Después de haber recibido el hotel casi en ruinas, lo transformaron en un espacio cultural, familiar y artístico en el que siempre sobresalieron la calidad del personal, su infatigable servicio con buena onda y la mística que dejó Piria, su creador.

Renée Méndez Requena junto a Juanjo, su hijo, nos brindaron un tiempo de sanación y recuperación celular a través de las piletas termales, el *spa* y su jardín de las mil y una noches.

Allí estaba Sebastián, en el *front desk*, junto a las entrañables mujeres que quedaron pospandemia y ajustes o jubilaciones necesarias, como ocurrió en todo el mundo.

Llegué caminando despacio, disfrutando cada baldosa, cada rincón, su perfume, su silencio, como cuando nos encontramos con un amor y el corazón late fuerte.

Las lágrimas estaban contenidas, los ojos húmedos y allí, con un aplauso, tal vez el que más atesore en mi vida, su gente esperándome.

Me dieron un cuarto con vista al mar; lo abrí despacio, aun con el sabor del reencuentro, y quedé mirando el mar en la hora en que lentamente el crepúsculo tiñe de fucsia el cielo y el agua y a lo lejos un barquito de pescadores nos confirma que estamos vivas.

Hice prensa ese día; al siguiente estuve en radio y algún medio gráfico.

Estaba preparándome para iniciar el año del conejo de agua, el 22 de enero, desde las escalinatas del Argentino Hotel con la puesta del sol, como en años anteriores. Y ya inmersos en el antojadizo cambio climático, el día nos regaló un atardecer de Van Gogh.

Mis hadas me acompañaron: Adriana y el zoo, Ana Isabel Veny, mi coautora de predicciones mundiales, y amigos que siempre me sorprenden.

Estaba más inspirada que lo habitual.

La energía con el público fluyó como el manantial de las piletas termales. Un público siempre atento, al cual le di yapa y *bonus track*, pues tenía mucho que contar sobre el último tiempo.

Al día siguiente, los queridos empleados del hotel colaboraron para regalarme un masaje de Maxi, el nuevo mago que me transportó a Ganimedes.

Y me guardé en mi cuarto todo el día.

Flavia disfrutaba del mar, las piletas termales, y de nuestros encuentros en desayunos, almuerzos, caminatas en la rambla. Día a día su cuerpo y cara mejoraban, y se sentía mejor.

La cita en el Octógono de Ago Páez era impostergable.

Y llegó en un atardecer en el que el viento se aquietó, el sol nos acunó y la bienvenida de mi amiga confirmó esos lazos invisibles y atemporales que nos hacen perennes.

Aprecié los avances del lugar: más cabañas, su restaurante de horno de barro y mesas ya integradas por músicos, artistas y amigos con ganas de celebrar la pospandemia, la vida, las ganas de hablar, reír, brindar.

Apareció Sandra, mi amiga que maneja redes e Instagram con Cristina Castro, alguien a quien admiro hace treinta años por su espíritu y talento para mostrarnos cada rincón del mundo, con su cultura, paisajes, gastronomía.

La mesa que preparó Ago con esculturas de conejos, piedras de cuarzo, amatista, turmalina potenció mi mensaje esa noche mágica, intensa, con revelaciones que se transformaron en certezas compartidas.

Luego, en la mesa con manteles y sabores de cantina, cantaron los amateurs, mozos y amigos creando un ambiente en el que Ago decretó: "Hoy inauguramos el café concert".

Retornamos al hotel, en mi caso complacida y feliz por la plenitud del reencuentro, y con Flavia nos despedimos hasta la mañana siguiente.

De pronto, en lo más profundo de la noche, cuando una cree que estar muerta debe ser algo así, los golpes en mi puerta me despertaron súbitamente.

Estaba "en otra dimensión".

Abrí, y era Flavia, llorando, que me decía que había un incendio feroz cerca del hotel, me pidió que fuera a verlo.

Incendio… Mi vida entre incendios y pérdidas.

Fui hasta el cuarto de ella, que daba al Pan de Azúcar. Y efectivamente se veía cómo la serpiente de fuego, ondulante, iluminaba el sagrado lugar, y las sirenas tocaban fuerte.

Flavia estaba muy alterada.

Había bajado a recepción, miraba al personal del hotel que ayudaba a la gente que vivía allí. A las 4 de la madrugada había movimientos como si una guerra sorpresiva nos hubiera asaltado de repente.

Insomnio.

Hasta que partimos, fueron dos días en los que desde mi balcón vi a los helicópteros que buscaban agua en el mar, con sonidos que alteraron la estadía y a Piriápolis para siempre.

Angustia. En Uruguay, como en Argentina, los bomberos llegan casi siempre tarde, cuando se perdió todo y solo los samaritanos ayudan a sus vecinos a evacuar y salvar vidas.

Triste partida, rumbo al aeropuerto para regresar a Buenos Aires.

Adiós Uruguay; que Dios lleve a la Niña y traiga al Niño para que desde el cielo se apague esta pesadilla.

Unos días en el sopor de Buenos Aires rumbo a Miami.

Hacía tres años que no viajaba hacia el hemisferio norte; mis giras siempre fueron parte de mi ADN, expansión, reencuentro con los medios y amigos.

Tenía muchas ganas de volver.

Catman vino desde el valle y nos reencontramos con los requisitos que piden para viajar y tener en orden "la nueva normalidad". La previa de tres horas antes de embarcar es más agotadora que ir caminando a Luján.

Pero lo logramos.

Esta vez viajábamos en asientos separados, y de noche, lo cual ayuda a que el viaje parezca más corto.

Como compañera de asiento me tocó una mujer adorable. Abogada, especialista en consorcios, nos pusimos al día como si nos conociéramos de toda la vida.

Intercambiamos WhatsApp y mails y nos despedimos deseándonos suerte.

Tres horas en migraciones. El cuerpo solo quiere descanso, a pesar de sentir que salir de la Argentina un tiempo es algo terapéutico.

Nadie nos buscaba; un amigo de Catman estaba en su mambo y paré un taxi amarillo, de los que extrañaba, como a sus conductores de otras etnias y culturas.

"A Key Biscane".

Teníamos una invitación de Conrado, amigo uruguayo, para pasar el *weekend* en un lugar que no conocíamos, pero sabíamos que era algo exclusivo.

La temperatura era perfecta: 23 grados, sol agradable, día despejado, cielo azul. El aire entraba por las ventanillas, y el tránsito a esa hora fue algo que recordamos con rapidez.

Esta isla queda alejada; pero a medida que nos acercábamos, la vegetación era similar a la que conocí en Palenque, en la selva lacandona, en viajes por Guatemala y México.

Una brisa con olor a mar inundaba mis sentidos.

Al llegar, nos recibió un portero cordial, y la causalidad quiso que un amigo de Conrado nos esperara con la amabilidad digna de los uruguayos.

Abrimos la puerta y encontramos un departamento cómodo, agradable, de buen gusto, con lo necesario para pasar esos días antes de comenzar la gira de prensa en Miami.

Caímos en las camas como mariposas que necesitan reposo antes de salir a revoletear en un día ideal para ir a la playa y caminar.

Incursionamos en la bella zona privada donde reposeras y sombrillas nos atajaban el sol, y me di el gusto de meterme en el mar Caribe, nadar, ver su transparencia y arengar a Catman para que metiera sus patitas en el mar.

Luego caminamos en busca de un almuerzo marino y vimos el lujo de las casas de la zona.

Llegamos a un restaurante donde pedimos mejillones a la provenzal, ensalada, y los comimos felices, en un ámbito privado y con buena atención.

Hicimos compras en un *farmer market* y volvimos a la guarida que nos brindó buena atención y un descanso del viaje.

El sábado y el domingo llovió.

Los disfrutamos haciendo videos, fotos, charlas, "coloque" para la semana agitada de presentación en Books & Books del libro que compartí con Esteban Villareal, que vive en Miami y a quien no habíamos visto.

El lunes, Maylin nos buscó a media mañana para ir a un canal de televisión que resultó muy ameno y caribeño.

Luego conocimos la editorial Penguin, hice una nota por zoom, y al hotel.

Zona de *shopping* y avenidas.

Adaptarnos a otro lugar y estar bien dispuesta para unir amigos, redes y reportajes para que salga óptima la presentación en Books & Books el 8 de febrero en Coral Gables.

La prensa en Miami, como en el resto del mundo, cambió con la pandemia.

Algunos periodistas muy buenos ya no están en los medios televisivos y tuve que adaptarme a otros en radio y prensa.

Mónica Prandi, amiga y gran periodista, se sumó con el

centro cultural argentino en difusión, redes, y como siempre aportó su espíritu solidario y me presentó en Books & Books.

Habían pasado tres años desde mi última presentación allí.

Realmente esta librería mítica es un bastión de escritores de todo el mundo, y me honra ser parte del elenco con mis anuarios chinos.

Llegó el día; busqué una maquilladora en la zona donde estábamos. El hotel estaba dentro de varios *molls;* durante nuestra estadía, nos sorprendió ver tiendas como Macys vacías, igual que restaurantes de diversos países, locales de ropa y de zapatos sin un alma.

Zaira, una amorosa peruana, fue quien logró dejarme monísima. Me contó su vida mientras me maquillaba y peinaba en el cuarto del hotel, con un profesionalismo digno de quienes luchan años para emigrar, se perfeccionan y consiguen ser número uno en su especialidad.

Llegamos con tiempo para reunirme con Penguin zoo USA y compartir la experiencia de la gira.

Lentamente llegaban fanes, lectores, amigos y Esteban con Allegro, su amor real y único desde hace mucho tiempo, para compartir la grata experiencia del libro dedicado a los niños, a los que fuimos, y a los que no pueden florecer en este mundo amenazado por el hambre, la inseguridad, la corrupción, el *bullying*, la tecnología, la falta de amor…

Estaba contenta; tenía muchas ganas de disertar.

Y así lo hice, contando por qué me identifiqué con *Alicia en el país de las maravillas,* cuando vio al conejo blanco y lo siguió para transformar su vida.

Predicciones, mi vida serrana, que tanto interesa. Y lo invité a Esteban a contar su vocación por la escritura, su experiencia como psicólogo infantil y nuestra amistad a control remoto desde hace veintidós años.

Juan Pablo Enis, gran amigo con asistencia perfecta fue con amigas uruguayas; reconocí caras que me visitaban otros años, reconfortadas por la charla y firma, momento en el que siempre tengo un "a solas" con quienes necesitan confesarme algo.

Realmente el zoo de Miami acompañó una tarde templada, amena y muy divertida.

Gracias a María, mi amiga, que fue el alma de Graziano y consiguió una mesa para los que quedamos al final de la velada. Nos recibieron con calidez, comimos la mejor carne argentina, que ya no se consigue en el país, y brindamos por la vida en el año del conejo de agua.

Eduardo, amigo de Catman, gran periodista deportivo, estaba eufórico por su cobertura en Qatar, y nos llevó al hotel.

Caímos como piedras en la gélida habitación en la que el aire acondicionado no puede bajarse desde el cuarto, y abrazados y en posición cucharita nos entregamos a soñar con vivencias recientes que se atesoran toda una vida.

Al día siguiente, a pesar de mi cansancio, filmamos unos videos para el instituto Confucio de Córdoba.

Cat compró micrófonos y luces que fueron un gran aporte para nuestras andanzas fílmicas.

Almorzamos tardíamente en la zona; conversamos sobre nuestros gustos por la simpleza de lugares y menú de nuestra Córdoba, y Argentina, y caminamos por infinitos pasillos y negocios fantasmas.

Al día siguiente era el cumpleaños de Cat; el sol asomó y nos sentimos contentos de almorzar una pizza. Sobre una tortita helada sopló su velita y le cantamos el cumpleaños en inglés.

A la noche también celebramos en la pileta del hotel, con un cielo diáfano y estrellas titilantes otro año más en el planeta de los simios y nuestra última noche juntos: él retornaba a "Malos Aires" y yo viajaba sola a Ciudad de México para continuar la gira.

Ninguno pegó el ojo; siempre viajar separados es un aguijón en el corazón, y nos despedimos a las 5 am.

Teníamos diferencia horaria para nuestros vuelos.

Despedí Miami con gratitud.

Nos trató bien, y a pesar del grato baño en el Caribe apenas llegué, la labor profesional cumplida, y los pocos amigos, no es un lugar que elegiría para vivir.

El vuelo fue plácido, y a la tarde.

Cuando llegué, agradecí hacer migraciones rápido, pero lo que no imaginé era que mi valija tardaría hora y media para aparecer en la cinta.

Desfallecía de cansancio, ganas de llegar a un hotel y dejar los siete cuerpos en una cama. Había pedido por favor que me buscara alguien de la editorial; no es bueno en estos tiempos tomar un taxi desconocido con una valija grande, y siendo extranjera.

Conversando con una amable señora de Queretano, me dijo que en Ciudad de México hay que coimear a los hombres de chalecos amarillos para que te saquen la valija antes.

OMOMOM.

No tenemos escapatoria en Latinoamérica.

Uriel estaba esperándome con un ramo de rosas rojas y un energizante para el soroche (altura en Ciudad de México) que me salvó la vida.

Uriel es un joven que destila bondad en su fisonomía, modales, dulzura y sensibilidad.

Conversamos lo usual: el vuelo y la espera.

Me comentó sobre nuevos GPS que detectan los terremotos que sacuden Ciudad de México y zonas sísmicas del amado país, y que al menos hay segundos para prepararse.

Llegué al barrio de La Condesa con las últimas horas de la tarde.

Una plaza con árboles que tenían ganas de florecer en la etapa final del invierno, y de pronto el hotel tan deseado para cerrar un día largo y de emociones intensas.

Me recibieron con amabilidad; el botones me enseñó cada perilla, enchufe y rincón del cálido dormitorio que daba a una calle tranquila, con árboles cuyas copas llegaban a la altura del tercer piso, en el que me alojaba.

Gracias, gracias, gracias a la vida y mi amada Ciudad de México.

El comedor típico con plantas tropicales, mesas de colores y buena música. Pedí algo raro: la semana estaba diseñada para un chef danés que cocinaba muy sofisticado y con gusto a poco.

Comí y casi me duermo sobre la mesa.

Al subir, me duché y sentí el placer del agua tibia sacándome el estrés, la espera, la separación de Catman que llegaba al horno de "Malos Aires" y estaba tan o más agotado que yo.

La agenda del lunes comenzaba al mediodía, y un Uber me

buscaría para llevarme a las oficinas de Penguin a conocer al *staff*, tener un almuerzo y notas gráficas, de redes en el majestuoso piso de la zona de Polanco o Slimlandia, como la conocen.

Me alegró ver a Esther, gran agente de prensa. En 2020, prepandemia, estuvo a cargo de LSD, y me llevó a medios de TV, radios y redes que realmente impactaron en mi gira.

Se sumó el tigre de fuego José Núñez y dos editoras muy dispuestas a escuchar el balance de treinta años de giras a México, salteadas entre cambios de editoriales y viajes a ese país.

Pregunté por el libro; me dijeron que anduvo bien y que aún tenían *stock*.

Al día siguiente hice una nota en el hotel para la web de Slim y quedé libre como un pájaro para disfrutar el barrio de La Condesa con un clima ideal: seco, soleado, lindas calles con mercados y bares, gente que estaba trabajando en sus locales y pocos turistas.

El hotel ofrecía desayunos con frutas tropicales, pan negro, blanco, con semillas, mermeladas, salmón, quesos variados, finos fiambres, café y jugos. Realmente, más de un día no almorcé, y a la noche apenas tomé un caldo o una tostada con guacamole.

Me preparaba para el encuentro con Angélica; mi amiga consteladora que me invitaba a la universidad fundada por sus suegros hace cincuenta años. Ella y su marido, Alfonso Malpica, continuaron con esta notable obra que abarca los tres niveles de enseñanza: primario, secundario y universitario. Está basada en el sistema de constelaciones familiares y, para mi sorpresa, en los arquetipos del zodíaco chino y su influencia en los niños, jóvenes y adultos que estudian allí.

Al mediodía me buscaron Marichu, su amable secretaria, y el chofer para incursionar en una experiencia que no imaginaba sería un antes y un después en mi vida.

Con un día esplendido de sol y cariño, conversando amenamente, llegamos al mismo tiempo que Angélica a su casa, templo, CUDEC.

El abrazo que nos dimos y los gritos eran los de dos amigas felices de reencontrarse.

Me dijo Angélica: "Te alojarás en la *suite* de Bert Hellinger".

Sentí que tenía un premio a tanta constancia y vocación para dar a luz esta técnica sistémica que ya es parte de la sanación familiar de traumas, bloqueos, y situaciones muy atávicas para cada ser humano.

Y cuando abrí la puerta sentí un clima de armonía, paz y respeto que se mantuvo en toda mi estadía.

La casa de Angélica está pegada a la universidad. En ella circulan gente de la familia, profesores, empleados, y todos encuentran su tiempo para hablar con ella, dejar mensajes, organizar las actividades de siete mil alumnos que fluyen en esos jardines y patios con buen feng shui, y en aulas modernas con equipos tecnológicos que dan apoyo a disertantes e invitados de todo el mundo.

Angélica me esperaba con un almuerzo sabroso. Las dos solas, en una mesa como la de los doce apóstoles.

Jose, una esbelta y cálida cocinera, nos mimó con aguacate, carne muy bien preparada, pastas y postre.

Angélica descorchó un vino añejo: Alfonso, que ya no está en el plano físico hace dos años, nos acompañó con su calidez, simpatía, su obra majestuosa y ese vino que fue en mi honor.

Angélica me preguntó si conocía "el diseño humano", un estudio de la persona con rayo láser y todas las técnicas ancestrales incluidas.

Le dije que no y me mostró el mío; muy impresionada de lo que es "mi misión" acá en la tierra, que coincide con la que transito.

Descanso.

Siesta.

Y a la noche invitación a comer en un restaurante muy lindo con Marichu, su marido, Jorge, CEO de CUDEC, y la gran yegüita de madera que estaba alegre, con buen humor por mi visita allí.

Al día siguiente debutaba en una conferencia con alumnos de quince, dieciséis y diecisiete años.

Ellos conocen el horóscopo chino, pues el CUDEC es la única universidad en México que enseña idioma chino, arte y pintura, y otras ciencias del gigante asiático.

Realmente me sentí "en mi salsa".

Escucharon con atención y al finalizar me hicieron preguntas muy interesantes.

Angélica estaba sorprendida, pues los adolescentes en general son dispersos, hacen lío, o no están concentrados en quien da una charla.

Al mediodía me agasajaron con un almuerzo en la terraza del CUDEC. Todo estaba decorado con flores y el menú era exquisito. Asistieron los profesores que ejercen las disciplinas orientales, con gran curiosidad por LSD.

Toda mi estadía fue amorosa, llena de palabras y gestos afectuosos, y una inmensa gratitud.

A la tarde di otra conferencia para profesores y amigos.

El *set* donde estábamos con Angélica y quienes nos presentaban era lo más parecido a cualquier escenario que imaginen en China para el año nuevo.

Me emocionó que me presentaran como "la maestra".

Esa tarde fui ovacionada.

Sentí que mi trayectoria de cuarenta años estaba en el lugar adecuado para confirmar que mi vida es una bendición por la herencia que me dejó mi padre y supe capturar a tiempo.

Al día siguiente, domingo, tenía dos presentaciones: a la mañana y al mediodía.

El gimnasio con capacidad para quinientas personas estaba colmado.

La convocatoria era para la constelación familiar de los alumnos, abuelos, padres, hermanos, familiares.

El escenario aún estaba más decorado que el día anterior.

Comenzó la presentación con el baile de las sombrillas, interpretado por alumnas del CUDEC, y música china también ejecutada por sus discípulos.

Quedé asombrada y fascinada. Solo en China había presenciado algo así.

Después de las maravillosas presentaciones de Angélica, que les explicó quién era esta argentina dedicada a escribir sobre astrología china desde hace cuarenta años, diserté.

Fue otro increíble intercambio de prana.

Me extendí una hora más debido al interés de los presentes.

Estaba plena, feliz; supe que tanto afecto y perseverancia en llevarme al CUDEC tenía motivos fundacionales.

Almorzamos con Angélica a solas, terminamos el vino de Alfonso y me retiré a mis aposentos a seguir con las vibraciones que actuaban en mi alma y a terminar de preparar la valija para el retorno a Buenos Aires a las 5 de la mañana.

Estaba nerviosa, ansiosa.

Miré por la ventana las copas de los árboles, que me saludaban con la brisa, disfruté cada rincón de la *suite*, donde no faltaba nada para sentirse a gusto, pensé en Angélica, que a pesar del duelo por Alfonso seguía con las actividades del CUDEC.

No pegué el ojo.

Apareció puntualísimo el chofer que en plena noche me trasladó al aeropuerto.

Desde Buenos Aires me habían dicho que viajaba por Aerolíneas Argentinas, pero no existía en México, nuestra línea de bandera.

Me angustié.

Tuvimos que ir a otra terminal porque operaba desde AeroMéxico. "¡Ahora sí!".

Último esfuerzo hasta depositar mi osamenta y mi alma rumbo a Buenos Aires, donde la ola de calor era ya un infierno.

Tuve un buen vuelo; los pensamientos y sentimientos se entrecruzan cuando sobrevolamos América Central y del Sur.

Llegué a las 22.30. Y tardé en encontrar al chofer de un auto que no estaba.

Me sentía desintegrada.

Abrí la puerta de mi templo porteño, le prendí un pucho a Maximón, y dije:

"Gracias, Dios, Buda, nahuales, que estoy sana y salva en casa".

L. S. D.

INTRODUCCIÓN A LA ASTROLOGÍA CHINA

por Cristina Alvarado Engfui

Los hijos del dragón, pasado, presente y futuro

Según el calendario chino de los diez mil años, 2024 (4722) comienza el año del dragón con tronco celeste uno de madera *yang*. A lo largo de los siguientes meses, el planeta pasará por un cambio importante en el comportamiento de su energía Qi (chi, ki), así que, para comprender ese cambio, el dragón nos servirá de guía. El dragón sostiene todo el pensamiento chino como una espina dorsal descomunal; este animal proveniente de la mitología china es la representación total de todo lo que hay en el universo. Tras más de cuatro mil años de historia, China no solo es la poseedora de la cultura ininterrumpida más longeva de la historia, sino también un vasto territorio que alberga distintas filosofías, tradiciones, religiones, lenguas y etnias que han influenciado; en principio, a todo el continente asiático en tiempos presentes y ancestrales. Esta cosmovisión es cíclica y los años del dragón marcan siempre el momento de tensa calma antes de la llegada de cambios o verdaderas revoluciones del pensamiento en todo el mundo. En este texto trataré de describir esos ciclos draconianos mientras observamos primero el pasado, el presente, y después el futuro.

La base de la civilización china gira alrededor de un entendimiento único de la naturaleza misma, que ha influenciado a países vecinos y a sociedades de comercio entretejidas en Asia, África y Europa, primero a lomo de camello gracias a la Ruta de la Seda, y hoy en día, los muelles en los cinco continentes reciben contenedores marítimos cargados de productos manufacturados por el titán comercial de Oriente, no hay un solo hogar en todo el planeta que no tenga al menos un objeto manufacturado en China. La generación alfa (2010-presente) sigue las tendencias en aplicaciones de redes sociales chinas, *millennials* y *centennials* cambiaron las marcas europeas y americanas por marcas chinas, el estudio de cine más grande del mundo no descansa en las colinas de California, sino en la provincia de Zhejiang y en todo el mundo celebramos el año nuevo chino con tanto ahínco como durante el año nuevo solar. El planeta entero ve ahora a China como la cúspide de la civilización en el siglo XXI; el siglo americano ha llegado a su fin y este es el gran siglo chino. Pero aún no llegamos al punto máximo de este salto civilizatorio. Bajo los ojos del ubicuo Dragón, China ha visto imperios propios y extranjeros formarse y caer mientras él permanece. Criatura viva sin vida, visible e invisible al mismo tiempo ¿de dónde sale entonces el dragón chino? Es un animal mítico, pero sobre él hay alrededor de 284 millones de artículos en los motores de búsqueda de internet más populares, y aunque no tengo el dato preciso, sobre todos los documentos publicados respecto de este animal, es de suponer que hay millones de libros escritos sobre él o dondequiera que se le mencione. De los doce animales del zodiaco, solo hay uno que no camina, repta o vuela entre nosotros y, sin embargo, este es el Padre de la Nación China. Ahora bien, ya sabiendo quién es el dragón, hace falta comprender que el dragón de madera *yang* 2024 viene a inaugurar **los últimos veinte años de decadencia** antes de comenzar una nueva era energética que durará 180 años.

Dragones en todos lados

Desde hace milenios, los grandes pensadores, antes y después de la fundación del imperio, no solo se limitaron al trabajo académico, sino que el total de sus actividades se combinaban con el servicio civil. Para llegar a ser un funcionario, primero se tenía que ser un pensador, un intelectual y filósofo, esa ética de trabajo y estudios también se ejercía en la formación de los emperadores. Estos grandes personajes que forjaron el destino de la nación eran artistas, poetas, guerreros, maestros, médicos, magos, militares y astrólogos. Por lo tanto, las grandes escuelas del pensamiento le dieron forma a las actividades cotidianas y ese pensamiento fue evolucionando y tomando elementos del día a día. Para que tengan una idea de los tiempos que se relatan en estas líneas, esas escuelas del pensamiento se consolidaron al mismo tiempo que en Grecia surgieron grandes filósofos como Platón y Aristóteles, aunque para llegar a ese punto, los chinos tendieron una ruta crítica mucho más larga y todo comenzó con la domesticación del cuerpo propio en paralelo con la domesticación de los cinco granos, los nueve animales, el viento y el agua. Estas actividades forman parte de una filosofía de vida que ahora conocemos como Wu Shu, Las Cinco Artes.

La historia comenzaría con los chamanes que domesticaron a los primeros animales durante la edad de piedra, tiempo en que el mítico augusto Shennong probó los cinco granos preciosos[1], ¿Qué diría si viera en internet los videos cortos que promocionan el nuevo modo de vida práctico aunque un poco frívolo de la China actual? Nación que ha multiplicado sus recursos en poco tiempo, pero sin dejar de lado las tradiciones que incluso el Partido Comunista intentó borrar con la Revolución Cultural. Los chinos han dotado de significado espiritual, moral, estético y ético a cada uno de los objetos y tendencias que crean. Si ponen atención, el dragón sigue ahí, en forma de símbolo y amuleto, casi idéntico al dragón nacido de la mitología hace más de 4000 años que nos mira, creciendo a su manera, presente e invisible al mismo tiempo.

Volvamos a los chamanes que mencioné antes. Los antepasados de la Edad de Piedra de los chinos del Norte no dijeron un día: "El cerdo sirve para ser domesticado". Hubo un proceso de prueba y error que los llevó a sacarle lo salvaje al jabalí. Lo intentaron con el ciervo y no funcionó, pero el cerdo cooperó, y así nació la primera característica que llevaría el dragón: el hocico de cerdo.

La etnia Han del Norte se estableció en los amplios valles protegidos por las montañas donde antes vivían los jabalíes. Crearon su primera mitología, y bajo ese pensamiento las montañas se convirtieron en los lomos del dragón, la bruma fértil se convirtió en su aliento; los ríos de vivos colores amarillo y verde seme-

---

[1] Los cinco granos 五穀; wǔ gu son: mijo, arroz, soja, cebada y sorgo. Hay listas que incluyen distintas variedades de mijo y soja, la semilla del cáñamo y el ajonjolí.

jaban las venas que recorrían el territorio antes salvaje y ahora fértil; con cadencias suaves o corrientes salvajes, con vida o con castigo, sus habitantes trajeron sabiduría, por ejemplo, la tortuga, con su caparazón mágico, les enseñó a contar las fases de la luna, los ciclos, las matemáticas, la geometría. Al margen del río Amarillo, los maestros motivaban a sus discípulos contándoles cómo el bagre de largos bigotes se transformó tenazmente en Shenlong, el dragón azul que sube al cielo para convertirse en lluvia y viento. Mientras tanto, en la tierra, los grandes bosques de bambú del Nordeste escondían feroces tigres que señoreaban lo aún inexplicable; mientras tanto, el cielo tenía su propio rey. El dragón y el tigre se convirtieron en contrincantes, describiendo así la batalla entre lo divino y lo animal, lo instintivo y lo domesticado, el *yin* y el *yang*.

Los chinos que iban saliendo de la Edad de Bronce se convirtieron en grandes viajeros, los emprendedores más jóvenes se hicieron a la mar mirando hacia el Este y el Nordeste en busca del reino del dragón, pero acabaron por fundar naciones enteras. Mientras tanto, otros viajaron al Oeste, donde ayudaron a domesticar al caballo y regresaron al Norte con el trigo, que fue supliendo al mijo como grano primordial, después, del Suroeste llegaron el budismo y la leyenda del Rey Mono. La conquista del Sur profundo consiguió también el arroz, el gallo con todo y la gallina y sus huevos.

Las cuatro direcciones y sus acompañantes trajeron a la base de la medicina china la alimentación, y con ella los rituales, el deber moral y ético. Los mongoles trajeron más, pero se quedaron también con todo. Al final, los manchúes se quedaron con el Imperio y lo perdieron cuando el pueblo, conformado por 56 etnias distintas, tomaron el poder en octubre de 1911.

El dragón seguía ahí, vivo y coleando: China sigue creciendo porque su padre mítico la cuida. El dragón tomó todo esto en su particular iconografía y lo convirtió en la amalgama del pueblo chino entero: cuerpo de serpiente, hocico de cerdo, cabeza de camello, garras de tigre, plumas de gallo, astas de venado, ojos de demonio, cuello de serpiente, escamas de carpa, garras de águila, patas acolchadas como las del tigre, orejas de vaca. El venado indomable le dio al dragón sus astas para que nunca fuera gobernado por ningún hombre; del tigre son las garras: cinco en cada pata, para que se distinga al dragón emperador del príncipe dragón[2]. Los misterios del mar le dieron al emperador del cielo las barbas y las escamas del bagre... precisamente 117 (9×13) escamas de las cuales 81 (9×9) son *yang* y 36 (9×4) son *yin*. Los secretos de la tierra le dieron al dragón la forma de serpiente y su sabiduría sanadora. Los secretos que guarda el viento le enseñaron a volar a la antes humilde carpa, serpiente, tortuga, venado, cerdo... a veces con alas, a veces sin ellas, y las barbas son las mismas plumas que nos recuerdan misteriosamente a Quetzalcóatl y a K'u' uk'ul Kaan, la serpiente emplumada de las naciones originarias de Mesoamérica y por último, la distinción de los inmortales: Chimu 尺木, una protuberancia en la cabeza, muy parecida a la del Viejo Sabio del Polo Sur Shouxing 南極老人, 南極仙翁, esa característica le daría al dragón la habilidad para remontar los cielos y ser inmortal.

El dragón con vista al futuro

A partir del 10-2-2024 comienza el fin de una era decadente y con este cambio llega también a la pubertad el grupo poblacional más joven llamado Generación Alfa. Uno de cada siete habitantes del planeta pertenece a esta generación nacida alrededor del año del dragón 2012 y ahora, durante el dragón del 2024 lleva en sus corazones **el Despertar de Conciencia**, que tanto deseamos desde que se predijo la Era de Acuario. Cuando lleguen a la mediana edad, durante 2044, estos dragones serán los líderes de la recuperación física de los ecosistemas y sistemas sociales. Estos niños no serán cazadores, ellos ya son pensadores, filósofos, tienen en sus corazones el legado de una cultura que basó su fundación en el razonamiento, el ingenio y la creatividad. Se les unirán más dragones este año, porque se espera una explosión demográfica similar a la de 2012, fruto de cuatro años de encierro pos covid 19 y siempre es bueno que haya un dragón en la familia. Nuestro deber es reconocer que ellos no son solo el futuro: son el presente.

---

[2] En la iconografía imperial, los dragones con cuatro garras en cada pata representaban a los príncipes, los dragones de cinco garras en cada pata representan a los emperadores.

• 37 •

¿De qué está hecho el dragón?

De todos los animales que conforman el zodíaco, cuatro representan la energía tierra. Al ser la principal composición de nuestro planeta, es común pensar que toda la energía tierra es la misma, pero tiene cuatro cualidades distintas representadas por los cuatro animales que toman esa energía:

La energía tierra es la energía de la reflexión, o sea, que cuando pensamos intensa o superficialmente, la energía que estamos usando es el Qi de tierra, pero no todas las tierras son iguales:

Signos de tierra	Energía combinada	Tipo de tierra	Comportamiento	Impulso destructivo	Impulso constructivo
Dragón	Agua	Lecho marino	Pensamiento filosófico	Obsesión	Tenacidad
Perro	Fuego	Desierto	Pensamiento alegre	Ansiedad	Optimismo
Búfalo	Metal	Mina	Pensamiento disciplinado	Rumiar	Disciplina
Cabra	Madera	Bosque	Pensamiento intuitivo	Resentimiento	Creatividad

Una vez comprendido el tipo de energía que tiene el dragón, podemos comprender por qué la civilización china ha crecido y se ha mantenido del modo en que lo ha hecho. Este es un pueblo fundado por filósofos que pasaron del razonamiento a la obsesión en un santiamén. Para el pensamiento chino, el objeto de la civilización es surgir de la humildad del bagre hasta las alturas de la vía de la iluminación. Por eso esta cultura se apoya tanto en símbolos, y el dragón es el favorito porque resume historia, religión, misticismo, ciencia, civilización y cultura. Cuando adquieran un amuleto con forma de dragón o cuando se les ocurra tatuarse uno, o su símbolo 龙 sepan que en esa letra está escondido, literalmente, un mar de información de cinco mil años de prehistoria mitológica y tres mil quinientos años de historia escrita, bajo la mirada inteligente de Lóng, Emperador del cielo y los mares.

El Dragón que nos está guiando

Ahora bien, comprendamos mejor a los dragones a partir de la energía cíclica en conjunción con la energía fija de tierra y agua.

Veamos los cinco tipos distintos de dragones y así podremos comprender cómo los dragones son la flecha que señala a cada cambio evolutivo de la conciencia a nivel energético:

Madera

La madera es la energía del renacimiento. El dragón que viviremos en 2024 pertenece a esa energía, y la vez más cercana a nuestra memoria que ocurrió un salto de conciencia fue el año del dragón 1964. La madera provee ira, valor, coraje. Son años de empuje desde la oscuridad bajo tierra hacia el renacimiento. Es el dragón fundador, el que debate con otros hasta dar a luz nuevas ideas, pero es un dragón que no se detiene; su objetivo es crecer, conquistar. No está preparado aún para pensar en el futuro, del mismo modo que un niño recién nacido no piensa en las vicisitudes de la vejez. Por eso 1964 fue un año tan importante para la historia de China, en la que la más absurda crueldad de la Revolución Cultural fue dando paso a una sociedad mucho más crítica y, con el tiempo, más abierta 24 años después. El año 2024 probará nuevamente que el presente es esencial y el campo vital de esa esencia se originará esta vez en China.

Fuego

La fundación procrea entusiasmo. Las energías madera y agua fijas en el dragón se combinan con el fuego de la energía móvil, esta produce más fuego y el confort del agua que una vez pasada por el fuego se convierte en alimento. Ese fue el dragón de 1916 y de 1976: un dragón que busca justicia, construcción de algo nuevo, trabajo bien remunerado; es firme pero flexible y, cuidado, a este dragón no le da miedo la violencia. Lo volveremos a ver en 2036 ya con los planos bien trazados de lo que será la siguiente era superior (2044-2063), que dará fin a la decadencia del ciclo que comenzó en 1884.

Tierra

El doble dragón, el dragón del razonamiento, la filosofía, el pensamiento crítico. A ese dragón lo conocimos en 1928 y en 1988. Ese es el dragón que de tanto pensar y razonar da pie a argumentos que asustan a las mentes más obtusas, de ahí que después de años de apertura intelectual y libertad erótica vengan años de nihilismo. Es posible que el dragón de 2048, ya instalado en la era superior –que comenzará en 2044– venga con la tarea de calmar el miedo por medio del raciocinio más profundo y un poco de humor agudo.

Metal

Este será el dragón sincero, el dragón brillante inflexible y determinado. Lo vivimos en 1940 y en el año 2000, nos visitará en 2060, poco antes del fin del segundo período de la era superior que viene. Este dragón nacido del hiperespacio lleva los idealismos de la modernidad en su sangre; no es optimista, pero tampoco se tira al drama: traerá persistencia, disciplina y ciencia. Ese dragón resulta difícil de engañar porque es tan disciplinado que empuja a todos los demás a ver la realidad como es, sin espejismos; tal vez un poco pesimista, pero nunca atontado.

Agua

El dragón más místico de todos; lo vimos en 1952 y en 2012. Es el dragón de las teorías de la conspiración y las nuevas religiones. Echa luz en lo desconocido al tiempo que nos purifica. La combinación de tierra y agua se inclina más hacia el agua y nos habla del dragón oriental que habita las profundidades del océano. Lo veremos de nuevo en 2072, a mediados del segundo período de la era superior, donde las consecuencias de las crisis climáticas posiblemente estén llegando a una resolución que nuestras mentes formadas en los siglos xx y xxi no comprenderán del todo. La humanidad que veremos en 2072 y que está naciendo mientras escribo esto no será en absoluto familiar a lo que conocemos: nosotros somos el bagre en el río Yangtsé, ellos serán como Shenlong.

Los ciclos del dragón/civilización

Si los ciclos descriptos por el feng shui y el calendario chino de los 10 000 años no se equivocan en su camino matemático trazado por los ciclos de la naturaleza, el año 2072 podría marcar un regreso a la energía tierra, y con ello el principio del fin del siglo chino. Asia continuará con un legado minimalista, en el que lo práctico y útil será más importante que la expansión propia del pensamiento chino. La inteligencia será más importante que el asombro. Esa explosión demográfica que veremos en China este año se combinará con la explosión demográfica de 2012; esa generación tiene bajo su brazo la incertidumbre que llevaban a cuestas los exploradores de la dinastía Qin (221-206 a. C.) cuando salieron a conquistar los mares del Este en busca del dragón. En vez de fundar naciones en las islas del Pacífico, estos dragones fundarán imperios en dimensiones digitales e incluso mentales que aún no comprendemos. Hay que ayudar a esos niños a aprender a hacer las preguntas más precisas, a dar órdenes concretas y sin titubeos; a investigar todo aquello que se les presente como realidades sin tener que recurrir a medios de condicionamiento, doctrinas o autoridades que les digan exactamente cómo ser y qué pensar. El siglo XXI ya no es una posibilidad de redención, sino el fin de una era inferior en su fase más decadente, tenemos herramientas del pasado como el pensamiento filosófico chino antiguo y herramientas del futuro, como las aplicaciones móviles que pueden ahorrar muchas horas de trabajo frente a una pantalla pero, revolucionarios como siempre, los dragones de ayer y de hoy nos invitarán a explorar y crecer hacia un despertar de conciencia que ahora nos parece lejano y… bueno ¿por qué no decirlo? Que nos parece que está escrito en chino.

Que el Tao les sea propicio

Astro logía poética

RA
TA

FICHA TÉCNICA

Nombre chino de la rata
SHIU

Número de orden
PRIMERO

Horas regidas por la rata
23.00 A 01.00

Dirección de su signo
DIRECTAMENTE
HACIA EL NORTE

Estación y mes principal
INVIERNO-DICIEMBRE

Corresponde al signo occidental
SAGITARIO

Energía fija
AGUA

Tronco
POSITIVO

ERES RATA SI NACISTE

05/02/1924 - 24/01/1925
RATA DE MADERA

24/01/1936 - 10/02/1937
RATA DE FUEGO

10/02/1948 - 28/01/1949
RATA DE TIERRA

28/01/1960 - 14/02/1961
RATA DE METAL

15/02/1972 - 02/02/1973
RATA DE AGUA

02/02/1984 - 19/02/1985
RATA DE MADERA

19/02/1996 - 06/02/1997
RATA DE FUEGO

07/02/2008 - 25/01/2009
RATA DE TIERRA

25/01/2020 - 11/02/2021
RATA DE METAL

Atracción fatal.
Viaje hasta el Big-Bang
sorpresa surrealista
a cualquier hora del día-noche,
donde nos acecha implacable
con inteligencia emocional.
L. S. D.

ESENCIA DE LA RATA

Tantos años descubriendo, destilando, disecando al primer animal que llegó a ver a Buda para la convocatoria de un zodíaco en la tierra, antes de ser energía cósmica.

La rata es infinita; en su esencia está la supervivencia en cualquier rincón del planeta, se adapta a todos los climas, a las catástrofes climáticas, a las persecuciones por medio de trampas, veneno, zozobras en terremotos, sismos, derrumbes de casas, edificios, templos, iglesias, monumentos, pirámides, en las riberas de ríos, en océanos donde naufragan barcos, cruceros, canoas, balsas, veleros.

Su instinto de supervivencia ha demostrado que su psiquis está blindada para resistir el dolor, las enfermedades extremas, las pérdidas afectivas y económicas, los vaivenes de ser millonaria por esfuerzo o estafas. Posee la astucia para conseguir en poco tiempo lo que a otros, que tal vez ni llegan a lograrlo, les lleva una vida de lucha.

Son tan seductoras que resulta casi imposible no sucumbir al talento que tienen para enamorar, dar cátedra de mitología, historia, geografía, de la cuadratura del círculo, la vida en otras galaxias y en el inframundo, la inteligencia artificial, con la que su cerebro tiene la velocidad de la luz para ponerla a favor o en contra de nuestra vida cotidiana.

La rata es el signo que siempre encontrará su hábitat, madriguera o cornisa para deslizarse en las noches más oscuras sin que la percibamos, pues aprendió desde su origen a ser silenciosa, cauta, huidiza. Tiene una imaginación que es su mayor don para crear universos paralelos en los que convivirá con vivos y muertos, con reyes, celebridades, científicos, artistas, que siempre estarán dispuestos a darle algo con tal de tenerla cerca.

Ágil y dinámica, siempre a la vanguardia de lo que vendrá,. sin moral para lograr sus objetivos: "el fin justifica los medios".

Tiene sed y hambre de conocimiento, de investigar hasta lo más recóndito del alma humana, y descifrar jeroglíficos, ideogramas, teoremas que quedaron sin descubrir.

Es una arqueóloga del cerebro humano. Sabe recorrer el hemisferio intuitivo y el lógico con fluidez y detectar en qué punto somos más vulnerables para producirnos placer, dolor, ira, adicción a ella; nos domina, enamora, manipula a su antojo.

Solo algunos signos afines, el mono y el dragón, pueden detener este juego, a pesar de ser víctimas de su talento para caer en sus encantos.

Amar a una rata es dedicarle tu atención *full life*, y si es recíproco, podrás tocar el cielo con las manos.

Cuando la relación es tóxica, puede manipular al prójimo hasta esclavizarlo y vaciarlo por completo.

Criatura fantástica, atractiva, sutil, de gran imaginación y proyectos utópicos, embaucó al búfalo con sus cuentos de ciencia ficción para que la transportara en su lomo hasta llegar al Palacio de Jade, y sin ningún remordimiento saltó al piso en el momento indicado para conseguir el primer puesto en el zoo chino.

Tal vez sea el signo más misterioso y el que esconde mejor su vida real a quienes tienen relaciones de trabajo, deportivas, en juegos de azar, en viajes, o literalmente hasta a aquellos que convivan con ella, sean cónyuges, amigos desde la infancia o amantes ardientes. La rata está blindada desde la placenta.

Intuye los riesgos de desnudar su alma, mente y conciencia y juega con su habilidad intelectual para cazar a su interlocutor con la velocidad de un rayo que se presenta antes de la tormenta.

Tiene ciclos maníaco-depresivos.

Puede ser desopilante como *showman/show-woman*, un imitador excepcional como Tarico, y cuando se apagan las luces del *set* o del escenario se convierte en un ser solitario y huraño.

Es capaz de ahorrar durante una vida y, cuando se encuentra con una pasión, sueño, amor que la desestructura, gastar en un viaje fuera de la tierra para llegar a la luna con su patrimonio.

En general, siempre guarda la horma de su queso para las crisis que la convierten en maga, gurú, maestra de la sobrevivencia.

Su *charme*, *glamour*, personalidad cautivan a personas de distintas clases sociales; sabe compartir la mesa con reyes y mendigos con absoluta naturalidad. Y no tiene pudor por "venderse".

Sabe que "el cielo es el límite" para arriesgar todo o nada en momentos muy difíciles, en los que la situación laboral apremia o tiene deudas que la podrían mandar sin escalas a prisión.

Animal que nos espía desde un rincón de la alacena, en un placar, en los desagües de cañerías o en internet.

No duerme, sueña despierta.

L. S. D.

LA RATA Y SU ASCENDENTE

RATA ASCENDENTE RATA: 23.00 a 1.00
Soberbia y apasionada; ama el hogar y la lectura. Nació para el arte y los negocios. Tendrá una mente muy retorcida y maliciosa. Le costará mantener la armonía y el equilibrio.

RATA ASCENDENTE BÚFALO: 1.00 a 3.00
Es cautelosa, precavida y sobre todo culta. De esta combinación resultan un realismo y una prudencia que resaltarán por encima de idealismos y voluntarismos. No siempre da buenos frutos.

RATA ASCENDENTE TIGRE: 3.00 a 5.00
Será una rata incansable, tanto de día como de noche. Dispuesta a vivir todo tipo de lances amorosos, aunque a veces no salga airosa. La aventura y el riesgo en su camino serán su marca.

RATA ASCENDENTE CONEJO: 5.00 a 7.00

Calculadora, buscará fortuna, poder y fama a cualquier precio. Habrá momentos de serenidad y genio creativo en esta combinación. Astuta y seductora, será una gran jugadora en esta vida.

RATA ASCENDENTE DRAGÓN: 7.00 a 9.00

De esta combinación resultará una mezcla de rata solitaria y rata sociable. Necesitará desahogarse, expresarse libremente. Ganará gran cantidad de dinero y disfrutará mucho de la vida.

RATA ASCENDENTE SERPIENTE: 9.00 a 11.00

Sabrá eludir sabiamente todo tipo de peligros, ya que será desconfiada, misántropa y avara. Con su encanto hipnotizará a sus víctimas. A lo largo de su vida buscará complicaciones afectivas para sentirse estimulada.

RATA ASCENDENTE CABALLO: 11.00 a 13.00

Correrá muchos riesgos en la vida, tendrá la mente siempre en acción preparando proyectos que a veces no se darán. La independencia del caballo provocará en ella una existencia turbulenta en el aspecto sentimental.

RATA ASCENDENTE CABRA: 13.00 a 15.00

Amará el lujo, el confort y las relaciones que le brinden seguridad. Nada la deprimirá, y siempre vencerá dificultades. Una rata muy alegre y dichosa que no ceja ante los obstáculos que aparezcan en su camino.

RATA ASCENDENTE MONO: 15.00 a 17.00

Seducirá sin escrúpulos y tendrá el signo pesos en la retina. La persigue un sentimiento de culpabilidad imposible de neutralizar. Artista genial o estafadora irresistible.

RATA ASCENDENTE GALLO: 17.00 a 19.00

Tiene una forma contradictoria de ganar y gastar el dinero. La combinación produce un ser lleno de vida, dinámico y trabajador. Le costará tomar decisiones importantes y tratará de huir.

RATA ASCENDENTE PERRO: 19.00 a 21.00

Una excelente crítica, prestamista y asesora sentimental. Meditará largamente sus proyectos, aunque no siempre los concrete. Su nobleza y fidelidad se combinarán con su avidez de poder y dinero.

RATA ASCENDENTE CHANCHO: 21.00 a 23.00

El amor la convertirá en una rata codiciada y con mucho para dar a los que la descubran. Puede parecer algo materialista, pero solo es previsora. Ama la soledad y la necesita porque lleva adelante sus proyectos en solitario.

LA RATA Y SU ENERGÍA

RATA DE MADERA (1924-1984)

MUJER: Algo más esnob que otras ratas, pero también más encantadora. Sus aires de autoconfianza pueden resultar agotadores, sobre todo porque tiene un carácter fuerte y marca su territorio. Pero es hábil y puede disimular todo esto. Necesita que le masajeen el ego constantemente, y que tengan paciencia para oírla refunfuñar muy seguido.

HOMBRE: Menos inseguro que los otros, a este señor roedor le importa muchísimo el estatus. Es correcto, confiado y trabajador, divertido y enérgico, aunque a veces su preocupación por el futuro y la posición social lo tornan algo pesado. Tiene muchas habilidades y resulta fácil conquistarlo si compartís sus ambiciones.

Personajes famosos

Scarlett Johansson, Charles Aznavour, Toulouse-Lautrec, William Shakespeare, Henry Mancini, Lauren Bacall, Narciso Ibáñez Menta, Doris Day, Marcello Mastroianni, Carlos Tévez, Mark Zuckerberg, Hugo Guerrero Marthineitz, Cristiano Ronaldo, Leo Damario, Marlon Brando.

RATA DE FUEGO (1936-1996)

MUJER: Está totalmente segura de lo que quiere, y dispuesta a conseguirlo. Llena de vida, resulta muy difícil resistirse a sus encantos, sobre todo si sos el *target* de su cacería. Lo mejor es entregarse a ella y sus bajas pasiones, y ser directo: es demasiado lúcida para andarse con vueltas.

HOMBRE: Por fuera parece brillante, hiperactivo, intenso, poderoso, pero el brillo de estas llamas esconde su inseguridad. Por su miedo al rechazo es capaz de arriesgarse para conseguir lo que quiere. Con tiempo, mimos y aprobación, puede perder ese nerviosismo, y aceptar sin tanta desconfianza las demostraciones de afecto.

Personajes famosos

Wolfgang Amadeus Mozart, Norma Aleandro, Anthony Hopkins, Mario Vargas Llosa, Richard Bach, Glenda Jackson, Ursula Andress, Rodolfo Bebán, Mata Hari, Bill Wyman, padre Luis Farinello, Sofía Morandi, Oriana Sabatini, Pino Solanas, Jorge Mario Bergoglio.

RATA DE TIERRA (1948-2008)

MUJER: Disciplinada y laboriosa, el bienestar familiar está en su mira. Le gusta la vida social como a todas las ratitas. Es llevadera, pero con ciertos aires de superioridad. Conquistala hablándole de tu vocación familiera. ¡Y con alguna fantasía sexual!

HOMBRE: Tiene muy claro lo que espera de la vida. Y si debe trabajar para conseguirlo, lo hará con fortaleza y voluntad durante todo el tiempo necesario pues posee paciencia suficiente. Resulta más fácil de tratar y conquistar porque es menos inquieto que sus congéneres, pero igual de romántico y apasionado.

Personajes famosos

León Tolstói, Robert Plant, Rubén Blades, Olivia Newton-John, James Taylor, Donna Karan, Grace Jones, rey Carlos III de Inglaterra, Karlos Arguiñano, Vitico, Litto Nebbia, Chacho Álvarez, Gérard Depardieu, Brian Eno, Indio Solari.

RATA DE METAL (1960-2020)

MUJER: Le falta un poco de sentido del humor para mirarse a sí misma y a los demás. Se toma muy en serio su lugar en la sociedad. Es hábil en los negocios, y ambiciosa. Si compartís su obsesión por el reconocimiento social, la fama y el poder, ¡hacéselo saber y jugate vos también a todo o nada!

HOMBRE: No tiene término medio para casi ningún tema. Muere por conocer gente famosa e influyente. Le encantan el poder y el dinero. Tiene mucho encanto y no le cuesta demasiado llegar a esas alturas. Pero el metal también le da rigidez y necedad.

Personajes famosos

Jorge Fernández Díaz, Antonio Banderas, Jorge Lanata, Tchaikovsky, Nastassja Kinski, Ayrton Senna, Cura Brochero, John Kennedy Jr., Roberto Arlt, Sean Penn, Claudio María Domínguez, Bono, Gabriel Corrado, Ginette Reynal, Alejandro Sokol, Luis Buñuel, Juan Cruz Sáenz, Diego Maradona, Lucrecia Borgia.

RATA DE AGUA (1912-1972)

MUJER: Amable, femenina, lúcida y muy sabia, le preocupa mucho su lugar en la escala social. Es víctima de los oportunistas porque como le gusta el público, y que la escuchen, cualquiera que la adule la conquista. De la vida espera comodidad, estar rodeada de los que quiere y, si se puede, un poquito de estatus.

HOMBRE: Es una rata de familia y no tan ambiciosa. Sus metas apuntan más al bienestar propio y de su entorno que al escalafón social. Le gustan la buena vida y la compañía agradable. La vida con él es divertida si te relajás y dejás que él maneje todas las situaciones mientras vos asumís las responsabilidades.

Personajes famosos

Antonio Gaudí, Zinedine Zidane, Facundo Arana, Valentina Bassi, Gene Kelly, Valeria Mazza, Sofía Vergara, Charo Bogarín, Antonio Rossini, Pablo Lescano, Maju Lozano, Roy Rogers, Cameron Díaz, Pablo Rago, reina Letizia Ortiz.

JORGE FERNÁNDEZ DÍAZ
Rata de Metal

CONTAME UN CUENTO CHINO

Ariel Tarico • Rata de Madera • Humorista, guionista, imitador

Andar de aquí para allá, saltar de un lado al otro, transitar con vértigo y pasión cualquier tipo de superficie. Nunca quietas, siempre inquietas.

Las ratas son las primeras que se van cuando se hunde el barco, esa frase nos condena. "¡Mirá, mirá, se escapan, ahí van las cobardes! Las primeras que huyen". Puede ser, ese miedo a estancarnos nos hace correr, conscientes de que toda pelea y discusión estéril significa quedarse en el lugar y no progresar. Somos "tiempistas", sabemos cuándo hay que dejar que algo caiga por su propio peso, cuándo no va más. Y no nos quedamos a contemplar la decadencia de esa embarcación, nos vamos a otra superficie (temporaria) con los mejores recuerdos, tratando de que no los tajee la guadaña del resentimiento.

Por eso, para mí, lo de la ratita no es escape, es un salto. Un salto significa un cambio. Saltar es riesgoso ya que a veces no hay red de contención, y cuando se cae duele más porque ese golpe viene acompañado de las críticas de aquellos que nunca se movieron. Las palabras ajenas a veces son como sal en las heridas y entonces es el momento de volver a la calidez de la cueva para recuperar fuerzas. Esconderse para sobrevivir. El cuerpo dice STOP pero la mente sigue saltando, soñando, proyectando. ¿Cuál será la próxima aventura? ¿Dónde se consigue el más rico queso? ¿Con qué otros animales me puedo asociar para disfrutar de la vida? Eso se verá en el camino: podemos trazar una ruta imaginaria, pero sabemos adaptarnos a la sorpresa.

En un mundo que cambia todo el tiempo, donde ya nada es fijo, a las ratas saltar nos hace libres. O impredecibles. O indescifrables. O inclasificables, qué se yo.

Tabla de compatibilidad

	Amor	Trabajo	Salud	Karma
Rata	XXX	XXXX	XXXXX	XXX
Búfalo	XXX	XX	XXXX	XXX
Tigre	XX	XXXX	XXXX	XXX
Conejo	XXX	XXX	XXX	XX
Dragón	XX	XX	XXXX	XXX
Serpiente	XX	XX	XXX	XXX
Caballo	XXX	XXX	XXXX	XXX
Cabra	XX	XXXX	XX	XXXX
Mono	XXX	XXXX	XXX	XXX
Gallo	XXX	XXXXX	XXX	XX
Perro	XXX	XXX	XX	XX
Chancho	XX	XXX	XXX	XXX

X **mal** / XX **regular** / XXX **bien** / XXXX **muy bien** / XXXXX **excelente**

Nota: las compatibilidades son desde el punto de vista de cada animal.

BÚFALO

FICHA TÉCNICA

Nombre chino del búfalo
NIU

Número de orden
SEGUNDO

Horas regidas por el búfalo
01.00 A 03.00

Dirección de su signo
NOR-NORDESTE

Estación y mes principal
INVIERNO-ENERO

Corresponde al signo occidental
CAPRICORNIO

Energía fija
AGUA

Tronco
NEGATIVO

ERES BÚFALO SI NACISTE

25/01/1925 - 12/02/1926
BÚFALO DE MADERA

11/02/1937 - 30/01/1938
BÚFALO DE FUEGO

29/01/1949 - 16/02/1950
BÚFALO DE TIERRA

15/02/1961 - 04/02/1962
BÚFALO DE METAL

03/02/1973 - 22/01/1974
BÚFALO DE AGUA

20/02/1985 - 08/02/1986
BÚFALO DE MADERA

07/02/1997 - 27/01/1998
BÚFALO DE FUEGO

26/01/2009 - 13/02/2010
BÚFALO DE TIERRA

12/02/2021 - 31/01/2022
BÚFALO DE METAL

Salir del templo al mercado
con la lluvia pegada al sueño
donde nos encontramos, mami.
El día cambia
cuando tu presencia
me acaricia el alma.
Para florecer.
L. S. D.

ESENCIA DEL BÚFALO

Detectar a un búfalo es algo bastante fácil si observamos el aspecto físico, su constancia y disciplina para moverse, sus rasgos algo toscos que son atractivos cuando están concentrados en lo que quieren conseguir, por ejemplo, un trabajo físico que les demande olvidarse del entorno, las deudas, los planes de fin de semana, un partido de fútbol, o su *look*.

Es una persona que nació para tener el control de la comunidad, a través de su firmeza de carácter y de convicciones, de su tenacidad, estoicismo en tiempos volátiles y su sentido común.

En ambos sexos se destacarán; su mayor proeza será formar una familia, ser el jefe y educar a sus hijos a su imagen y semejanza.

Su relación con el amor y la pasión no coincide con el matrimonio.

Tiene un espíritu curioso, ardor por otras praderas, pero siempre volverá a casa y estará atento a las necesidades del zoo.

El buey nació maduro; desde pequeño se destacará por su seguridad en el manejo de la casa, cuando sus padres no estén, ayudará a sus hermanos en las tareas de la escuela, la limpieza y el orden.

Esconderá sus sentimientos o los blindará; si ocurre la muerte de un padre o hermano, tragará la tragedia y la masticará en soledad.

Es selectivo, autoritario, y se pone a la defensiva ante la menor crítica.

Sus objetivos están bien enfocados y nadie logrará desviarlos.

Tiene mal carácter o es impaciente, así logra alejar a la manada y muchas veces resulta excluido de su trabajo, del club, del grupo de amigos o del barrio.

Cuando el resto del zoo abandona, se aleja o no persevera en algún oficio o *hobby*, el búfalo lo consigue por su tozudez y capacidad laboral.

Muy reservados emocionalmente, no son románticos ni pueden cambiar su rutina ni sus planes de la noche a la mañana.

El búfalo se toma mucho tiempo para hacer un cambio en su vida; cuando lo decide, siempre es acertado y marca tendencia.

Estarán pendientes de sus hijos, nietos, hermanos, padres y parejas.

Su realización pasa por el bienestar del zoo. No les gusta despilfarrar ni alejarse mucho tiempo si viajan; su casa, estudio, sala de ensayo son los lugares donde más enraízan y sienten mayor seguridad.

La mujer búfalo, a pesar de sus arranques inesperados de humor, es constante en su vocación familiar, y en salir a buscar nuevas oportunidades si es necesario.

Signo de estabilidad, amante de la tierra, del estudio, del crecimiento propio y ajeno, marcará un hito en la vida de quienes estén a su alrededor debido a su personalidad; a veces es difícil de aceptar por sus estados ciclotímicos.

Sabe apreciar el talento ajeno, es serio y profundo en sus principios y dejará un legado espiritual y material muy contundente.

Este signo es un ejemplo en China: el búfalo ara la tierra para los arrozales, y Lao Tse predicó el TAO recorriendo China en el lomo de un buey.

L. S. D.

EL BÚFALO Y SU ASCENDENTE

BÚFALO ASCENDENTE RATA: 23.00 a 1.00
Bajo su aspecto de búfalo comprensivo privilegia sus intereses, y puede ser avaro tanto con el corazón como con el dinero. La rata tendrá atenuada su agresividad.

BÚFALO ASCENDENTE BÚFALO: 1.00 a 3.00
Un búfalo muy egocéntrico que no soportará que no le obedezcan: nació para mandar. Tendrá apetitos carnales muy acentuados, será muy competitivo y poseerá inclinaciones artísticas.

BÚFALO ASCENDENTE TIGRE: 3.00 a 5.00
La principal característica de esta conjunción será la atracción racional, pero puede ocurrir que, llegado el momento de actuar, deje a un lado la inteligencia y utilice el instinto y la fuerza bruta.

BÚFALO ASCENDENTE CONEJO: 5.00 a 7.00
Buscará la belleza y tendrá una familia prolífica. Muy tranquilo, dudará al momento de tomar decisiones. Algo irresoluto pero refinado, se inclinará por el arte, la filosofía y la política.

BÚFALO ASCENDENTE DRAGÓN: 7.00 a 9.00
Este búfalo estará muy inquieto e intranquilo resolviendo qué actitud debe tomar, pues el dragón lo encandilará con sus fogonazos, y su ánimo se hallará sobresaltado.

BÚFALO ASCENDENTE SERPIENTE: 9.00 a 11.00
Fascinará al auditorio. Es solitario y reservado y no le pide consejos a nadie. Sabe lo que quiere, y para conseguirlo es capaz de cualquier cosa.

BÚFALO ASCENDENTE CABALLO: 11.00 a 13.00
En esta conjunción se producirá un cortocircuito, pues el impulsivo y ágil caballo desviará al búfalo del camino trazado. Tendrá que hacer concesiones.

BÚFALO ASCENDENTE CABRA: 13.00 a 15.00

Un sutil, refinado y ambicioso búfalo que no dejará de lado las conexiones que tenga en la vida para lograr sus fines y hacer negocios brillantes. Se ríe de sí mismo y encuentra la solución a los problemas.

BÚFALO ASCENDENTE MONO: 15.00 a 17.00

Lleno de sensibilidad y atención que lo llevan a comportarse de manera solidaria. Tiene capacidad para lo artístico. El mono lo dotará de eficacia y resolverá sus asuntos con poco esfuerzo.

BÚFALO ASCENDENTE GALLO: 17.00 a 19.00

Un búfalo que necesita asesoramiento para tomar decisiones. Altivo, engreído y omnipotente, busca la aprobación de los demás. Tiene dones de orador y es eficaz en sus jugadas.

BÚFALO ASCENDENTE PERRO: 19.00 a 21.00

Inclinado a la desesperanza y a la tristeza, pues el perro es pesimista. Sin embargo, al búfalo le servirá, ya que podrá reflexionar sobre sí mismo y ser menos subjetivo. Luchará por utopías.

BÚFALO ASCENDENTE CHANCHO: 21.00 a 23.00

Ama las alegrías de la vida cotidiana. Amable, gentil, su sensualidad es desbordante, y su generosidad, desmedida. Le encanta disfrutar de la vida material que se ha ganado honestamente.

EL BÚFALO Y SU ENERGÍA

BÚFALO DE MADERA (1925-1985)

MUJER: Tiene todos los atributos fortalecidos. Es resistente, a veces testaruda, poco afecta a las ñoñerías. Sociable y educada, le gusta tomar el control y se saca de encima a la gente que no puede seguirle el tren. Trabajadora, brillante y algo ambiciosa, para conquistarla hay que estar dispuesto a ponerse a su altura y dejarla mandar.

HOMBRE: Brillante, con pasta para la política y suficiente ambición para llegar alto. Implacable con lo que se le cruza, sus métodos no siempre son apreciados por quienes quedan en el camino. Es muy buen amigo y gran trabajador, obsesivo y metódico. No le gusta perder el tiempo, tampoco las críticas. Ni hablar de llevarle la contra: puede ponerse violento.

Personajes famosos

Carlos Balá, Paul Newman, Peter Sellers, Jack Lemmon, Rock Hudson, Rafael Squirru, B. B. King, Jonatan Viale, Keira Knightley, Roberto Goyeneche, Gilles Deleuze, Johnny Carson, Tony Curtis, Richard Burton, Johann Sebastian Bach, Dick Van Dyke, Benito Laren, Lula Bertoldi, Bill Haley, Malcolm X, Sammy Davis Jr., Rosario Ortega, Jimmy Scott, Bert Hellinger.

BÚFALO DE FUEGO (1937-1997)

MUJER: Un poco menos búfala que las otras, porque el fuego le saca paciencia y le agrega dinamismo y mucha ambición. De carácter menos firme y más apasionado, es más propensa a los enojos y a ser autoritaria. Gran trabajadora y buena amiga, la mejor manera de ponerla contenta ¡es que ella tenga el control!

HOMBRE: A la naturaleza ruda de su carácter se suma la impaciencia del fuego para dar una personalidad explosiva. Arriesgado, muy ambicioso, inquieto, con moral propia. Es un búfalo familiero, tierno con sus seres queridos y muy generoso. Tiene gran poder de recuperación ante las caídas, y no renuncia a sus sueños.

Personajes famosos

Robert Redford, Miguel Grinberg, Warren Beatty, José Sacristán, Jack Nicholson, Jane Fonda, Dustin Hoffman, Martina Stoessel, Camila Cabello, Boris Spassky, Hermann Hesse, rey emérito don Juan Carlos I de España, Facundo Cabral, Norman Briski, María Kodama.

BÚFALO DE TIERRA (1949-2009)

MUJER: Tiene mucha voluntad y autocontrol. Hace lo necesario para alcanzar sus metas y no le importa trabajar duro. Persigue la seguridad económica de ella y los suyos. Confía en sí misma, siente que hace las cosas bien; nunca duda sobre qué camino tomar. Es paciente y sacrificada, y se recupera de cualquier golpe. Valora la amistad y se esfuerza para demostrarlo.

HOMBRE: Posee alta resistencia para el trabajo, gran ambición y mucha autoestima. Esto lo transforma en alguien difícil de tratar, porque es perfeccionista y exigente con los demás. Querrá imponer su ritmo. Cuesta llegar hasta su corazón porque es inseguro afectivamente y tiene miedo al abandono o al rechazo. Protege a los que ama, pero puede ser muy duro si las cosas no salen como espera.

Personajes famosos

Oscar Martínez, Sergio Denis, Meryl Streep, Jairo, Joaquín Sabina, Luis Alberto Spinetta, Richard Gere, Billy Joel, Napoleón Bonaparte, Charles Chaplin, Ángeles Mastretta, César Aira, José Pekerman, Paloma Picasso, Jean Cocteau, Renata Schussheim, Claudio Gabis, Alejandro Medina, Gene Simmons.

BÚFALO DE METAL (1961-2021)

MUJER: Su aspecto o personalidad puede ser menos rudo que el de las otras búfalas, pero su interior es igualmente fuerte. Sociable, con capacidad para alcanzar poder y dinero, puede sufrir bajones anímicos, pero se repone rápidamente para volver a la lucha. No le gusta dar marcha atrás en sus decisiones, ni tolera que se le crucen en el camino: puede despedazar al distraído y seguir su ruta hacia la meta sin remordimientos.

HOMBRE: Tiene una visión tan propia de la vida que es difícil seguirle el tren. Y como además su carácter tiende a ser irascible e intransigente, no dan muchas ganas de vivir con él. Trabaja mucho, le gusta hacerlo, y espera lo mismo de los demás. No acepta críticas, y penetrar en su mundo interior es una misión imposible. Si estás muy enamorada y podés hacer oídos sordos a sus arranques, ¡tirate al agua!

Personajes famosos

Margarita Barrientos, Carlos Pagni, Marcelo Longobardi, Enzo Francescoli, Barack Obama, Walt Disney, José Luis Espert, Lucía Galán, Louis Armstrong, Boy George, Ronnie Arias, Alejandro Agresti, Juana Molina, Cinthia Pérez, Tom Ford, Ingrid Betancourt, Andrea Frigerio, The Edge, Eddie Murphy, Jim Carrey, Andrés Calamaro, Alejandro Awada, Diego Capusotto.

BÚFALO DE AGUA (1913-1973)

MUJER: El agua le da un poco más de suavidad a su carácter, aunque sigue siendo de hierro, como las demás. Tiene mejor disposición para disfrutar del momento actual, y no está tan obsesionada con el futuro. Es sensible y reservada, pero implacable: si le debés una, te la va a cobrar aunque tenga que esperar toda la vida. Paciencia le sobra.

HOMBRE: Es, posiblemente, el más fácil de amar de todos porque no se cierra a las demostraciones de afecto, está abierto a las sugerencias y hasta puede escuchar alguna crítica. Gran trabajador, ambicioso y materialista, se adapta a las circunstancias para lograr sus metas. Cuando vea su bienestar de por medio, estará más dispuesto a reflexionar que a embestir. Aunque no trabaje tanto, su astucia lo llevará a sus metas por caminos más cortos.

Personajes famosos

Albert Camus, María Eugenia Vidal, Romina Manguel, Cristina Pérez, Zambayonny, Iván González, Pharrell Williams, Belén Esteban, Bruno Stagnaro, Juliette Lewis, Carolina Fal, Nicolás Pauls, Inés Sastre, Martín Palermo, Juan Manuel Gil Navarro, Cecilia Carrizo, Sebastián Ortega, Carlo Ponti.

CONSTITUCIÓN DE LA NACIÓN ARGENTINA
Búfalo de Agua

CONTAME UN CUENTO CHINO

Lito Vitale • Búfalo de Metal • Músico

Soy Padre de tres hijxs que me enorgullecen.

Creo en las personas, en la buena energía y la creatividad potencial que tenemos todxs.

Necesito dar y recibir el amor familiar, el amor de mi amada y la complicidad del equipo de trabajo.

Admiro la mágica lógica de convivencia y supervivencia que practican los animales, ese equilibrio innato que propone cada una de las especies, sin histerias ni hipocresías, ni ninguneos, solo instinto verdadero.

Lucho contra mi ego, ese ego barato y enceguecedor, el que supuestamente lucha en defensa del reconocimiento por mi actividad artística y no hace más que delatar mi gran inseguridad. De alguna manera el tiempo transcurrido me lleva día a día a asumir y entender que mi lugar en "la cancha" es el medio campo, no nací para hacer los goles, me siento fuerte dando espacio y ayuda a los que admiro y quiero y a pesar que a veces me tienta esperar un reconocimiento por eso, sé que la satisfacción de ese proceder está solo en realizar esas acciones.

Necesito poco el ocio, me gusta estar en actividad siempre, tengo la dicha de vivir de lo que amo.

Soy un poco vago para aprender cosas que me cuesta entender, todo lo que sé hacer no sé exactamente cómo lo aprendí, quizá mi único potencial es prestar atención cuando algo me interesa.

El "barrio" me dio algunas armas para gambetear las complejas jugadas que a veces propone el camino de la vida.

Me cuesta poner y ponerme límites. Me gusta envejecer, no quiero ser el de antes, quiero y disfruto ser el de hoy.

Mi vida, a grandes rasgos, es un conglomerado de sueños cumplidos.

Necesito mucho el "halo de magia" que proponen la música y los artistas de todas las disciplinas.

Soy agradecido.

Amo y extraño a mi Papá y a mi Mamá.

BÚFALO

Tabla de compatibilidad

	Amor	Trabajo	Salud	Karma
Rata	XXX	XX	XX	XXX
Búfalo	XX	XXX	XXXX	XX
Tigre	XX	XX	XXXX	XXXX
Conejo	XX	XXX	XX	XXXX
Dragón	XXX	XXX	XXXX	XX
Serpiente	XX	XX	XXX	XX
Caballo	XXXX	XXXXX	XXX	XXXXX
Cabra	XXX	XXX	XXX	XXX
Mono	XXX	XXXX	XXXX	XXX
Gallo	XXX	XX	XX	XX
Perro	XX	XX	XX	XXX
Chancho	XX	XXX	XXX	XXX

X mal / XX regular / XXX bien / XXXX muy bien / XXXXX excelente

Nota: las compatibilidades son desde el punto de vista de cada animal.

TIGRE

FICHA TÉCNICA

Nombre chino del tigre
HU

Número de orden
TERCERO

Horas regidas por el tigre
03.00 A 05.00

Dirección de su signo
ESTE-NORDESTE

Estación y mes principal
INVIERNO-FEBRERO

Corresponde al signo occidental
ACUARIO

Energía fija
MADERA

Tronco
POSITIVO

ERES TIGRE SI NACISTE

13/02/1926 - 01/02/1927
TIGRE DE FUEGO

31/01/1938 - 18/02/1939
TIGRE DE TIERRA

17/02/1950 - 05/02/1951
TIGRE DE METAL

05/02/1962 - 24/01/1963
TIGRE DE AGUA

23/01/1974 - 10/02/1975
TIGRE DE MADERA

09/02/1986 - 28/01/1987
TIGRE DE FUEGO

28/01/1998 - 15/02/1999
TIGRE DE TIERRA

14/02/2010 - 02/02/2011
TIGRE DE METAL

01/02/2022 - 21/01/2023
TIGRE DE AGUA

Tigre, te vas dando zarpazos
imprevisibles, posibles o imaginarios.
A la deriva estoy como Pi
esperando la isla donde me rescaten.
Despido Feng Shui
entre ráfagas calurosas
sorpresas entrelazadas
con gente que caducó en la noche vieja
como pasas de uva
en vasija resquebrajada;
rincón donde murió hace un rato mi ballena franca.
L. S. D.

ESENCIA DEL TIGRE

Claudia, tigre de agua, me recomendó a un hombre para nuestros traslados por la caótica ciudad de "Malos Aires".

Me dijo: "Es un señor".

El primer viaje fue hasta el Buquebus, desde Recoleta.

Decreté que pasaría mis tres katunes y siete tunes en Colonia, a pesar de una gripe que me tumbó apenas llegué del valle serrano a la ex Reina del Plata.

Se presentó puntualísimo, y enseguida empezó a despotricar por el país, la ciudad, sus situaciones de "días de furia" y su edad.

El día era soleado, y yo solo quería embarcar, mirar el río, cambiar la energía Tanatos por Eros, y agradecer el retorno de "la salud, divino tesoro".

Hugo fue amable; nos despedimos con un "hasta la vuelta".

Las personas, apenas me ven, me convierten en un confesionario; tal vez ni la propia esposa, los hijos o hermanos saben lo que me cuentan en un rap, esperando algún *feedback*.

Ayer, de regreso de dos días de hiperventilación en Colonia, un cumpleaños con gratas sorpresas en un restaurante, con gente del pueblo, de caminatas con la luz soñada y los días diáfanos y templados, Hugo nos esperaba para traernos a casa y regalarnos otro rap más contundente: la Corte Suprema, elecciones suspendidas en dos provincias, cadena nacional inocua, ¿qué pasará este año con las elecciones? y "mi señora me dijo que le preguntara cómo me irá este año".

Hice el cálculo de su edad: 73 años. Tigre o búfalo.

Efectivamente, Hugo es tigre de metal, y le brindé la predicción tan esperada.

Catman escuchaba su vida en tiempo acelerado.

Una vida dedicada a la concesión de la lotería. Durante veintiocho años tuvo su oficina en la zona sur, y cumplió con su deber de buen empleado con los porcentajes, pero en la era del caudillo riojano, este dio las fichas de la lotería a cambio de favores. Nunca deja de sorprenderme la voracidad del poder.

Vivir en la Argentina, para una gran mayoría, es una ruleta, un casino, un quini, loto o gordo de Navidad, teñidos de intereses macabros.

Hugo nos narró en primera persona su odisea en este oficio; karma de tigre de jugar a todo o nada y confiar en la suerte, que a veces se da vuelta como una taba.

El instinto felino es voraz, son apostadores de riesgos que dejan magullones, heridas abiertas y la desaparición de las rayas de su aterciopelada piel.

No miden las consecuencias; cuando apuntan a su objetivo llevan con ellos un tendal de personas: pareja, familia, amigos, socios, amantes.

Su vida es como la del Gran Gatsby, Al Capone, Fidel Castro, Marilyn Monroe, Wanda Nara.

En minutos pueden hipotecar su casa, trabajo, empresa, si sienten la adrenalina que los enciende para actuar como un rayo, o estratégicamente.

Suelen tener una existencia de película, una biografía conmovedora como la de Oscar Wilde –*De profundis*– escrita desde la cárcel, con sus debilidades y vicios.

El tigre no soporta la rutina, la quietud, aburrirse. Prefiere salir a la jungla a cazar presas sabrosas, a deleitarlas hasta el paroxismo.

Es líder innato; no podrá ser segundo, aunque lo intente.

Le gusta jugar con fuego: cambiar la identidad para salir y entrar de fronteras entre países con distintos pasaportes hasta ser detectado con rayos X.

Genio y figura: es carismático, *sexy*, tiene *charme* y seduce con su osadía a quienes tenga enfrente.

Ama con los cinco sentidos y los siete cuerpos y detecta el punto G de cada amante para dejarlo atrapado en sus garras o laberintos mentales para toda la vida.

L. S. D.

EL TIGRE Y SU ASCENDENTE

TIGRE ASCENDENTE RATA: 23.00 a 1.00

Es un tigre apasionante e independiente. Le costará imponer su espíritu idealista, su optimismo y entusiasmo. Es muy bueno para los negocios.

TIGRE ASCENDENTE BÚFALO: 1.00 a 3.00

Siempre habrá lucha de poderes para ver quién domina a quién. Finalmente se entenderán. Solitario, tenaz, entusiasta, llegará siempre adonde se proponga y será muy apreciado. Es un tigre realista.

TIGRE ASCENDENTE TIGRE: 3.00 a 5.00

De naturaleza viva y creativa, es un tigre imprevisible con un carácter sumamente intenso que lo hace un temerario. No es muy serio para las relaciones afectivas.

TIGRE ASCENDENTE CONEJO 5.00 a 7.00

Se ocupará muy bien de hacer lo que hace. Perseguirá fama y poder. Es previsor y sobre todo independiente. Un tigre que se adecua a la sociedad.

TIGRE ASCENDENTE DRAGÓN: 7.00 a 9.00

Es un fuera de serie, atractivo, noble y valiente. Muy ambicioso, a veces se le va la mano. La unión aquí presente dará un ser sumamente activo, siempre dispuesto a quemar mucha energía. No es fácil seguir su ritmo.

TIGRE ASCENDENTE SERPIENTE: 9.00 a 11.00

Será culto, refinado, sibarita, y tendrá fuertes inclinaciones esotéricas. Bueno en los negocios, muy ambicioso. Se llevará muy bien con sus amigos. La unión con la serpiente lo hace algo peligroso pues potencia su astucia.

TIGRE ASCENDENTE CABALLO: 11.00 a 13.00

Le será difícil asumir responsabilidades. Es recomendable que escuche consejos, porque si no lo hace puede afectar sus aspectos financieros. Muy idealista y enamoradizo, este tigre tendrá muchos admiradores.

TIGRE ASCENDENTE CABRA: 13.00 a 15.00

Artista y soñador, vive convencido de que cambiará el mundo. Un ejemplar celoso y posesivo a la hora de la verdad. Muy hábil, es capaz de planificar, realizar, pactar y dialogar al mismo tiempo.

TIGRE ASCENDENTE MONO: 15.00 a 17.00

Capaz de emprender lo que se le antoje, conseguirá tener éxito porque es irresistible. Muy inteligente, práctico y con capacidad para adaptarse a la vida sin demasiado esfuerzo. Tendrá un humor notable.

TIGRE ASCENDENTE GALLO: 17.00 a 19.00

Necesitará aprobación para tomar decisiones importantes y será muy maníaco y perfeccionista. Orgulloso, quiere ocupar el primer puesto y brillar a lo lejos. Muy exigente, espera que los demás sean como él.

TIGRE ASCENDENTE PERRO: 19.00 a 21.00

Reflexivo, realista, honesto y fiel; ve más allá que los demás. Sabe muy bien que en el fondo el éxito es efímero. No se apegará a nada ni a nadie. Por ser distante, tendrá fama de orgulloso, altanero y engolado.

TIGRE ASCENDENTE CHANCHO: 21.00 a 23.00

Un tigre muy personal en su manera de encarar la vida; no hay que provocarlo, pues es capaz de sacar las garras. Le costará mostrar sus sentimientos y encauzar una profesión sin mezclar las relaciones humanas.

EL TIGRE Y SU ENERGÍA

TIGRE DE MADERA (1914-1974)

MUJER: ¡Una tigresa con la personalidad exaltada! Si de la vida esperás diversión, es la persona adecuada: creativa y anticonvencional, llena de ideas provocadoras y dispuesta a ponerlas en práctica inmediatamente. Encantadora, irresistible y no muy amante de las responsabilidades, si la podés graduar y seducir apelando a su pasión y a su sed de aventuras, se quedará a tu lado y te hará feliz.

HOMBRE: Un adicto al cambio, que vive para hacer planes y ponerlos en práctica. Tiene sensibilidad artística y creatividad. Le gusta rodearse de amigos o amantes que lo adoren y apoyen constantemente y que lo acompañen en sus aventuras. No le atraen mucho las responsabilidades, y es uno de los pocos tigres que, con tal de zafar de ellas, está dispuesto a permitir que le den órdenes.

Personajes famosos

Oscar Wilde, Leonardo DiCaprio, Julio Cortázar, Carla Peterson, Robbie Williams, Penélope Cruz, Richard Widmark, Rafael Amargo, Adolfo Bioy Casares, Alberto Castillo, Jorgelina Aruzzi, Thomas Merton, Marguerite Duras, Meg White, Joaquín Furriel, Emmanuel Horvilleur, Dani Umpi, Eleonora Wexler, María Julia Oliván, Ariel Ortega, Germán Paoloski, Elena Roger.

TIGRE DE FUEGO (1926-1986)

MUJER: Siguiendo los impulsos de su corazón arremete contra todo y busca destacarse sobre los demás. Como tiene mucha resistencia a los tropiezos y las caídas, y cada vez que se levanta está más fuerte, insistirá sin dar importancia a las heridas. Esa resistencia la convierte en una gran compañía en los momentos difíciles, ya que siempre tiene energías, ideas, ¡y un espíritu indomable!

HOMBRE: Absolutamente imprevisible y carismático, dueño de una fuerza arrolladora y un magnetismo irresistible. No pasa inadvertido jamás y tiene más energía de la que su propio cuerpo puede soportar, así que a veces termina quemándose. Es instintivo, no le preocupa el futuro y no le gusta la compañía. Siempre se siente el rey, no importa dónde esté.

Personajes famosos

Marilyn Monroe, Lady Gaga, Rafael Nadal, Alfredo Di Stéfano, Klaus Kinski, Dalmiro Sáenz, Mel Brooks, Nazareno Casero, Miles Davis, Sai Baba, Martín Piroyansky, Luis Suárez, Jerry Lewis, Alberto de Mendoza, Michel Foucault, Fidel Castro.

TIGRE DE TIERRA (1938-1998)

MUJER: La más tranquila de las tigresas, pero la energía tierra la hace también algo testaruda. Más propensa a usar la cabeza, no se deja arrastrar tan fácilmente por las pasiones. Es muy buena amiga y le preocupan su familia y su bienestar. Claro que a veces se distrae con algún romance pues como buena tigresa adora la excitación de vivir un gran amor, aunque eso signifique desconcertar a quienes están alrededor y en algún caso especial, olvidar las reglas.

HOMBRE: La tierra le da solidez, y eso lo hace todavía más atractivo de lo que un tigre puede ser. Seductor nato, su actividad preferida es la caza, pero como pierde el interés muy rápido, hay que prepararse para sufrir. Si se enamora, se lo va a tomar muy en serio, y aunque no es capaz de ser fiel, cumplirá con todo lo demás. Un amigo confiable y poco posesivo. Testarudo pero sagaz, escucha lo que le dicen los demás y sabe lo que ocurre a su alrededor.

TIGRE

Personajes famosos

Tina Turner, Federico Manuel Peralta Ramos, Isadora Duncan, Roberto Carnaghi, Alan Watts, Pérez Celis, Roberta Flack, Ángela Torres, Paulo Londra, Rudolf Nuréyev, reina Sofía de España, Alejandro Sessa, Ellen Johnson-Sirleaf, Issey Miyake, Karl Lagerfeld, Leonardo Favio, Héctor Larrea, Jaime Torres, Augusto Mengelle.

TIGRE DE METAL (1950-2010)

MUJER: Menos espontánea e impulsiva, planea sus acciones buscando un fin determinado. Le gusta mandar y ocupar un lugar importante, sin mostrarse muy compasiva. Le importan las causas nobles, pero no la gente. Te atrapa como un imán, pero si pierde interés se vuelve completamente fría e indiferente. Es bastante egoísta, y como tiende a ser melancólica necesita estar rodeada de gente que la divierta. En fin, si esta tigresa se encuentra cerca, siempre trabaja otro.

HOMBRE: Parece menos tigre que los otros. Es más conservador, egoísta e interesado. Tiene un aspecto más sobrio, menos inquieto y hasta parece reflexivo. Pero a no engañarse: lo que le interesa a este metálico ejemplar es cazar a su presa, sin importar el método que use ni el daño que cause. Necesita ser halagado (no distingue halago de adulación) y está ansioso por triunfar. Le gusta mandar y espera sumisión total de los que lo rodeen.

Personajes famosos

Carlos Gardel, Groucho Marx, Stevie Wonder, Quinquela Martín, Oscar Mulet, Peter Gabriel, Ubaldo Matildo Fillol, Charles de Gaulle, Norberto "Pappo" Napolitano, Michael Rutherford, Dolli Irigoyen, Pelito Galvez, Miguel Ángel Solá, Hugo Arias, Laurie Anderson, Teté Coustarot.

TIGRE DE AGUA (1962-2022)

MUJER: Optimista, generosa y más estable que sus hermanas, el agua suaviza su carácter y la vuelve amable, confiable, familiera y trabajadora. Tiene un sentido del humor menos ácido y es protectora con los que quiere, pero no hay que descuidarse: debajo de la superficie hay un explosivo temperamento dispuesto a saltar y destrozar a quien la traicione o se transforme en su enemigo.

HOMBRE: Es la joya de la corona de la familia Tigre. Amable, admirado y respetado, mantiene contenida su apasionada naturaleza y sublimiza su energía, volviéndose estable, diligente, amoroso con sus seres queridos, responsable de su familia. Acepta críticas, es bastante tolerante y tiene un sentido del humor menos negro que sus congéneres. Los que lo conocen lo adoran. Pero no soporta la traición: pueden devorarte sin pensarlo dos veces.

Personajes famosos
Caruso Lombardi, Jodie Foster, Tom Cruise, Alfredo Casero, Andrea Bonelli, Bahiano, Ricardo Dorio, Fernando Bonfante, Carola Reyna, Divina Gloria, Ian Astbury, Sandra Ballesteros, Leonardo Bechini, Juanse Gutiérrez, Ivo Cutzarida, Ana Tarántola, Simón Bolívar, Silvina Chediek, Juan Namuncurá.

CUDEC
Tigre de Madera

CONTAME UN CUENTO CHINO

Mercedes Pérez Sabbi • Tigre de Metal •
Escritora de literatura infantil y juvenil

En la Edad Media los mapas dibujaban con detalle las zonas exploradas por el hombre europeo. Pero sabemos que había muchas áreas desconocidas. Horizontes lejanos y misteriosos que los cartógrafos indicaban con las palabras latinas "Hic sunt leones" (aquí hay leones). En el mapa del imaginario infantil hay trazados con infinitos carteles "Hic sunt leones". Al nacer, estamos lanzados a descubrir su geografía, sus infiernos, sus paraísos, sus pasadizos secretos. Nuestra vida dependerá del lugar de origen, de los afectos familiares, de las provisiones que almacenemos, del cobijo de la manta tejida en nuestro propio telar. Me pregunto: ¿Será lo mismo salir a la aventura sin los ecos de una canción de cuna? ¿Será lo mismo para quien tenga pocas provisiones que para aquel que lleve en su equipaje un pan, un pájaro, una canción de soles para iluminarse en la tormenta? Solo sabemos que será un viaje inquietante, desconocido. La incertidumbre es la marca que llevamos al nacer, porque hay una sola certeza: la de la muerte, pero desconocemos cuándo sobrevendrá. Y tanta incertidumbre nos angustia y hace que necesitemos anticipar los hilos de nuestro telar, porque como ha dicho Liliana Bodoc: "Pobres de nosotros si olvidamos que somos un telar, porque donde se corte el hilo, se deshace el paisaje".

Y en esta búsqueda, hace muchos años me encontré con el *I Ching*, o el *I Ching* me encontró a mí, ¿cómo saberlo? ¿Acaso conocemos acerca de los momentos "azarosos" de la vida? "Nada se sabe, todo se imagina. Somos cuentos contando cuentos, nada" (Pessoa). Lo que sí sé es que quedé cautivada por su profunda sabiduría poética y, en la búsqueda de un terreno más seguro que me acercara a los acontecimientos por venir, fue mi oráculo durante los inicios de mis pasos como escritora. Con la entrega de un nuevo libro para que fuera evaluado por una editorial, realizaba mi consulta tirando las tres monedas, tres veces al azar, y ese acto casi mágico me daba aliento cuando me decía "La perseverancia trae ventura y éxito"; de ese modo, cuando tenía una negativa editorial, seguía mi camino de perseverar hasta llegar al éxito. Siempre estaré agradecida a esas sabias palabras que me ayudaron a no renunciar a mi infatigable deseo de ser escritora.

En esos años, viendo un programa de televisión, quedé obnubilada frente a una mujer un tanto exótica, tan exótica como su nombre –Ludovica–, que hablaba de un nuevo universo en el que yo era una tigresa que convivía con una cabra, un perro y una rata. Ahí descubrí que el horóscopo chino tenía poesía, nada más y nada menos que el lenguaje con el que mi abuelo pobló los días de mi infancia. Sus poemas me llevaron por lugares misteriosos de soles y tormentas, por senderos temidos y adorados en los que reconocí las flores del único camino posible donde encontrarme. Y como soy tigresa, me reconozco valiente. Las tempestades podrán borrarme las rayas de mi pelaje, pero seguiré intacta frente al viento, que será el pincel que las dibuje amarronadas.

Tabla de compatibilidad

	Amor	Trabajo	Salud	Karma
Rata	xx	x	xx	xx
Búfalo	xxx	xxx	xxx	xx
Tigre	xxx	xxx	xxx	xx
Conejo	xxxx	xx	xxx	xx
Dragón	xxx	xx	xx	xxx
Serpiente	xx	xx	x	xxxx
Caballo	xxxxx	xxx	xxx	xxxxx
Cabra	x	xx	xx	xx
Mono	xxx	xxxx	xxx	xx
Gallo	xx	xx	xxx	xx
Perro	xx	xxx	xx	xxx
Chancho	xxx	xxx	xx	xxx

X mal / XX regular / XXX bien / XXXX muy bien / XXXXX excelente

Nota: las compatibilidades son desde el punto de vista de cada animal.

CONEJO

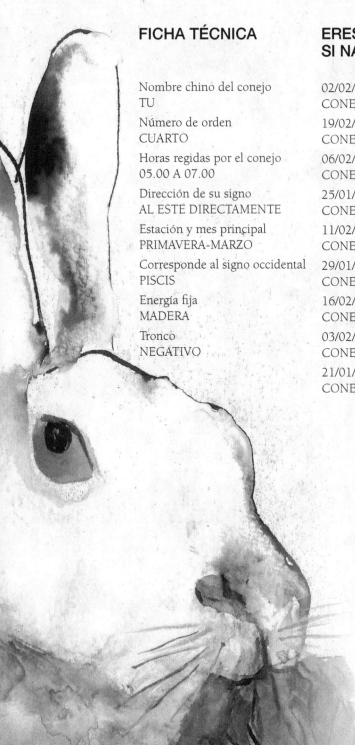

FICHA TÉCNICA

Nombre chino del conejo
TU

Número de orden
CUARTO

Horas regidas por el conejo
05.00 A 07.00

Dirección de su signo
AL ESTE DIRECTAMENTE

Estación y mes principal
PRIMAVERA-MARZO

Corresponde al signo occidental
PISCIS

Energía fija
MADERA

Tronco
NEGATIVO

ERES CONEJO SI NACISTE

02/02/1927 - 22/01/1928
CONEJO DE FUEGO

19/02/1939 - 07/02/1940
CONEJO DE TIERRA

06/02/1951 - 26/01/1952
CONEJO DE METAL

25/01/1963 - 12/02/1964
CONEJO DE AGUA

11/02/1975 - 30/01/1976
CONEJO DE MADERA

29/01/1987 - 16/02/1988
CONEJO DE FUEGO

16/02/1999 - 04/02/2000
CONEJO DE TIERRA

03/02/2011 - 22/01/2012
CONEJO DE METAL

21/01/2023 - 09/02/2024
CONEJO DE AGUA

Esas rosas rojas que me diste, Uriel,
despertaron como luciérnagas mis sentidos, emociones,
olvidos de sonreírle a la vida porque sí.
Me transportaste como un ángel que rescata a otro,
sin tiempo ni espacio.
L. S. D.

ESENCIA DEL CONEJO

Promediando el año del conejo de agua, me detengo a sentir la influencia que está produciendo en nuestra psiquis, en la salud holística, en la incertidumbre del minuto a minuto. Nos abre, cual caja de Pandora, el presente que se evapora como el rocío a la madrugada sin que podamos vivirlo con la plenitud de otra época.

Sabía que sería un año bisagra, caótico, con mensajes bipolares y confusión en el futuro, que es lo que la gente más necesita.

El agua, el Niño, que retornó con la bendita lluvia que necesitamos para la sobrevivencia en ríos, en la tierra, que necesita humedad para ser cultivada, sembrada, y renovar así en calidad granos, verduras y árboles; lo que vivimos muchos años como algo natural hoy es una plegaria con la cual invocamos al inspirador de nuestras creencias.

El conejo observa, persiste en su don de sanación, de mago, ilusionista, para que tengamos fe en que algo va a cambiar.

Sabe que será el centro de atención, del éxito, por alguna idea original, revolucionaria e imprevisible que está en su ADN, en su constitución, y podrá dar vuelta algo, como hizo Messi en el PSG por un gol, en la clasificación de una liga europea.

El conejo nace con estrella, su vida es fascinante; puede oscilar entre ser un mendigo y un niño que nace en un hogar humilde y por su sensibilidad, expansión social, amigos de todas las gamas y estratos sociales llega a ser una estrella de cine, de fútbol, de *rock* y otras formas de arte.

La literatura, como para Henry Miller y Anaïs Nin, son formas de sobrevivir respirando aire puro, viviendo en pocilgas o castillos, según la personalidad y el carisma que tengan para llegar a las personas que les darán la oportunidad para salir del anonimato, editar sus primeros libros y convertirse en célebres escritores.

El conejo es sibarita, amante excepcional, cada noche por los tejados escapa para conseguir alimento y también alguien que lo atraiga hasta el paroxismo.

Sabe que tiene encantos para seducir, enamorar, atraer cual un imán a quien más le guste o a personas catalogadas como imposibles de enamorar.

Es un animal exótico, *sexy*, original, culto y sensible a estímulos relacionados con el arte, la naturaleza, la permacultura, la investigación del cosmos, y tiene dones esotéricos.

Su búsqueda eterna del amor en todas las manifestaciones, formas clásicas y nuevas del posmodernismo lo convierte en alguien de vanguardia, que conjugará belleza con personalidad como Brad Pitt, Angelina Jolie, Luisana Lopilato, Johnny Depp, Nicolas Cage, Emilia Attias, sumando el talento y la trayectoria de Charly García, Federico Moura, Fernando Samalea, Gustavo Santaolalla y muchas variedades en Argentina y en el mundo, como Sting, que tendrán el don de perdurar con su obra o su vida privada.

La magia combinada con el talento, la perseverancia, las ganas de superarse estudiando, viajando, acercándose a mecenas, patrocinadores y fanes posibilitarán al conejo una trayectoria como la de las mellizas Legrand en su infancia y juventud inolvidables.

Dedico un párrafo aparte para Mirtha que, a pesar de las pruebas personales, familiares, las prohibiciones televisivas, continúa su carrera con pasión, dedicación, actualizándose más que muchos periodistas, que repiten como loros lo que escuchan de otros.

El equilibrio emocional es lo que destaca al conejo por sobre otros signos del zodíaco chino.

Tiene el don de la sanación; sus manos, sus palabras, consejos son acertados aun para los que están desahuciados, los enfermos terminales, los que perdieron la fe en la vida y quieren poner un punto final, los adictos a drogas, a personas tóxicas.

El conejo es transmutador de energía. Entra en un lugar con bajo astral y lo eleva.

Su maestría para abarcar lo invisible es un don que le concedió Buda al elegirlo como el signo más afortunado del zoo, al que se lo puede ver en noches de luna llena recostado sobre una roca irradiando paz y armonía.

La leyenda cuenta que en China, hace más de dos mil años, un campesino estaba a punto de morir de hambre en su aldea cuando vio a un conejo, este se detuvo y le dijo: "Si quieres matarme para que mi carne te alimente, hazlo".

Ese gesto tan noble lo convirtió en heredero de las mejores virtudes: belleza, suerte, talento y longevidad, que Buda le concedió al convertirlo en inmortal.

Cuando un conejo no logra sus objetivos puede convertirse en alguien malvado. Su atracción por las ciencias ocultas, la magia negra, los túneles del inframundo con sus criaturas que viven pagando karma son parte de sus armas letales que aplicará para destruir a su enemigo.

Puede tener luz y oscuridad, es un signo dual, *yin, yang*.

Sabe que posee muchas vidas y oportunidades para dar un giro a su profesión gracias a mecenas que aparecen y desaparecen según sea su "trip en el bocho".

Siempre nos sorprenderá, irradiará una luz que proviene de otras galaxias porque es un ser de ciencia ficción.

Atentos cuando el destino los encuentre con alguno de ellos: abran los chakras, inhalen y exhalen y sigan su rumbo hasta que los atrape en sus garras.

L. S. D.

EL CONEJO Y SU ASCENDENTE

CONEJO ASCENDENTE RATA: 23.00 a 1.00
Un contrasentido de la naturaleza. La rata es huraña e introvertida, y el conejo, doméstico y familiar: tendrán que hacer hazañas para sobrevivir y llegar a un acuerdo. Puede resultar inaguantable y, además, muy conservador.

CONEJO ASCENDENTE BÚFALO: 1.00 a 3.00
Materialista, autoritario, determinado, sus objetivos son simples: agrandar su hogar, comprar un campito y multiplicar su fortuna. Será un buen padre o madre y educará refinadamente a sus hijos.

CONEJO ASCENDENTE TIGRE: 3.00 a 5.00
Una doble mezcla de engañosa apariencia y mentirosa presencia. Es un cóctel *heavy* metal, pues son dos caprichosos, sensuales y egocéntricos que necesitan salir para lucirse. A tener cuidado con este conejo.

CONEJO ASCENDENTE CONEJO: 5.00 a 7.00
Detesta involucrarse y su aparente neutralidad esconde un determinismo poco común. Actúa para mejorar sus intereses y tener una vida mejor. Detesta tener que elegir, y si lo hace es porque lo presionan o fuerzan.

CONEJO ASCENDENTE DRAGÓN: 7.00 a 9.00
Un triunfador en potencia, esta mezcla de fuerza y energía, de dominio del saber y astucia es una combinación de héroe con sabio; una unión entre la inteligencia y la creación. Un conejo que no pasará inadvertido.

CONEJO ASCENDENTE SERPIENTE: 9.00 a 11.00
Sabe encontrar el punto G de los demás. Su olfato es su poderoso aliado y le dicta soluciones milagrosas. Misterioso, hipnotiza al objeto de sus deseos, que sucumbe y cae a sus pies. Es un conejo peligroso e irresistible.

CONEJO ASCENDENTE CABALLO: 11.00 a 13.00

"Tiene una ansiedad como de año nuevo". Es un ganador, no importa de qué, pero galopa en busca de emociones y no conoce límites. Sabe que debe actuar con prudencia, inteligencia y resolución. En el amor es un mercenario.

CONEJO ASCENDENTE CABRA: 13.00 a 15.00

Cuando los enemigos lo agreden, se va a mirar la luna y a soñar con las estrellas. Adora viajar y odia las jaulas. Vive en un mundo de ilusión. No tiene el menor sentido práctico y gasta dinero con ganas.

CONEJO ASCENDENTE MONO: 15.00 a 17.00

Un ser inteligente que ha logrado obtener la mejor mezcla de imaginación y astucia, intuiciones ancestrales y perfección para captar almas ajenas. Es un triunfador nato, pero le divierte más lo que hay en el camino que el fin en sí mismo.

CONEJO ASCENDENTE GALLO: 17.00 a 19.00

Leal, tenaz, dice francamente lo que piensa. Es vivo y alegre y no juega a hacerse el tímido y misterioso. A menudo le gusta lo espectacular. La tiene clara, va directamente a su objetivo y es muy responsable en su trabajo.

CONEJO ASCENDENTE PERRO: 19.00 a 21.00

Un ser desconfiado, pero no cobarde, triste pero bueno, más melancólico y ciclotímico que limitado en su creatividad. Es incapaz de dañar a los demás. No le gusta estar solo, buscará compañía indiscriminadamente.

CONEJO ASCENDENTE CHANCHO: 21.00 a 23.00

Necesita alimentar el espíritu: es un intelectual. Se hace el misterioso, el solitario y el culto para seducir mejor. Cuando un amigo lo necesita no duda en tenderle la mano o en prestarle plata.

EL CONEJO Y SU ENERGÍA

CONEJO DE MADERA (1915-1975)

MUJER: Muy ambiciosa y bastanteególatra, pero lo suficientemente hábil y astuta para disimularlo. Seguidora de las tradiciones, meticulosa y diplomática, se guarda sus opiniones y trabaja sin descanso y con perfeccionismo, en forma generosa. No le gusta que la contradigan y busca el confort a su alrededor. Puede vencer su egocentrismo y volcarse a los demás, y lo harán con altruismo y dedicación.

HOMBRE: El marido que todas buscamos. A la deliciosa personalidad felina, amistosa, pacífica y relajada se le suman deseos de asentarse. Será un muy buen padre, y le encantará ocuparse de proveer bienestar a su familia. Es serio en lo que respecta al amor y está dispuesto a comprometerse, pero le gusta tener el control y espera mucho apoyo. Si se mantiene la tranquilidad hogareña, todo marchará sobre rieles.

Personajes famosos

Orson Welles, Edith Piaf, Michael Bublé, Eugenia Tobal, David Beckham, Federico Amador, Angelina Jolie, Enrique Iglesias, Anthony Quinn, Frank Sinatra, Mariano Cohn, Luciano Castro, Ingrid Bergman, Billie Holiday, Abel Santa Cruz, Jack White, Juan Minujín, David Rockefeller, Paola Barrientos, Dolores Barreiro, Leticia Brédice, Hernán Crespo.

CONEJO DE FUEGO (1927-1987)

MUJER: Menos calma y reservada que las otras conejas pues el fuego le da inquietud y un brillo extra que la motiva a buscar metas más elevadas. Tiene habilidad para el arte, es intuitiva, con sentido del humor, y aunque es algo temperamental, sabe manejar muy bien las relaciones. Es una hábil estratega, dispuesta a conquistar lo que se proponga.

HOMBRE: Más extrovertido que los otros conejos, un poco cínico y no demasiado dispuesto a establecer relaciones amorosas serias. Egocéntrico y arribista, utiliza su intuición para ubicar a la gente adecuada y tratarla de modo apropiado para llegar más arriba. Como es esnob, una vez que empiece a subir irá dejando fuera de su círculo a quienes no le aporten estatus. Practica con éxito la hipocresía, lo cual, sumado a lo anterior, da como resultado un hombre muy bien dotado para la política.

Personajes famosos

Leo Messi, Choly Berreteaga, Raúl Alfonsín, Tato Bores, Gina Lollobrigida, Peter Falk, Mirtha Legrand, Gabriel García Márquez, Jimena Barón, Harry Belafonte, Gilbert Bécaud, Ángel Di María, Francisca Valenzuela, Raúl Matera, Emilia Attias, Osvaldo Bayer.

CONEJO DE TIERRA (1939-1999)

MUJER: Más sólida que las otras, tiene las cosas bien claras. Muy lúcida, con chispa y humor, ama los lujos terrenales, y es de las que se entrega solo cuando está segura. Pero antes y después, poseída por el espíritu de la gata Flora, va a amar y dejar a más de uno. Le preocupa su crecimiento personal, pero no a costa del bienestar ajeno. Es una amiga divertida pero no demasiado confiable.

HOMBRE: Tiene un exterior pasivo y agradable, y muy realista. Bajo esta fachada hay una mente inquieta, manipuladora y práctica, que busca la realización de sus ideales. Le interesa el bienestar de su familia, es un gran trabajador, y aprecia los placeres terrenales. Chispeante, divertido, y no muy lírico, cultiva amistades sólidas, de las que le gusta rodearse.

Personajes famosos

Andrés Percivale, reina Victoria, Paul Klee, Albert Einstein, George Hamilton, Francis Ford Coppola, Peter Fonda, Karol Sevilla, Stalin.

CONEJO DE METAL (1951-2011)

MUJER: Es una gata con las garras escondidas, porque el metal le da agudeza y fuerza. Usa su habilidad para fabricarse una fachada de modestia, cuando por debajo es ambiciosa y le preocupa asegurarse el futuro. Audaz, aunque no lo muestra, piensa todo muy bien antes de actuar. Le encanta tener muchos amigos y estar acompañada. Cuando decida ser tu amiga y confiar en ti, lo hará sin restricciones.

HOMBRE: Tiene claro lo que espera de la vida, y la suficiente determinación para lograrlo. Si logra controlar su ansiedad, logrará el éxito. Es audaz y original, aunque su exceso de imaginación puede desviarlo un poco del rumbo trazado. Se enamora locamente, pero teme a entregarse y espera total honestidad de su pareja. Le encanta cultivar la amistad, el sexo y el *rock and roll*.

Personajes famosos

Arturo Pérez-Reverte, Pedro Almodóvar, Ana Belén, Sting, Christian Lacroix, Anjelica Huston, Thelma Biral, Isabel Preysler, Charly García, Gustavo Santaolalla, Michael Keaton, Rita Segato, Carlos Barrios, Confucio, Hugo Porta, Romeo Gigli, Valeria Lynch, Rosa Gloria Chagoyán, Jaco Pastorius, Juan Leyrado, León Gieco.

CONEJO DE AGUA (1963-2023)

MUJER: Delicada e inestable, sufre por muchos miedos que oculta bajo una apariencia calma. Adora el placer y el lujo, y le preocupa muchísimo la seguridad material. Se interesa por los símbolos exteriores del estatus, y es incapaz de enfrentar un problema. Siente terror a los cambios y no se arriesga por nada. No tiene demasiados amigos porque no confía en los demás y es insegura. La menos hábil de las conejas, pero se asegurará un futuro calmo y seguro, y con eso le alcanzará.

HOMBRE: Es un hombre muy atractivo, lleno de refinamiento y dignidad; muy receptivo con los que lo rodean. Hipersensible, necesita mucho apoyo afectivo y socorro cuando se tiene que enfrentar con un problema. Trabaja duro para llegar a su meta y le preocupa mucho el estatus. Necesita que lo estén reafirmando constantemente, pero si se siente seguro, es un hombre que lo tiene todo.

Personajes famosos

Fernando Peña, Xuxa, Whitney Houston, Niní Marshall, Hilda Lizarazu, Sergio Goycochea, Jarvis Cocker, Fabián Gianola, Brad Pitt, George Michael, Sheila Cremaschi, Quentin Tarantino, Fernando Samalea, Rosario Flores, Norma Antúnez, Ramiro Agulla, Johnny Depp, Fatboy Slim, Germán Palacios, Gabriela Epumer, Gustavo Elía, Costi Vigil, Fito Páez.

JULIÁN ÁLVAREZ
Conejo de Tierra

CONTAME UN CUENTO CHINO

Lautaro Serino • Conejo de Madera •
Terapeuta corporal, kinesiólogo

Cuando me invitaron a escribir sobre el Conejo estuve unos días pensando y buscando cómo esta criatura vivía dentro de mí y cómo influyó en mi proceso personal y profesional hasta que, en conversaciones con mi compañera de vida, Daniela, también coneja de madera, nos vino a la cabeza el conejo de *Alicia en el país de las maravillas*.

Ese conejo se cruza en la vida de Alicia corriendo, apurado, diciendo "¡Ay, Dios mío! (...) Llegaré demasiado tarde!", y mirando su reloj. A pesar de que es bastante inusual que un conejo pase hablando, vestido y mirando un reloj, lo que atrajo a Alicia hacia el conejo fue la curiosidad, la misma que la llevó a adentrarse en la madriguera para descubrir un mundo mágico interno.

Dentro de todos nosotros viven un conejo y una Alicia. Solamente tenemos que dejarnos sorprender por la emoción y seguir ese impulso interno que nos lleve a aventuras maravillosas.

El conejo es un maestro en llamar la atención saltando de la galera, o por medio de la intriga que nos da lo que habrá del otro lado de la puerta de su madriguera. Genera preguntas, solo hay que saber leerlas y responderlas desde la intuición, dejándonos llevar hacia ese mundo interno, que siempre tiene algo de magia.

Como conejo, hoy me doy cuenta de que mi principal deseo es generar esa inquietud en el otro para que se mueva de donde está y encuentre su ritmo interno. Como persona, en el año del conejo, siento que estoy saliendo a compartir con los demás lo que tenía guardado en la madriguera secreta.

CONEJO

Tabla de compatibilidad

	Amor	Trabajo	Salud	Karma
Rata	xx	xx	xxxx	xx
Búfalo	xx	xxxx	xxx	xx
Tigre	xxxx	xxx	xxxxx	xxxxx
Conejo	xxx	xxx	xx	xx
Dragón	xxxx	xxxx	xx	x
Serpiente	xx	xxx	xx	xx
Caballo	xxx	xxx	xxx	xx
Cabra	xx	xx	xx	xxx
Mono	xxxxx	xxx	xxxx	xxx
Gallo	xxx	xxx	xx	xx
Perro	xxx	xx	xxx	xx
Chancho	xxx	xx	xxx	xxx

X **mal** / XX **regular** / XXX **bien** / XXXX **muy bien** / XXXXX **excelente**

Nota: las compatibilidades son desde el punto de vista de cada animal.

DRAGON

FICHA TÉCNICA

Nombre chino del dragón
LONG

Número de orden
QUINTO

Horas regidas por el dragón
07.00 A 09.00

Dirección de su signo
ESTE-SUDESTE

Estación y mes principal
PRIMAVERA-ABRIL

Corresponde al signo occidental
ARIES

Energía fija
MADERA

Tronco
POSITIVO

ERES DRAGÓN SI NACISTE

23/01/1928 - 09/02/1929
DRAGÓN DE TIERRA

08/02/1940 - 26/01/1941
DRAGÓN DE METAL

27/01/1952 - 13/02/1953
DRAGÓN DE AGUA

13/02/1964 - 01/02/1965
DRAGÓN DE MADERA

31/01/1976 - 17/02/1977
DRAGÓN DE FUEGO

17/02/1988 - 05/02/1989
DRAGÓN DE TIERRA

05/02/2000 - 23/01/2001
DRAGÓN DE METAL

23/01/2012 - 09/02/2013
DRAGÓN DE AGUA

10/02/2024 - 28/01/2025
DRAGÓN DE MADERA

Niños sin madres, padres ni espíritus
víctimas del hambre de amor de sus secuaces.
Prematuras muertes antes de nacer, dejando stand by
cuerpos sin alma para florecer.
L. S. D.

ESENCIA DEL DRAGÓN

Cuando el mediodía porteño se instalaba en su cenit, promediando mayo, y había terminado las tareas domésticas para continuar con el libro del año del dragón, sonó el celular.

De lejos no reconocí el número. Y seguí con mi objetivo.

Llegó el WhatsApp. Pedro Moreno, amigo y periodista, me invitaba a participar en un programa de la radio Comechingones de Traslasierra.

Su entusiasmo por haber sido convocado después de diecisiete años de vivir en la zona relucía en su voz.

A través de la querida Gipsy, hace casi veinte años fui la médium para que se instalara, junto a Inés y sus hijas, en el "valle de pasiones".

Me recordó que es dragón en el zodíaco chino, y anoté el dato para no olvidarme.

Intercambiamos noticias del valle y le prometí que cerca de la fecha del vigésimo aniversario de la Fundación Espiritual de la Argentina le daría una entrevista para que la gente tan valiosa que da cursos y seminarios pueda tener su discipulado.

Pedro es no vidente, lo admiro por su vida, su familia, su vocación de transmisor de noticias regionales y mundiales, su cultura y buena disposición hacia lo que surja cuando hay que jugarse aun con denuncias y situaciones incómodas.

El dragón es el animal más venerado en China desde su unificación. Su imagen se encuentra en cada símbolo: en el arte, el feng shui, el estudio de las jerarquías desde los imperios hasta la China de Mao Tse Tung.

Siempre fue el animal que fascinó a poetas, escritores, músicos, científicos, políticos por su posibilidad de renacer de sus cenizas como el ave fénix, traer bendiciones a la familia, tener las virtudes más valoradas en China: longevidad, riqueza, armonía y belleza, la posibilidad de cambiar con su pensamiento la coherencia en sus acciones, el rumbo del tiempo en que nacen y mueren, muchos de manera trágica, como Lennon, Martin Luther King, el Che Guevara, dejando huérfanos a sus seguidores en el planeta.

La inspiración de causas humanitarias, aunque cosechen grandes enemigos, es parte de su misión.

Algunos dragones creen que con su carisma, talento y éxito pueden darse el lujo de maltratar a sus fanes, empleados, pareja y constelación familiar.

Por eso, muchas veces, cuando pierden su etapa de brillo y esplendor, quedan solos, pobres, olvidados por quienes los tenían en un pedestal y les rendían pleitesía.

En ambos sexos el dragón tiene una salud privilegiada.

Parecen salidos de un concurso de belleza, no solo por su aspecto físico, sino por su luz, magnetismo, *sex appeal,* audacia, rebeldía, gestos que hipnotizan a su audiencia y producen riñas.

El resto del zoo se desvive por ser parte de su harén, de su círculo rojo o por ser compañero de viaje a países exóticos. En esos destinos siempre agasajará a su enamorada con manjares pantagruélicos, bebidas de sultanes y rajás, y la sorprenderá con *shows* o canciones de amor cantados en vivo por Luis Miguel, aunque pierda lo que ganó en su vida en una noche.

El dragón dejará su huella inolvidable en cada persona que admire, que le interese o sienta que es parte de su tribu cósmica, más que terrenal. Su experiencia es su patrimonio.

Cuando relata su sobrevivencia, como Roberto Canessa en los Andes, deja al público impactado por el alma que pone al recordar un hito en su vida, cuando supo que tenía que caminar, ayudar a Parrado en la última esperanza para que los rescataran. Empezó su charla diciendo: "No esperen que se caiga el avión".

Los dragones son intensos y efímeros.

A veces, cuando su ego les impide bajar a visitar a los mortales en la 3D, pecan de soberbios, coléricos, impacientes, sádicos, y pierden el respeto entre sus vuelos celestiales y terrenales.

Gran amigo, anfitrión, protector, confidente. Aunque algunas dragonas son incontinentes para guardar secretos y traicionan a quienes confían en ellas, dejando un sabor amargo en relaciones de mucho tiempo, sí se puede contar con ellos en la noche oscura del alma.

Consiguen la adrenalina con los cambios bruscos en su vida: viajes inesperados, odiseas en las que estará a prueba su integridad, por eso se los valora, pues son solidarios, médicos sin fronteras, organizadores de ONG, humanistas o miembros clave de organismos internacionales como ONU, OMS, asociaciones de lucha contra el cáncer, el sida, las enfermedades patológicas e infecciosas.

No le gusta que lo critiquen, que lo desafíen en peleas callejeras: el dragón tiene su propia manera de luchar y llegar adonde se propone.

Los altibajos en su vida serán el motor –a veces apagado por un tiempo– para renacer y dar luz a los que lo valoran y respetan en cada aparición desconcertante que elegirá para convencernos de que es inmortal.

L. S. D.

EL DRAGÓN Y SU ASCENDENTE

DRAGÓN ASCENDENTE RATA: 23.00 a 1.00

No le faltarán dinero o formas de sobrevivir, y sabrá rodearse de gente importante que le abrirá las puertas del triunfo. Es más afectuoso, menos imperioso y menos exigente con la gente que lo rodea.

DRAGÓN ASCENDENTE BÚFALO: 1.00 a 3.00

Es autoritario, poco sociable y escéptico. Antes de tomar decisiones gruñe, sobre todo en el amor. Los que lo enfrentan, tendrán que vérselas con un temible adversario.

DRAGÓN ASCENDENTE TIGRE: 3.00 a 5.00

Su emotividad le hace perder la cabeza. Tiene una capacidad de trabajo increíble. Muy competitivo, valiente y honesto, conquistará el territorio que se proponga.

DRAGÓN ASCENDENTE CONEJO: 5.00 a 7.00

Enérgico y de ideas claras, avanza, piensa y reflexiona con prudencia; la inteligencia es su punto fuerte. Brillante y sutil, a veces puede ser maquiavélico.

DRAGÓN ASCENDENTE DRAGÓN: 7.00 a 9.00

Necesita ser aprobado por todo el mundo y escupe llamaradas para que los demás le abran camino. Un sacerdote digno de respeto. Impone obediencia y devoción.

DRAGÓN ASCENDENTE SERPIENTE: 9.00 a 11.00

Tendrá suerte con el dinero, el amor y las relaciones *border line*. Devorado por la ambición, no tiene ningún escrúpulo en hipnotizar a sus adversarios y devorarlos crudos.

DRAGÓN ASCENDENTE CABALLO: 11.00 a 13.00

Es el rey de la diversión, la improvisación y la seducción. Inteligente y optimista, enamorado de la velocidad, ama el éxito. Si no se torna ambicioso, la suerte lo acompañará.

DRAGÓN ASCENDENTE CABRA: 13.00 a 15.00

Tiene una gran imaginación y muy buen gusto; se destacará sin hacer demasiado circo. Estará rodeado de belleza, mecenas, naturaleza y una buena cantidad de pasajes abiertos a importantes lugares.

DRAGÓN ASCENDENTE MONO: 15.00 a 17.00

Talentoso y astuto, es un manipulador genial. Brillará aunque esté apagado. Fuerte y temerario, intelectual, astuto y mágico, tiene proyectos a gran escala y un séquito de admiradores incondicionales.

DRAGÓN ASCENDENTE GALLO: 17.00 a 19.00
Orgulloso, original y generoso, no se queda ni un minuto en el mismo sitio. Sabrá actuar en el momento exacto y sacar provecho de situaciones utópicas.

DRAGÓN ASCENDENTE PERRO: 19.00 a 21.00
Es fiel, sincero y leal; sabe tomar la distancia necesaria para poder juzgar lúcidamente a las personas y las cosas. Atacará injusticias y tendrá mucho humor.

DRAGÓN ASCENDENTE CHANCHO: 21.00 a 23.00
Siempre trata de ayudar a los otros y utiliza sus llamaradas para calentarlos y reconfortarlos. Tendrá un corazón de oro, vivirá sumergido en el chiquero y en las más altas esferas espirituales.

EL DRAGÓN Y SU ENERGÍA

DRAGÓN DE MADERA (1964-2024)
MUJER: Intensa y exótica, enemiga de las críticas y con problemas para salir de las crisis. Pero también muy cálida y tierna, gracias a la energía madera. Solidaria y empática con los que la rodean, da buenos consejos y se preocupa por los demás. Le encanta ser el centro, pero está dispuesta a pensar en la felicidad ajena. Tiene un gran sentido de la justicia y mucho humor.
HOMBRE: Creativo y con gran talento artístico, es muy poco convencional. Pone su cabeza al servicio de un futuro que espera sea a todo lujo. Le gusta mucho mandar y que lo aplaudan. Tiene un gran sentido del humor, pero problemas con su yo: puede no sentirse cómodo consigo mismo, y esto lo complica. Es buen amigo y aunque le gusta tener la razón, posee un alto sentido de la justicia.
Personajes famosos
Sergio Lapegüe, Osvaldo Pugliese, Pablo Neruda, Kevin Johansen, Sandra Bullock, Eleonora Cassano, Ricardo Balbín, Gustavo Bermúdez, Felicitas Córdoba, Matt Dillon, Palo Pandolfo, Jorge Drexler, Humberto Tortonese, Nietzsche, Tita Merello, Salvador Dalí, Mario Pergolini, Raúl Urtizberea.

DRAGÓN DE FUEGO (1916-1976)

MUJER: Tiene la apariencia de ser segura, saber lo que quiere y cómo conseguirlo. Pero en la realidad es muy vulnerable, fácil de herir y con poca autoestima. Seduce indiscriminadamente, buscando tener a su alrededor gente que le dé apoyo y ánimo. Puede llegar a ponerse agresiva porque toma las críticas o el desacuerdo muy mal.

HOMBRE: Inquieto y magnético, devorado por las llamas de su fuego interior. Tiene mucho instinto para lograr sus metas, y además, entusiasmo y vigor. Es generoso con los que quiere y los integra a su mundo, pero hay que tener energía suficiente para seguirlo, ¡y por las dudas, conseguir un traje antiflama!

Personajes famosos

Paloma Herrera, Shakira, Françoise Mitterrand, Anita Álvarez Toledo, Luciano Cáceres, Glenn Ford, Roberto Galán, Sigmund Freud, María Paz Ferreyra (Miss Bolivia), Dante Spinetta, Dámaso Pérez Prado, Damián Szifron, Kirk Douglas, Paz Vega, Florencia de la V, Carola del Bianco.

DRAGÓN DE TIERRA (1928-1988)

MUJER: Llena de encanto, busca rodearse de mucha gente que la aplauda. Tiene un ego enorme, pero también el sentido común de la tierra, así que es capaz de bajarse de su ego y escuchar lo que le digan. Sabe apreciar las opiniones ajenas. Y si bien demanda lealtad, ella también puede socorrer a los que lo necesiten, por lo que resulta mejor amiga que el resto de las dragonas.

HOMBRE: Un dragón con más encanto y capacidad de recuperación que los otros. Su gran ego lo lleva a encarar cualquier sueño y arrastrar tras de sí a mucha gente, porque necesita aplausos. Pero es víctima de una cierta inseguridad, y si no siente apoyo exterior puede caer en la depresión, y volverse rencoroso o vengativo. Un amigo leal de quienes le dan aliento, comparte sus éxitos con ellos. Necesita la estabilidad de una familia.

Personajes famosos

Martin Luther King, Roger Moore, Julio Le Parc, Adam West, Emma Stone, Chino Darín, Shirley Temple, Rihanna, Eddie Fisher, Carlos Fuentes, Sarita Montiel, Alan Pakula, Kun Agüero.

DRAGÓN DE METAL (1940-2000)

MUJER: Una mujer a la que es mejor tener lejos, ¡a no ser que estemos muy seguros de nosotros! Es ruda, ambiciosa, despiadada, va atrás de sus metas sin preguntarse mucho el largo del camino o quién estará en el medio. Busca poder y dinero, para asegurarse una corte de gente que la adore. Y normalmente lo logra. Su ego es enorme, y si no logra dominarlo, es probable que termine rodeada de gente que solo quiera algún provecho económico.

HOMBRE: Temperamental, lleno de antojos y caprichos, este dragón es bastante peligroso para los que lo rodean. Ambicioso y autoritario, hasta puede encontrar divertido el juego del gato y el ratón. Pierde el control si se siente frustrado, y es colérico. Pero de esto podés enterarte tarde, porque en aras de conseguir lo que quiere puede parecer afable, gentil y atento. ¡Este es un dragón apto solo para las que aman las emociones verdaderamente fuertes!

Personajes famosos

John Lennon, Ringo Starr, Al Pacino, Amelita Baltar, Tom Jones, Maite Lanata, Andy Warhol, Brian De Palma, Joan Báez, Jesucristo, Raquel Welch, Pelé, David Carradine, Bruce Lee, Herbie Hancock, Frank Zappa, Antonio Skármeta, Oscar Araiz, Carlos Bilardo, Bernardo Bertolucci, Nacha Guevara.

DRAGÓN DE AGUA (1952-2012)

MUJER: Esta dragona está llena de virtudes: suavizada por el agua, es brillante, creativa, tiene talento artístico y resulta más accesible. Acepta críticas, resulta menos impulsiva y más discreta en su manera de vivir. Puede comprometerse afectivamente y es muy intuitiva para elegir a la gente. Le encantan los cumplidos, pero es menos vanidosa y más centrada.

HOMBRE: Dotado con talentos artísticos y creativos, no tan ambicioso y muy humano. No solo se muestra educado y amable, lo es de verdad, y sus amigos y amantes se benefician con su relación. Está abierto a las críticas, respeta a los demás y hasta puede ser un poco bohemio. No siempre logra el éxito. Tiene mejores amigos porque resulta más divertido y fácil de vivir que los otros dragones.

Personajes famosos
Norberto Alonso, Guillermo Vilas, Robin Williams, Jimmy Connors, Nito Mestre, Lalo Mir, Hugo Soto, David Byrne, Jim Jarmusch, Jean Paul Gaultier, Stewart Copeland, Raúl Perrone, Soledad Silveyra, Susú Pecoraro.

MAFALDA
Dragón de Madera

CONTAME UN CUENTO CHINO
Gaba Robin • Dragón de Madera • Chamana pop

Somos lo que fuimos
Jano, el dios de las dos caras, bifronte, una de anciano, que mira hacia atrás, y otra joven, enfocada hacia delante. Su nombre indica el primer mes del año y las celebraciones al dios son el primero de enero, lo cual nos da la pauta del inicio, del ir hacia lo que llega, como un mascarón de proa que emerge entre los soplidos de Céfiro.

Llenos de savia en las venas, se existe sin tener conciencia de la existencia, de estar, sin saberlo, siendo parte de algo.

El futuro que, aunque deslucido por lo insoportable o entusiasta, cargado de ingenuidades vitales, late como para romper la semilla plutoniana que otorga, después de tanta presión, el brote perfecto de humanidad.

Los que cargan Plutón en Capricornio –aquellos nacidos entre 2008 y 2023– sienten un futuro que late de la forma que sea.

Fatal desconcierto, crecer, buscar, acomodar, ser.

Romper el cascarón y emerger como aquella flor.

Año de saber que lo que llega es algo inimaginable, futuro,

Plutón en Acuario, existencia sin caretas, sin pérdidas de tiempo, sin ceremonias grises y conversaciones erradas.

Impulso divino a buscar algo que fuimos, cuando no éramos, cuando lo sentíamos, sin saberlo, sin poder obtenerlo; tanto vacío para llenar y tiempo para disponer, pero lo tatuado de lo tierno o de lo que se secó se fija como un documento.

Buscar la verdad es una guerra emocional, se prefiere desertar de uno mismo, espía íntimo que evita mirar.

Alquimia.

Los Andróginos, enteramente llenos de ellos mismos, tanto que los mismos dioses sentían celos, cuerpos esféricos con dos caras en una sola cabeza y ambos sexos, cuatro brazos, cuatro piernas, mismo tronco, tanta emoción de llegar a un lado, que subieron a querer estar en los espacios de los dioses, y estos los dividieron por la mitad. Será esa la pulsión que se tiene, que de alguna forma activa, o por canales ocultos, buscamos esa otra parte que nos sacaron. El fluido del amor, del otro, la pulsión de la vida, nuestro motor.

Claudio Zuchovicki • Dragón de Madera • Economista

Hasta que conocí a Ludovica y sus prmeros libros, yo solo sabía que soy de Capricornio y que el signo me describía perfectamente, planificador, tiempista, conservador, calmo, muy estructurado y rutinario, y poco aventurero. Pero cuando aprendí con Ludovica que soy Dragón, y me dijo sus características, me interesó más porque no lo definió con adjetivos sino con emociones, motivos, objetivos. Me gustó su descripción y quiero compartir con ustedes algunos de mis defectos o puntos débiles desde mi profesión. En mi caso para hacer catarsis y ahorrarme el psicólogo, y para que ustedes no lo hagan:

Si vas a comer a un lugar caro y pediste postre y no tenés más hambre, ¿lo terminás igual? Yo lo termino. Gran error, pero la culpa de dejarlo es más fuerte que mi lío estomacal.

¿Saben por qué aprendí que es un error? Porque siempre uno hace un balance y compara lo que había planificado para el año con lo realmente sucedido. La diferencia es el "problema", lo que no pudo lograr y vuelve a planificar para el próximo año. Muchas veces el problema no fue lo sucedido, porque finalmente es lo que uno pudo dar. El problema es lo planificado, por creerse más o menos de lo que uno puede hacer.

Confiar cuando nuestra experiencia nos dice que no hay motivos; ser ingenuos cuando nos dice: "te está mintiendo"; volver a prestar cuando la experiencia te dice: "no tiene cómo devolverte"; ir a la cancha a alentar cuando nos dice: "hoy nos hacen cinco"; escuchar a un demagogo/a decir que lo hace por la gente cuando tu experiencia dice que vive de la gente. ¿Saben cuándo nos pasa? Cuando, por arte de magia, las ganas de que algo pase pueden más que nuestra experiencia. Aquí, algunas máximas económicas financieras que conviene tener siempre presentes.

Resistencia al cambio: si un carpintero se enamora de su martillo o un plomero de la canilla, estarán en problemas. Desde la misma óptica, nunca se enamoren de un negocio, es solo el medio o el instrumento para tener una mejor calidad de vida con los que uno quiere. Finalmente, de eso se trata.

Manejo del tiempo: En mi querida Mar del Plata aprendés de chico que si vas a surfear una ola nunca tenés que apurarte. Si te anticipás, vas a perder el impulso. Pero tampoco llegues tarde, porque la caída dura más de lo que se disfruta la cresta de la ola. Cuando ya tiene forma, ya comenzó, es el mejor momento.

Libertad de decisión: Mi generación siempre intentó ser propietaria (casa, auto, empresa) y en muchos casos quedamos rehenes fiscales de esos activos. Las nuevas generaciones van por la vida siendo usuarios del sistema (Airbnb, Uber, economías colaborativas, Spotify, donde ganan más los CEO que los dueños). Siempre tengan en cuenta que se viaja más fácil y libremente con mochilas livianas.

Conclusión: la reputación se mide por lo que se hace, no por lo que se dice. el prestigio vale mucho más que cualquier suma de dinero. Crear una empresa o emprender lo puede hacer cualquiera con algo de dinero y coraje. Perdurar y trascender es otra cosa, se necesita crédito monetario y crédito social, o sea, ganarse la confianza del prójimo, y eso se logra con valores no monetarios. El prestigio no se compra ni se vende.

Cristina Mendoza • Dragón de Fuego • Periodista

El fuego del dragón

Intensa, le dicen. Y ahora le da risa, pero por mucho tiempo no fue así. Ese fuego tan de su dragón interior, esa gasolina que le mueve a hacer las cosas la hacía sentirse fuera de lugar, extraña.

"Intensa" es un calificativo despectivo que se ha utilizado por muchos años (décadas y décadas) para describir a una mujer que se pasa dos pueblos por cualquier cosa. Este dicho mexicano –pasarse por dos pueblos– significa que se excede, pero no por poquito sino por un montón, así que una persona intensa es simplemente sobrepasada, se derrama como leche hirviendo en la estufa, no se puede manejar, no se entiende, es... *too much*.

Intensa. Y bueno, ella y muchas más saben que lo es. Que el fuego de dragona le recorre desde la punta del dedo del pie hasta la cabeza en un nanosegundo y el cabello se le eriza al tiempo que los ojos se le agrandan, las aletas de la nariz se ensanchan y parecería que sacara fuego; no necesariamente en un arranque de furia sino de pasión. Intensa, pues.

Y con el tiempo ha descubierto que la intensidad tiene el lado condenado por tantas y tantos (más tantos que tantas, he de decir) pero también un lado que pocas personas ven.

Intensa como fuego, como combustible para que permita avanzar. Intensa dragona que convierte esa energía que siente ante un estímulo para realizar las cosas, para poner acción. Y esa intensa cree –y mira– terriblemente aburridas a las pazguatas personas sin intensidad, sin fuego, sin pasión.

Es que sin estos seres intensos poco se lograría, poco se cambiaría. Intensas en la política, en los cambios sociales, hasta en la escritura de libros. Intensas en la cocina, en la búsqueda, en la decepción, en el enojo, en la cama y en los sueños.

Esa intensidad tan condenada debería ser la intensidad condecorada por los logros conquistados con la pasión. Y si bien hay que saber regularla (porque en una de esas de tanto calor se explota), si se ve como combustible en lugar de como "práctica desafiante que solo busca molestar a quien está de frente a una" todo cambia, se suaviza y hasta se aplaude. Porque una no elige ser intensa, lo es, punto. Eso sí, una aprende a elegir en qué y cuándo serlo. Cuando dejar salir al dragón que habita dentro y que puede incendiarlo todo o simplemente, sobrevolarlo y mirarlo desde las alturas. Intensa, le dicen, y ahora sonríe porque sabe que lo es, y lo celebra.

Martin Luther King • Dragón de Tierra •
Predicador, Premio Nobel de la Paz

Tu verdad aumentará en la medida que sepas escuchar la verdad de los otros.

John Lennon • Dragón de Metal • Genio

Mujer, sé que entiendes al niño pequeño dentro de un hombre, por favor recuerda que mi vida está en tus manos y, mujer, sostenme cerca de tu corazón.

Mercedes Sáenz • Dragón de Agua • Escritora

Abre sus ojos y se lleva todo lo que mira.
Divide el corazón en parcelas.
Si el cielo oscurece aumenta la tormenta y vocifera contra todo aquel que se oponga a su idea.
Emerge del agua y se trepa al aire cuidando de no pisar con fuego la madera.
Ante una pared de vidrio o de acero se puede topar mil veces con la misma pregunta porque no espera respuesta.
Duerme en una caja de sombras sabiendo que el fuego aún desprevenido e inútil todo lo ilumina.
Las murallas nada pueden impedir porque son propias.
Es como si no muriera.
Si el fervor desprevenido titubea, hay dentro otro dragón que es alfarero, cura o ladrón que avanza siempre hacia un punto de fuga, sin encontrar jamás el duende de Lorca.

Tabla de compatibilidad

	Amor	Trabajo	Salud	Karma
Rata	xx	xxx	xxx	xx
Búfalo	xxx	xxx	xx	xx
Tigre	xx	xxx	xx	xxx
Conejo	xxxx	xxxx	xxxx	xxx
Dragón	xxx	xxx	xxx	xxx
Serpiente	xx	xx	xx	x
Caballo	xxxxx	xxxx	xxxxx	xxxxx
Cabra	xx	xxx	xxxx	xxx
Mono	xxx	xxx	xxx	xxx
Gallo	xx	xx	x	xx
Perro	xx	xxx	xxx	xxx
Chancho	xxx	xxx	xxx	xxx

X mal / XX regular / XXX bien / XXXX muy bien / XXXXX excelente

Nota: las compatibilidades son desde el punto de vista de cada animal.

SERPIENTE

FICHA TÉCNICA

Nombre chino de la serpiente
SHE

Número de orden
SEXTO

Horas regidas por la serpiente
09.00 A 11.00

Dirección de su signo
SUD-SUDESTE

Estación y mes principal
PRIMAVERA-MAYO

Corresponde al signo occidental
TAURO

Energía fija
FUEGO

Tronco
NEGATIVO

ERES SERPIENTE SI NACISTE

23/01/1917 - 10/02/1918
SERPIENTE DE FUEGO

10/02/1929 - 29/01/1930
SERPIENTE DE TIERRA

27/01/1941 - 14/02/1942
SERPIENTE DE METAL

14/02/1953 - 02/02/1954
SERPIENTE DE AGUA

02/02/1965 - 20/01/1966
SERPIENTE DE MADERA

18/02/1977 - 06/02/1978
SERPIENTE DE FUEGO

06/02/1989 - 26/01/1990
SERPIENTE DE TIERRA

24/01/2001 - 11/02/2002
SERPIENTE DE METAL

10/02/2013 - 30/01/2014
SERPIENTE DE AGUA

Debajo de la carretilla, al lado de la parrilla
entre la leña y la flauta dulce que la despertó de la madriguera,
la serpiente cascabel llegó adentro de la casa.
Silenciosa, hipnótica, vengativa, calculadora,
administra la pócima de veneno y decide tu destino.
L. S. D.

ESENCIA DE LA SERPIENTE

Sin saber cuál es su objetivo, móvil o foco de atención, la serpiente sabe que puede seducir a quien se proponga con su inteligencia artificial.

En todos los sexos y edades, incluyendo los *millennials* y *centennials*, sus metamorfosis, cambios de género o combinaciones, esta criatura con dones privilegiados nos hipnotiza, nos deja pensativos ante su arriesgada fisonomía, *look*, por sus transgresiones. Hermana kármica del dragón, no reencarnará nuevamente.

Sabe que "el cielo es el límite", que debe afrontar una vida de novela o película y que no tiene que perder la concentración en sus proyectos a corto, mediano y largo plazo.

Su esencia es dual: sabe negociar hasta ganar la transacción que, en la mayoría de los casos, es por trueque, permuta, o brindando sus encantos físicos o intelectuales.

Sabe amarrocar más que cualquier signo del zodíaco chino; compite con la rata, a la que puede devorar en un instante.

Aunque nazca en un barrio marginal de La Matanza y padezca hambre y falta de recursos para su evolución y nutrición tendrá gente que la ayudará a salir de la miseria, a darle alguna chance de mejorar su apariencia y condición humilde.

El entorno marcará la vida de la serpiente para siempre.

Si nace en una familia con buena educación, honesta y saludable, será abanderada de las virtudes que Confucio predicó en su vida.

Si su raíz es de padres que no la reconocieron, no le dieron amor, la subestimaron y le dieron malos ejemplos, puede ser anaconda, boa constrictor, o una especie venenosa que se dedicará a destruir más que a unir, armonizar, consensuar, aconsejar y encauzar a su comunidad.

Su cerebro está lleno de sorpresas: de allí surgen ideas revolucionarias, idealistas, de sentido común y originalidad.

El trabajo y el estudio son pilares fundamentales para que la serpiente se destaque, rompa mandatos, elija caminos más arriesgados para lograr llegar primera al poder, sea a través de una carrera artística, científica, diplomática o política: "el fin justifica los medios".

Su infancia marcará las diferentes etapas de su vida.

Su intuición, sentido premonitorio y visión futurista serán sus guías.

Tendrá gran imaginación, ideas de vanguardia, información que buscará por medios lícitos o ilícitos para infiltrarse en el submundo de lo prohibido, lo ilegal, donde podrá ocupar puestos clave en inteligencia, espionaje, y asociaciarse con gente local y del exterior en tiempo récord.

La serpiente sabe que su carisma y magnetismo son armas que maneja a la perfección.

Sentirá adrenalina en la competencia; su espíritu ambicioso le dará una vida llena de aventuras de ciencia ficción, de héroes dignos de *El señor de los anillos* o de *Outlander*.

La serpiente es alquimista; transforma los estados emocionales, psíquicos, apenas entra en escena.

Sabe que puede resolver problemas con la velocidad del rayo, y convive con zonas *border* en sus sentimientos hacia quienes no la veneran y respetan.

Somatiza sus miedos, paranoias, estados ciclotímicos en su salud.

Muchas serpientes padecen traumas que se reflejan en su cuerpo y saben que podrían evitarlas si practican el ho'oponopono.

Las relaciones sadomasoquistas, los triángulos reales o ficticios son motores para sentir su poder sobre los otros.

El sexo y las adicciones son condimentos para su estabilidad, sus noches de insomnio, cambio de favores o venganzas.

Cuando estés con una serpiente, levantá las defensas. En el momento menos pensado, podes ser víctima de sus decisiones y antojos, y quedarás atrapado en el Samsara.

L. S. D.

LA SERPIENTE Y SU ASCENDENTE

SERPIENTE ASCENDENTE RATA 23.00 a 1.00
Muy buena para los negocios y con un gran sentido estético. Es luchadora, agresiva, pero tierna y afectuosa. Sentimental y coqueta, no mezcla el amor con el dinero.

SERPIENTE ASCENDENTE BÚFALO 1.00 a 3.00
Gran amante y deliciosa anfitriona, su humor constituye un arma de doble filo. Juega a la contemplación, a la seducción, pero es testaruda y no cambia de parecer.

SERPIENTE ASCENDENTE TIGRE 3.00 a 5.00
No se puede confiar ciegamente en ella. Siempre alerta, está a la defensiva todo el tiempo. Es a la vez desconfiada, audaz, conmovedora. Sabe enfrentar muy bien cualquier situación. Conviene cuidarse de esta serpiente.

SERPIENTE ASCENDENTE CONEJO 5.00 a 7.00
Seductora, hipnotiza a sus interlocutores y, aunque a veces se borre, siempre encuentra gran notoriedad por su mordedura mortal. Tendrá suerte en las finanzas y aspirará a un reinado. Le encanta ser protagonista.

SERPIENTE ASCENDENTE DRAGÓN 7.00 a 9.00
Trascenderá por sus obras y filosofía. Comprometida con su tiempo, sus intenciones de reforma son auténticas. Envuelve a quienes se le acerquen. La suerte está de su lado.

SERPIENTE ASCENDENTE SERPIENTE 9.00 a 11.00

Tendrá que graduar sus pasiones, pues corre el riesgo de ser envenenada. Enigmática, difícil de cercar, profunda e inteligente, cuando uno cree tenerla, se escapa. Es Otelo reencarnado.

SERPIENTE ASCENDENTE CABALLO 11.00 a 13.00

Es capaz de usar cualquier arma para llegar a sus fines. Una serpiente seductora, hechicera, *sexy* y apasionada. Además, optimista, ocurrente y con espíritu positivo.

SERPIENTE ASCENDENTE CABRA 13.00 a 15.00

Tiene gustos lujosos, es muy gastadora y, bajo su aspecto tierno y gentil, puede tener una temible mala fe. Vivirá muchos amores y conseguirá mecenas que costeen sus caprichos.

SERPIENTE ASCENDENTE MONO 15.00 a 17.00

Una intelectual con complejo de superioridad. Piensa que es la dueña de la verdad. Genial estratega, conocerá el alma y despertará pasiones.

SERPIENTE ASCENDENTE GALLO 17.00 a 19.00

Perseverante, bien informada, estética y muy refinada, trabajará con ahínco para alcanzar sus ambiciones. Nació para mandar, aunque disimule sus intenciones bajo su aspecto frívolo.

SERPIENTE ASCENDENTE PERRO 19.00 a 21.00

Defenderá a su prole con colmillos de lobo. Es leal, fiel a sus creencias, noble y honesta. Se siente segmentada porque como serpiente adora el lujo y gastar, pero el perro leal, fiel e inquieto la desequilibra.

SERPIENTE ASCENDENTE CHANCHO 21.00 a 23.00

Astuta para los negocios, sabe defenderse porque ama las recompensas materiales. Una serpiente comprensiva y brillante en el trato con la gente. Vivirá sumergida en sus pasiones, no se privará de nada.

SERPIENTE

LA SERPIENTE Y SU ENERGÍA

SERPIENTE DE MADERA (1905-1965)

MUJER: Vive para lograr el reconocimiento público. Su ambición está orientada a lograr fama y fortuna, apoyada por su narcisismo que la hace sentirse merecedora de todo. Muy pragmática y lúcida, le preocupa mucho la seguridad y es vulnerable e insegura. Busca la aprobación de los que la rodean porque tiene mucho miedo a la soledad. Muy buena para las finanzas, se asegurará el futuro de ella y los suyos.

HOMBRE: Tiene un don de gentes y una facilidad de palabra que lo hacen muy popular. Es absolutamente gregario y le encanta brillar socialmente. Tiene un humor subyacente. Es pragmático y capaz de recuperarse de cualquier caída; su ánimo lo lleva a revertir cualquier situación, y como es muy intuitivo, sin importar lo que le pase, encontrará el camino y la gente adecuada para asegurarse una vejez tranquila, rodeada de gente y confort.

Personajes famosos

Catherine Fulop, Pilar Sordo, Raúl Soldi, Gillespi, Gabriela Arias Uriburu, Willy Crook, Ben Stiller, Antonio Berni, Greta Garbo, Christian Dior, Courtney Love, Björk, Daniel Barone, Sergio Pángaro, Javier Zuker, Fabián Casas, Mariana Arias, Henry Fonda, Inés Estévez, Fabián Mazzei, Moby, Charlie Sheen.

SERPIENTE DE FUEGO (1917-1977)

MUJER: Calculadora, ambiciosa, posee las armas para lograr lo que se propone: es brillante, profunda, carismática, con dones de liderazgo. Un as para los negocios, y muy buena para conseguir socios y aliados. Pero ella decide hasta cuándo va a estar en algún lado; es evasiva, y si no tiene interés en dejarse atrapar, se desliza lejos sin preaviso. Confía solo en sí misma y lo que la pierde es su sensualidad: si controlara su libido, se metería en menos problemas.

HOMBRE: Audaz y poderoso, hambriento de poder y con todas las armas para alcanzarlo. Tiene fuerza de voluntad y sabe rodearse de la gente adecuada. Sus amigos lo adoran porque tiene sentimientos nobles con respecto a la humanidad. Se enrosca en causas justas, es muy principista, intelectual, astuto, manipulador, brillante. Aunque le importe mucho su familia, y trate de serle leal, resultan más fuertes su sensualidad y su libido, y probablemente se meta en problemas.

Personajes famosos

Volodímir Zelenski, Luciana Geuna, John F. Kennedy, Emanuel Ginóbili, Luciana Aymar, Zsa Zsa Gabor, Dizzy Gillespie, Iván de Pineda, Anita Tijoux, Kanye West, Natalia Oreiro, Dean Martin, Julieta Cardinali, Carolina "Pampita" Ardohain, Florencia Arietto, Esteban Lamothe, Gonzalo Valenzuela, Julieta Díaz, Fiona Apple, Lucrecia Blanco, Alika, Esther Cañadas, Romina Gaetani.

SERPIENTE DE TIERRA (1929-1989)

MUJER: Muy ambiciosa y segura de sí misma, tiene la cabeza llena de ideas y planes, y sabe muy bien adónde quiere llegar y con quién tiene que juntarse para lograrlo. Inteligente y tenaz, posee la intuición para ubicar a la gente justa para que le provean esa bonanza económica que desea. Y aunque le gusten tanto el poder y la riqueza, es sumamente valiente y luchadora, y capaz de renacer de sus cenizas cuando tenga que enfrentarse a las adversidades.

HOMBRE: Un excelente hombre de negocios. Tiene mucho olfato e intuición, y es reflexivo, cauto; aunque está lleno de sueños y fantasías, su sentido práctico triunfa y le impide dejarse llevar por ellos. Tiene mucha suerte, y probablemente encuentre a una mujer que actúe de mecenas, que esté dispuesta a trabajar y apoyarlo, mientras él despliega sus dotes intelectuales y su habilidad para tener dinero ¡haciendo lo menos posible! Un estratega seductor.

Personajes famosos

Gandhi, Emilio "Miliki" Aragón, Alejandro Jodorowsky, Taylor Swift, princesa Grace de Mónaco, Milan Kundera, Irene Papas, Jacqueline Onassis, Chet Baker, Justina Bustos, Sofía Viola, Imre Kertész, Roberto Gómez Bolaños "Chespirito", Militta Bora, rey Hasán de Marruecos.

SERPIENTE DE METAL (1941-2001)

MUJER: Su vida estará signada por los reveses de la fortuna a los que la enfrenta su gran ambición. Tiene una voluntad y una determinación que la hacen muy poderosa, pero es muy vulnerable en lo amoroso, así que sufrirá vaivenes constantes. Aunque tiene capacidad para recuperarse y empezar de nuevo, y cada vez aspirar a mejores oportunidades, va a depender en gran medida de los que la rodean y de quién sea en ese momento "el objeto de su afecto".

HOMBRE: Usa su encanto para rodearse de la gente que lo sostenga y le dé bienestar. No le importaría casarse con una mujer muy mayor y rica, aunque eso lo expusiera a las críticas de los otros. Confía en su poder de seducción para hacer cambiar de opinión a todos a su alrededor. Es fanfarrón y tiene delirios de grandeza. Una vez que logra la riqueza material, vive en su propio mundo, donde se siente un semidiós.

Personajes famosos

Antonio Gasalla, Bob Dylan, Martha Pelloni, Roberto Carlos, Paul Anka, Franklin Roosevelt, Carole King, Julio Bárbaro, Chick Corea, Tina Serrano, Rodolfo Fogwill, Ricardo Piglia, Plácido Domingo, Sonia Breccia, Dostoievski, Tom Fogerty, Charlie Watts, Carlos Perciavalle, Pablo Picasso, papa Juan XXIII, Palito Ortega, Lito Cruz.

SERPIENTE DE AGUA (1953-2013)

MUJER: Vanidosa y celosa, insegura hasta la paranoia, es una mujer para tener muy en cuenta. Está guiada por una gran determinación y la habilidad para conspirar en su propio beneficio. Busca el éxito, pero no cree que "el fin justifica los medios". Tiene mucho sentido común y cuando la atacan su inseguridad y la autocompasión enseguida se recupera. Si consigue establecerse con una pareja que la apoye, tiene capacidad para llegar muy lejos.

HOMBRE: Más generoso que las otras serpientes, está dispuesto a compartir la fama y sus afectos con los que ama. Lúcido y con mucho sentido común, y humor, y gran capacidad para la autopromoción, tarda un poco en llegar, pero cuando lo logra lo hace en forma definitiva. Tiene más moral y es más fiel a su cónyuge. Si lo conquistás, compartirás con él buenos momentos y una vejez segura.

Personajes famosos

John Malkovich, Thomas Jefferson, Isabelle Huppert, Ana Botella, Leonor Benedetto, Ricardo Bochini, Raúl Taibo, Osvaldo Sánchez Salgado, Francisco de Narváez, Luca Prodan, Daniel Santoro, Graciela Alfano, Mao Tse-Tung.

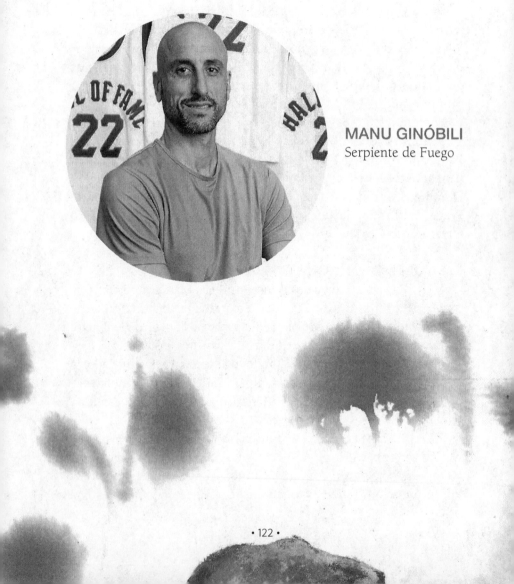

MANU GINÓBILI
Serpiente de Fuego

SERPIENTE

CONTAME UN CUENTO CHINO

Alejandro Molina • Serpiente de Fuego •
Viajero, diseñador exótico

Una serpiente en Pekín

El 18 de enero de 2020 pisaba tierras chinas por primera vez en mi vida. No había sido el azar lo que me había llevado a reptar por los pagos de Jackie Chan durante el inicio de aquel año cataclismo. ¿Acaso una sierpe es dueña de salir a zigzaguear por ahí sin una intención, sin una premeditación? Luli, en su Astrología poética 2019, nos había dicho (o más bien advertido) algo así: "A ver si emperejilamos los siete cuerpos, que la rata de metal trae en sus garritas un cambio sistémico que transformará el mundo tal como lo conocemos, desde la vida social y económica hasta la política y las relaciones humanas". Vaya, vaya…

No cabían dudas de que se venía un *big maremagnum* en el zoo. ¿Acaso los ofidios somos capaces de no estar en el epicentro de cualquier tipo de acontecimiento? La predicción de Luli me dejó presa de la urgencia existencial de estar en China aquel 25 de enero, el día que todo cambiaría. No tengo otra de forma de explicarlo. Saqué los pasajes *ipso facto.*

Pero el cambio de ciclo tras los tres katunes correspondientes se adelantó. Fue al tercer día de mi llegada, el 21 de enero, cuando el país de los pandas adorables se vio sacudido por la noticia de una epidemia desconocida, y como en una película de ciencia ficción, el caos ante lo desconocido y la certidumbre de un apocalipsis inminente envolvió la ciudad.

Salí aquella mañana a recorrer la ciudad de Pekín, ignorando lo que se había anunciado por todos los medios locales e internacionales ¿Acaso una serpiente, viajera incansable, les dedicaría tiempo a las noticias en medio de una aventura? Recuerdo que lo primero que noté mientras daba mis primeros serpenteos de la jornada, fue que las filas en las farmacias eran semejantes a las de un estadio de fútbol en pleno mundial. ¿Habría alguna oferta imperdible? Porque las serpes podemos tener intuición, por supuesto, pero no nos sobra tanto como para pensar "Claro, debe ser una pandemia que arranca y la gente está comprando barbijos". Yo pensé, capitalísticamente, en ofertas.

Recién a la noche, cuando el teléfono me explotó con mensajes del zoo argentino amigo que conocía mi paradero, me enteré de que había nacido un virus mortal que en ese momento se llamaba gripe china. Nadie podía ver lo que vendría después, ni con el tercer ojo ni con el cuarto.

Si de algo sabemos los ofidios es de adaptación, de cambiar la piel, de la diferencia entre reptar y arrastrarse. Y mientras la locura en las calles crecía hora a hora y se apoderaba de todo el zoo pequinés, yo me fui a mover el cascabel a la Gran Muralla, justo un día antes de que la cerraran para transformarla en hospitales de campaña. La tenía toda para mí. Recuerdo que en una de las torres me bajé el barbijo (el primero de mi vida). Desde allí, tenía una visión panorámica de Pekín, donde todo era silencio y vacío. Pensé, o más bien sentí: "Estoy donde tengo que estar".

Claro, no pude festejar en el Ditan Park con miles de chinos aquel año nuevo; había soñado durante meses con tocarle la cola al dragón para tener suerte en el inicio del nuevo ciclo *rock n' roll* del que nos había hablado Luli. Pero, atención, había visto nacer algo que nos cambiaría la vida para siempre, y cuando volví a mis tierras argentas, como una especie de obstetra del covid, sentí esa enorme satisfacción de haber vivido una experiencia única, paradigmática, sentí el honor de haberla vivido para contarla. ¿O acaso no nacimos para eso, hermanos y hermanas de lengua bífida?

SERPIENTE

Tabla de compatibilidad

	Amor	Trabajo	Salud	Karma
Rata	xx	xxx	xx	xx
Búfalo	xx	xxx	xxxx	xxxx
Tigre	xxxxx	xx	xx	x
Conejo	xx	xx	x	xxx
Dragón	xxx	xx	xx	xxx
Serpiente	xxx	xxx	xx	xx
Caballo	xxx	xxx	xxx	xx
Cabra	x	xx	xx	xxx
Mono	xxx	xx	xxx	xxx
Gallo	xx	xx	xxxx	xxxx
Perro	xx	xxx	xx	xxx
Chancho	xx	xxxx	xx	xxx

X mal / XX regular / XXX bien / XXXX muy bien / XXXXX excelente

Nota: las compatibilidades son desde el punto de vista de cada animal.

CABALLO

FICHA TÉCNICA

Nombre chino del caballo
MA

Número de orden
SÉPTIMO

Horas regidas por el caballo
11.00 A 13.00

Dirección de su signo
DIRECTAMENTE AL SUR

Estación y mes principal
VERANO-JUNIO

Corresponde al signo occidental
GÉMINIS

Energía fija
FUEGO

Tronco
POSITIVO

ERES CABALLO SI NACISTE

11/02/1918 - 31/01/1919
CABALLO DE TIERRA

30/01/1930 - 16/02/1931
CABALLO DE METAL

15/02/1942 - 04/02/1943
CABALLO DE AGUA

03/02/1954 - 23/01/1955
CABALLO DE MADERA

21/01/1966 - 08/02/1967
CABALLO DE FUEGO

07/02/1978 - 27/01/1979
CABALLO DE TIERRA

27/01/1990 - 14/02/1991
CABALLO DE METAL

12/02/2002 - 31/01/2003
CABALLO DE AGUA

31/01/2014 - 18/02/2015
CABALLO DE MADERA

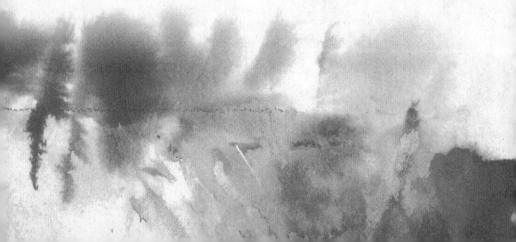

Volví donde la vida me enseñó a ser navegante sin ancla
antes del cambio climático, la inteligencia artificial,
los zombis encarnados
los despojos de civilizaciones que vivían con calendarios
sagrados, rituales, armonía con la naturaleza,
los sueños que concretaban, el amor que los unía
sin fronteras reales o imaginarias.
Volví, para siempre.
L. S. D.

ESENCIA DEL CABALLO

Estoy inmersa en México; desde la crueldad de la muerte atroz de Benjamín, el joven que junto a su hermano buscaba un futuro en la plenitud de su vida, extasiado por el mar de Puerto Escondido, la selva, las montañas, los volcanes, la abundancia de su tierra, las mesetas del increíble paisaje que nos regala para que nos creamos inmortales como las deidades de los olmecas, zapotecas, mayas.

En esa cultura me sumergí, en su arte, literatura, música, historia precolombina, allí pasé siete años de mi juventud, estudiando y viajando por Yucatán, Palenque, Mérida, sintiéndome parte de su tradición. No dudo de que tuve una reencarnación en Tikal, Guatemala, y fui sirena en los cenotes cercanos a Tulum, donde tuve encuentros con los aluxes, los gnomos verdes que custodiaron esa tierra antes de la salvaje conquista española.

México es un caballo desbocado, sin jinete. Su energía es eólica, solar, de temperaturas tórridas, templadas, de vientos que cuando se enfurecen pueden arrasar con casas, cabañas sobre el mar Caribe, y dejarnos a la intemperie en contacto con las estrellas, las fases de la luna, las nubes y los mensajes que envía el cosmos para que los sigamos telepáticamente.

Viajé por primera vez en el año del caballo de metal, 1990; presintiendo un antes y un después en mi vida: no me equivoqué.

Benditos libros de horóscopo chino. Hubo editores sensibles que captaron la importancia de introducir esa filosofía en un país como México, en el cual los chinos se integraron a la cultura del lugar con su sabiduría y su calendario de los diez mil años.

Usualmente se utiliza la fecha de independencia de los países para hacer la carta natal.

Debe haber sido difícil declarar el 16/9/1810 como la fecha exacta de emancipación de esta región del planeta, con su historia de tres mil años previos y las notables culturas de sus pueblos originarios.

El caballo de metal es el volcán Popocatépetl, es el rugido de la selva lacandona de noche, cuando los monos aulladores, los tigres acechantes, los papagayos de mil colores hacen el amor sin testigos furtivos.

México es color, condimentos de los más variados sabores que nos embriagan en los mercados, que nos hacen el amor en sus tamales, en sus guisos con frijoles, que nos dejan la lengua ardiendo y los ojos picantes.

Es la música de serenatas románticas a la luz de la luna; de los mariachis, Luis Miguel, Manzanero, Olga Gillot.

Es sentir la vida a flor de piel. Intercambiar magia en una mirada, en una plaza, en la playa, con la piel ardiente por el deseo y las caricias de la brisa debajo de las palmeras.

Las revoluciones a través de la historia han sido más salvajes, brutales, despiadadas que en otras regiones.

Las mujeres se involucran, apoyan, pelean; saben decir a tiempo lo que otras callan; por eso el femicidio sigue arrasando el país con el ADN entreverado de los sacrificios humanos de los aztecas y los degüellos de los españoles ante una civilización que los dejó perplejos.

La superioridad en arte y ciencia, astronomía, matemática, cultivos de los mayas y sus antecesores inspiraron destrucción a los "hombres de barba blanca que venían del otro lado del mar".

México me visita este mediodía a través de Angélica Olvera, mi amada amiga y consteladora creadora, junto a Alfonso Malpica, del CUDEC, a través de Diego Rivera y Frida Khalo, la pareja que sigue inspirándonos con su arte, talento, pecados mortales y capitales, sus ideas sobre el amor, la vida y la revolución.

La Casa Azul es un templo en mis viajes a Ciudad de México; Frida me abre la puerta, amo sentirla allí, en el jardín, su estudio, la cocina, gimiendo de dolor y de placer, de hambre y de sed.

México me brindó amores, maestros, viajes extraordinarios compartidos con Muluquita y chamanes.

Me enseñó a graduar las dosis; a saber que hay límites para no caer en los encantadores de serpientes, en los magos y hechiceros que siempre atraje como un imán.

Allí conocí a Acacia Eng Fui y a Cristina Alvarado, mis maestras chinas.

Su aporte a mis libros enriqueció el conocimiento de la astrología, el feng shui, la alimentación y los rituales del pueblo chino. Gracias amigas.

Cada viaje es un misterio imprevisible, lleno de situaciones inéditas, gente que siempre me brinda su corazón, casa, sus propuestas para mejorar como persona y astróloga.

Este caballo brioso, adicto a sustancias químicas, ha destruido parte de su pueblo.

Los negocios del narcotráfico están enraizados en su cultura.

Las rebeliones y muertes son espejos de la Argentina.

Y del resto del mundo.

La condición humana sigue esclavizada, los terremotos que sufren son parte de lo inesperado de sus vidas.

L. S. D.

EL CABALLO Y SU ASCENDENTE

CABALLO ASCENDENTE RATA 23.00 a 1.00

Sociable, divertido, será muy difícil no sucumbir a sus encantos físicos y mentales. Un hábil ejemplar que sabrá capitalizar el dinero que gana.

CABALLO ASCENDENTE BÚFALO 1.00 a 3.00
Vivirá la vida con alegría y solo en la madurez aceptará responsabilidades. Es un caballo de grandes y fuertes principios.

CABALLO ASCENDENTE TIGRE 3.00 a 5.00
Aquí se da una buena combinación de osadía, rebeldía y *sex appeal*. Un ejemplar muy cotizado en *la feria de las vanidades*.

CABALLO ASCENDENTE CONEJO 5.00 a 7.00
Un caballo sociable, amistoso, esotérico y muy original. Al mismo tiempo es el más apasionado y sensual, un ejemplar para enamorarse perdidamente.

CABALLO ASCENDENTE DRAGÓN 7.00 a 9.00
Debe cuidarse de las compañías peligrosas. Muy egocéntrico, no da marcha atrás ni perdona errores. En el amor será violento e impaciente. Un corcel difícil de montar.

CABALLO ASCENDENTE SERPIENTE 9.00 a 11.00
Será inquieto, intelectual, andariego, y buscará descollar en la política. Su poder de seducción causará suicidios en masa. Muy sabio, logrará fama y muy buenos contactos.

CABALLO ASCENDENTE CABALLO 11.00 a 13.00
Un indomable que hace lo que quiere. Engreído, caprichoso y atractivo, romperá corazones por doquier. Muy hábil para los números; no tiene límite para soñar.

CABALLO ASCENDENTE CABRA 13.00 a 15.00
Un caballo menos tocado que los demás, por la armonía que le da la cabra. Es enamoradizo, muy sentimental, humano, artístico, un poco trepador y con buen sentido del humor.

CABALLO ASCENDENTE MONO 15.00 a 17.00
Intensa alianza que da como resultado agilidad e ingenio. Un egoísta seductor que hará lo que se le antoje. Sabrá superar todas las barreras que le plantee la vida.

CABALLO ASCENDENTE GALLO 17.00 a 19.00
Vivirá despreocupado, mitad en las nubes y mitad en el suelo. Será maniático, exigente, autoritario y bastante impaciente en el amor.

CABALLO ASCENDENTE PERRO 19.00 a 21.00
De mente práctica, estará bien informado y poseerá olfato para la gente y los negocios. Tendrá una profesión estable y conseguirá mantener una imagen admirable.

CABALLO ASCENDENTE CHANCHO 21.00 a 23.00
Es cooperativo, sensual, y todo lo que haga llevará siempre el sello de su originalidad. No llegará a horario, retenido por los bajos instintos en el potrero y en el chiquero.

EL CABALLO Y SU ENERGÍA

CABALLO DE MADERA (1954-2014)

MUJER: Es una yegüita ingobernable, y con problemas en sus relaciones sociales. Le gusta opinar y juzgar a los demás, pero no tiene autocrítica, ni sentido del humor consigo misma: conservar amigos le resulta difícil. Está llena de talentos, y un gran corazón para las causas nobles, pero se va desparramando en mil proyectos, y termina sin saber hacia dónde iba, sin concretar nada, y posiblemente abandonada por mucha gente que se cansa de su inestabilidad y egocentrismo.

HOMBRE: Posee un temperamento difícil, sumado a un ego marcado. Es capaz de meterse en cualquier situación, y tiene suerte y audacia para salir bien parado, pero se relaciona mal con la gente: es intolerante y egocéntrico, y sabe cuánto vale, lo que lo vuelve impaciente e insensible. Le cuesta trabajar con otras personas, y a pesar de ser generoso por naturaleza, es rechazado por su vivo carácter. Debe aprender a controlarse y a comprometerse con los demás.

Personajes famosos
Kevin Costner, John Travolta, Annie Lennox, Pat Metheny, Kim Basinger, Luisa Kuliok, Bob Geldof, Carlos Alberto Berlingeri, Mario Testino, Mickey Rourke, Georgina Barbarossa.

CABALLO DE FUEGO (1906-1966)

MUJER: Multifacética e inconstante, una invitación al dolor de cabeza. Tiene la naturaleza equina multiplicada por mil, y es un volcán a punto de explotar. Intuitiva, jamás atiende a su razón, galopa al ritmo que marca su corazón. Inocente y sofisticada, terca, irracional, salvaje, generosa. Es valiente y astuta, pero tan inestable emocionalmente que sus rabietas tiran abajo todo lo que construye. Nunca vas a aburrirte.

HOMBRE: Inestable, orgulloso, temperamental y brioso. Intuitivo, dueño de opiniones que dispara sin preocuparse por el daño que causen, imposible de entender y muy impaciente. Espíritu libre dispuesto a desaparecer a la menor señal de peligro para su independencia. Exagerado para reaccionar, dueño de una imaginación que lo arrastra detrás de quimeras y utopías.

Personajes famosos

Carla Bruni, Salma Hayek, Rembrandt, Lucrecia Martel, Marina Borensztein, Marta Sánchez, Macarena Argüelles, Cindy Crawford, Julián Casablancas, Fernando Trocca, Claudio Paul Caniggia, Sinéad O'Connor, César Francis, Hoby De Fino, Fabián Quintiero, Gabriela Guimarey, Fernando Ranuschio, Julián Weich, Mónica Mosquera, Thomas Edison, Adam Sandler.

CABALLO DE TIERRA (1918-1978)

MUJER: Una mujer espectacular, más fácil de llevar que las otras, lúcida, estable, familiera, fiel a su amor y sus amigos. Sigue siendo excitable y excitante, pero acepta los límites y las órdenes, y piensa antes de actuar. Es sensible y honesta, y está dispuesta a aceptar todas las reglas de la sociedad, porque una vez que se enamora quiere la tradicional vida familiar. Son grandes compañeras y amigas muy valiosas.

HOMBRE: La tierra le da solidez y lima un poco los excesos de su temperamento. Bien dispuesto para el trabajo, de naturaleza agradable, más capaz de controlar sus arranques y caprichos. Confiable, se preocupa por los demás y reflexiona antes de actuar. Es bueno para los negocios, porque mezcla la intuición y la prudencia. Cuando se enamora es para siempre, y será un padrazo. Muy buen amigo y un hombre muy sensible.

Personajes famosos

Nelson Mandela, la Mala Rodríguez, Rita Hayworth, Lionel Scaloni, Gael García Bernal, Benjamín Vicuña, Catarina Spinetta, Mía Maestro, Mariano Martínez, Lisandro Aristimuño, Liv Tyler, Santiago del Moro, Dolores Fonzi, Juan Román Riquelme.

CABALLO DE METAL (1930-1990)

MUJER: Menos pragmática que el caballo de tierra, pero igualmente vivible. Ambiciosa y dotada con el talento y la habilidad para lograr sus metas, necesita competir siempre. Es más estable y capaz de llevar una vida ordenada. Muy seductora e inquieta, cuando ella decide que es el momento de asentarse lo hará definitivamente. Hay que darle tiempo.

HOMBRE: Ambicioso, tiene una autodisciplina fortísima que mantiene controlado su temperamento equino para aparentar una calma que no tiene. Pero le importan las apariencias. Se adapta a todo para llegar hasta donde quiere, pero en algún momento todo ese cargamento va a salir, provocándole un colapso. Es mejor ir liberando las cosas de a poco, y que se acepte como es.

Personajes famosos

Alfredo Alcón, Ray Charles, Steve McQueen, Sean Connery, Frédéric Chopin, Clint Eastwood, Robert Duvall, Peter Lanzani, Carmen Sevilla, Neil Armstrong, Borís Yeltsin, Franco Macri.

CABALLO DE AGUA (1942-2002)

MUJER: Sentimental, cariñosa con los que ama, generosa, le gusta estar rodeada de gente. Tiene mucho éxito en lo que emprende. No le gusta que se metan con su vida, pero necesita público. Elige a sus amigos muy bien, porque tiene olfato para descubrir la falsedad. Su ansiedad se descarga en su necesidad de moverse: se mudará constantemente, o viajará todo lo posible.

HOMBRE: Este hombre encontrará el éxito y gozará de sus frutos. Está lleno de virtudes: principista, honesto, divertido, relajado y adaptable. Tiene ambiciones materiales y las encontrará tarde o temprano. Sus amigos y amantes lo adoran porque es confiable y leal. Es un poco soberbio y no le gustan las críticas... pero con tantas virtudes, ¿quién no sería un poquito creído?

Personajes famosos
Barbra Streisand, Harrison Ford, Janis Joplin, Paul McCartney, Carlos Reutemann, Martin Scorsese, Felipe González, Linda Evans, Nick Nolte, Lou Reed, Jimi Hendrix, Andy Summers, Fermín Moreno, Haby Bonomo, Caetano Veloso, Beatriz Sarlo, Hugo O. Gatti.

LIONEL SCALONI
Caballo de Tierra

CONTAME UN CUENTO CHINO

Lisandro Aristimuño • Caballo de Tierra • Músico

En mi infancia, en un pueblo llamado Luis Beltrán, en la provincia de Río Negro, frente a mi casa había un campo con caballos. Siempre iba a acariciarlos y les hablaba de mis cosas más preciadas, podía contarles vivencias felices, a veces tristes, y sentía que ellos me escuchaban, por su mirada y su presencia. Me quedaba junto al alambrado largas horas contándoles mis días y las cosas que sentía como si fueran amigos confidentes, A veces les cantaba, incluso sentía que me traían suerte y buenos augurios. Solamente no iba los días que los espantaban para jugar al fútbol en la canchita que se armaba a la hora de la siesta.

Un día vi que se los llevaban en un camión, y corrí a despedirme. Fue uno de los días más tristes que recuerdo. Pero también sentí que me habían regalado mucho de su tiempo y amor.

CABALLO

Cuando me enteré de que soy caballo de tierra entendí la razón de mi relación con ellos y lo que significan para mí. El caballo es un amigo lleno de energía y contemplación.

Desde aquellos tiempos entendí que la mirada de un caballo está mojada de ternura llena de caminos por recorrer y descubrir cabalgando.

Tabla de compatibilidad

	Amor	Trabajo	Salud	Karma
Rata	XXX	XXX	XX	XXX
Búfalo	XXX	XXX	XXX	XXX
Tigre	XXXX	XXX	XXX	XXXX
Conejo	XXX	XXX	XXX	XXX
Dragón	XXXXX	XXX	XXXXX	XXXXX
Serpiente	XX	XX	XXX	XXX
Caballo	XXX	XXX	XXX	XXX
Cabra	XXX	XXX	XXX	XXX
Mono	XXXX	XXXX	XXXX	XXX
Gallo	XX	XXX	XXX	XXX
Perro	XXX	XXX	XX	X
Chancho	XXXX	XXX	XXX	XX

X mal / XX regular / XXX bien / XXXX muy bien / XXXXX excelente

Nota: las compatibilidades son desde el punto de vista de cada animal.

CABRA

FICHA TÉCNICA

Nombre chino de la cabra
XANG

Número de orden
OCTAVO

Horas regidas por la cabra
13.00 A 15.00

Dirección de su signo
SUD-SUDOESTE

Estación y mes principal
VERANO-JULIO

Corresponde al signo occidental
CÁNCER

Energía fija
FUEGO

Tronco
NEGATIVO

ERES CABRA SI NACISTE

01/02/1919 - 19/02/1920
CABRA DE TIERRA

17/02/1931 - 05/02/1932
CABRA DE METAL

05/02/1943 - 24/01/1944
CABRA DE AGUA

24/01/1955 - 11/02/1956
CABRA DE MADERA

09/02/1967 - 29/01/1968
CABRA DE FUEGO

28/01/1979 - 15/02/1980
CABRA DE TIERRA

15/02/1991 - 03/02/1992
CABRA DE METAL

01/02/2003 - 21/01/2004
CABRA DE AGUA

19/02/2015 - 07/02/2016
CABRA DE MADERA

Preámbulo del 25 de mayo de 2023
desde aquí, no tengo miedo a nadie.
Hubo historia en el Cabildo Abierto
"El pueblo quiere saber de qué se trata".
Ahora no hay curiosidad, deseo, pasión, interés
por recuperar la patria.
L. S. D.

ESENCIA DE LA CABRA

Hoy amanecí pensando en el mágico encuentro que tuvimos hace dos años con Karina.

Ocurrió en Buenos Aires, Recoleta, en una dietética que tiene además algunos productos que ya no se ven más en el país.

Fue una tarde de invierno y ambas al mismo tiempo levantamos la mano para agarrar la única caja de té Earl Grey en saquitos.

Nos miramos y reímos al unísono.

Sin dudar le dije "¿querés que la compartamos?".

Su sonrisa y sus ojos titilantes respondieron alegres y juntas fuimos a pagar.

Una corriente mutua de simpatía nos templó los siete cuerpos, sentí que tenía ganas de seguir ese encuentro tan simpático y le di una tarjeta con mis datos.

La miró y dando un brinco preguntó:

—¿Sos Ludovica?

—Sí —respondí lacónicamente.

—Ayyy, no lo puedo creer; mi mamá es fan tuya, tiene todos tus libros, qué lindo encuentro; quedaremos en contacto.

Y me dio sus datos.

Karina es una cantante lírica extraordinaria, con una voz que puede resucitar momias en Egipto, profesora de música en escuelas y en clases particulares.

Sentí que Gipsy, mi amiga perro, me enviaba a esta mujer para que no la extrañara tanto a ella.

También surgió su signo en el zodíaco chino: cabra de fuego, signo destinado al arte, al refinamiento, a la búsqueda y a la armonía.

En meses que fueron aún de pandemia, Karina me enviaba siempre los saquitos de Earl Gray en fotos al celular.

Qué lindo encuentro; supe que en breve nos volveríamos a ver.

La invité el año pasado a cantar en la Feria del Libro, en el Jardín Japonés, y este año inauguró nuevamente mi conferencia en la Feria del Libro de Buenos Aires.

Invitó a su familia y a la de su novio, que se sentaron en la primera fila para apreciar la *performance*.

Algo muy traumático le pasó al comienzo del año del conejo: el dueño del departamento que alquila hace diez años, en Congreso, le pidió que dejara la vivienda en seis meses.

Allí esta cabrita había armado un hogar, su estudio y un gran establo para sus gustos caprinos.

Para la cabra no tener I-SHO-KU-JU, que significa techo, comida y vestimenta, es realmente un trauma.

Cuando enraíza en algún lugar, pone su arte, buen gusto, sus plantas, mascotas y afectos, y si tiene noticia de desalojo abrupto puede desestabilizarse y somatizar con enfermedades crónicas.

La vida de la cabra dependerá de su constelación familiar, hábitat, amigos, buenas o malas influencias, cambios de lugar, país o trabajo que tendrá que remontar en tiempos adversos con apoyo de sus seres queridos.

Su capacidad de trabajo, cuando tiene vocación, es imparable; "el tiempo es arte y el arte es tiempo". No conoce el calendario gregoriano; a veces impuntual, vive en su propio universo sin pensar en los horarios de los mortales.

La cabra es hipersensible, en las relaciones en las que se involucra con el corazón a veces sin querer se adueña de la vida de sus amigos, hermanos, pareja o socios. No conoce los límites; su manera de instalarse en la vida del otro puede ser invasiva, prepotente, demandante y hasta insoportable.

Tiene que graduar la dosis de su intensidad.

La convivencia en general es muy agradable, pues tiene buen humor, es hábil manualmente, buena *gourmet* y puede deslumbrar a su *room mate* con platos exóticos indios, marroquíes o de la mejor cocina francesa.

Le encanta filosofar en largas veladas, sabe apreciar el buen gusto en la decoración y el feng shui de una casa, y posee mano verde, lo que facilita que tenga una huerta con aromáticas que utiliza para equilibrar su organismo cuando siente que el hígado, la vesícula, el sistema inmunológico le están jugando una mala pasada.

Es sibarita, aprecia el arte, y si bien es cierto que a muchas cabras les interesan el lujo y la ostentación, la mayoría se conforman con mantener su corral en sintonía con sus posibilidades económicas y los trabajos *part time* que consiguen.

Una criatura sociable, a quien le gusta el rebaño y ser conducida por la cabra madrina.

A veces, es la oveja negra de la familia, del pueblo o del reino.

Su manera de rebelarse no siempre resulta aceptada por la familia, su círculo íntimo y sus jefes.

Si tiene talento, perseverancia y autoestima, llegará lejos en la vida.

Podrá vivir en la naturaleza, rodeada de belleza, de sus mascotas y amigos, que adoptará a lo largo de su agitada existencia.

Será maestra, gurú, tendrá un caudal inagotable de buena energía eólica, solar, lunar, y sentirá que el día a día es una bendición si tiene salud holística.

Su talón de Aquiles consiste en equilibrar su inteligencia emocional con las influencias exteriores, que muchas veces la desvían del TAO (camino).

L. S. D.

LA CABRA Y SU ASCENDENTE

CABRA ASCENDENTE RATA 23.00 a 1.00
Graciosa, soñadora, intuitiva, tiene un gran encanto y sabe encontrar los medios necesarios y los pastos verdes que mejor le sepan y convengan. Estará alerta y no perderá oportunidad para sacar tajada de la gente.

CABRA ASCENDENTE BÚFALO 1.00 a 3.00
Conocerá el camino para lograr sus objetivos lo antes posible. Capitanea el rebaño de ovejas para que no invadan pastos vecinos. Será puntual, organizada y responsable. Una cabra que se ocupará del bienestar de su familia

CABRA ASCENDENTE TIGRE 3.00 a 5.00
Encantadora, creativa y artista, es imprevisible en sus reacciones. Defenderá con los cuernos su territorio y demostrará que es una fiera para nada domada. Tendrá impulsos altruistas y defenderá a los indigentes.

CABRA ASCENDENTE CONEJO 5.00 a 7.00
Superficial, egoísta, intuitiva y creativa, está llena de encanto y posee un notable buen gusto. Amará el confort y tendrá siempre un mecenas a su disposición. Sabe muy bien cómo y a quién conquistar para conseguir lo que desea.

CABRA ASCENDENTE DRAGÓN 7.00 a 9.00
Creativa, imaginativa, original, no duda en dar pruebas de temeridad y coraje. Ambiciosa, audaz, realizará obras que trascenderán. Esta cabra llameante exigirá mucha atención y será caprichosa.

CABRA ASCENDENTE SERPIENTE 9.00 a 11.00
Sagaz, magnética, infiel y celosa, consigue sus fines utilizando sus medios. Tiene la suerte como aliada y sabrá de qué modo utilizarla para lograr sus fines. Nadie la apartará de sus objetivos.

CABRA

CABRA ASCENDENTE CABALLO 11.00 a 13.00

Incapaz de ahorrar, gastará hasta el último centavo propio o ajeno. Adora la aventura como forma de vida; será eternamente infantil aunque a veces eso exaspere a quienes convivan con ella. Despertará pasiones a lo largo de su agitada vida.

CABRA ASCENDENTE CABRA 13.00 a 15.00

Artista, práctica, manipuladora y sin escrúpulos, su lucidez jamás la abandonará. Sabe encandilar con sus encantos y resulta irresistible. Es dependiente, irresponsable, y se angustia por casi todo en el tema del amor.

CABRA ASCENDENTE MONO 15.00 a 17.00

Orgullosa, inteligente, optimista, sabe lo que quiere y es capaz de seducir a una pared con tal de lograr sus propósitos. Será hipersensible y buscará protección.

CABRA ASCENDENTE GALLO 17.00 a 19.00

Trabajará con tesón, pero tal vez no sepa disfrutar cuando lo hace. Tiene ideas propias; es contradictoria; no hay que darle consejos ni criticarla porque no le gusta que intervengan en su vida. Inteligente, generosa y fantasiosa.

CABRA ASCENDENTE PERRO 19.00 a 21.00

Esta cabra afrontará los problemas con estoicismo y no delegará responsabilidades. Un poco pesimista, racional y valiente, necesita que la rodeen constantemente de afecto porque, y no soporta la soledad.

CABRA ASCENDENTE CHANCHO 21.00 a 23.00

Buscará protección y sabrá administrar su dinero. Será exigente con los demás y en ocasiones algo controladora. Obstinada y testaruda, le cuesta reconocer errores y se refugiará a menudo en sus ensueños.

LA CABRA Y SU ENERGÍA

CABRA DE MADERA (1955-2015)

MUJER: Un aspecto frágil e inocente que oculta un interior muy decidido. Es una experta en manejar gente y lograr lo que quiere, abriéndose paso lentamente en el corazón de los demás hasta hacerse imprescindible. No tiene interés en vivir con independencia, y prefiere la seguridad económica de vivir a la sombra y de la generosidad de alguien que le dé cobijo. Tiene iniciativa y creatividad, pero la pierde el temor de tener problemas económicos.

HOMBRE: Ameno y astuto. Dotado de mucho encanto, tiene la habilidad suficiente para vivir a costa de sus amigos y lograr que ellos lo amen igual. Está lleno de ideas artísticas, que aporta generosamente, se solidariza con los problemas ajenos. Es servicial y capaz de arriesgarse por los que quiere o por sus ideales. Muy enamoradizo, se adapta fácilmente a los cambios.

Personajes famosos

Nelson Castro, Bruce Willis, Alfredo Leuco, Boy Olmi, Isabelle Adjani, Elvis Costello, Guillermo Francella, Nina Hagen, Zucchero, Steve Jobs, Marcela Sáenz, Johnny Rotten, Miguel Botafogo, Mel Gibson, Miguel Zavaleta, Jorge Valdano, Krishnamurti, Marcelo Bielsa, Mercedes Morán, Aníbal Pachano.

CABRA DE FUEGO (1907-1967)

MUJER: Franca y emotiva, el fuego agrega pasión a la calmada naturaleza caprina. Puede deprimirse cuando las cosas salen mal, se toma todo siempre a la tremenda y es pésima manejando la plata, propia o ajena. Una sibarita que necesita el apoyo de un compañero fuerte que le dé seguridad económica y respaldo afectivo; cuando lo logra, salen a la luz su encanto y creatividad, y puede deslumbrar.

HOMBRE: Sensible y romántico, dramático en sus reacciones, fantasioso y emotivo. Es un gran trabajador si lo hace con vocación y ganas. Si no, prefiere apoyarse en amigos influyentes y darse gustos caros con la plata ajena. Tiene un pensamiento único, independiente, y es muy intuitivo, pero a veces puede resultar víctima de su temperamento voluble. Fantasea en la depresión y se aísla de los demás rumiando sus penas. Necesita autodisciplina.

Personajes famosos
Julio Bocca, Boris Becker, Julia Roberts, Maximiliano Guerra, Katharine Hepburn, Carlos Casella, Pepe Monje, Frida Kahlo, Atahualpa Yupanqui, Nicole Kidman, Araceli González, Andrés Giménez, Karina Rabolini, Milo Lockett.

CABRA DE TIERRA (1919-1979)

MUJER: Una cabra llena de seducción y *charme*, y dispuesta a usarlos para sus fines. Inconstante, aventurera, y segura de sí misma, cree que es absolutamente natural que alguien se haga cargo de ella y no se siente rebajada si la tratan de "mantenida". Generosa, buena amiga y muy confiable, le encanta escuchar a los que quiere, y siempre busca ayudarlos. Es menos derrochona que las otras cabras. La tierra le da un carácter fuerte y tendencia a reaccionar violentamente a las críticas. Una cabra bastante temperamental.

HOMBRE: Un hombre que le cae bien a todo el mundo por sus buenos modales y su simpatía. Es un triunfador nato, porque la gente reconoce su honestidad y confiabilidad y lo ayuda con gusto a llegar adonde quiera. Es independiente y disciplinado, seductor cuando lo necesita. Generoso con los que quiere, comparte sus ganancias, aunque no le gusta demasiado gastar, pero tiene un corazón de oro. Y atención, también un temperamento violento si alguien se pone en su contra y lo critica. Mejor abstenerse de hacerlo.

Personajes famosos
David Bisbal, Dino De Laurentiis, Andrea Pirlo, Evangeline Lilly, Ian Smith, Malcolm Forbes, Brenda Martin, Diego Luna, Nicolás Cabré, Adán Jodorowsky, Diego Forlán, Eva Gabor, Jack Palance, Eva Perón.

CABRA DE METAL (1931-1991)

MUJER: Con la apariencia típica de una cabra y un interior duro y rígido como el metal, esta cabrita sabe lo que vale y es bastante segura de sí misma. Busca estabilidad familiar y rodearse de un ambiente armónico. Pero es muy sensible al rechazo y por demás posesiva con los que ama. No perdona fácilmente una ofensa y es una enemiga peligrosa porque bajo su apariencia frágil conoce todos los subterfugios y es muy vengativa. Mejor tener precaución con esta cabrita.

HOMBRE: Posee la autoestima alta y cierto espíritu combativo. Pero es muy susceptible y sensible. Necesita estabilidad afectiva, y en lo posible familiar, para poder prosperar. Tiene la suerte, la tenacidad y la capacidad para llegar lejos, pero muchos problemas con los que lo rodean porque es celoso, posesivo, parco y caprichoso. Además, este ejemplar tiene un comportamiento dominante con su familia y amigos, si es que queda alguno con el correr del tiempo.

Personajes famosos

Annie Girardot, Ettore Scola, Angie Dickinson, James Dean, Monica Vitti, Gastón Soffritti, Brenda Asnicar, Candela Vetrano, Osho, Lali Espósito, Rita Moreno.

CABRA DE AGUA (1943-2003)

MUJER: Es irresistible como una sirena. Ha perfeccionado el arte de la adulación en aras de moverse en los círculos más altos de la sociedad. A esta cabrita lúcida e intuitiva le interesa en grado sumo acercarse a la gente adecuada para conseguir su sustento y otros beneficios. Demasiado inteligente para expresar opiniones propias en lugares inapropiados, se queda a la sombra de los poderosos y se deja llevar por la corriente. Una oportunista con mucho encanto.

HOMBRE: Tiene las mejores y peores cualidades del hombre cabra: es solidario, generoso, carismático y diplomático. Pero también un arribista dispuesto a ubicarse en aquellos lugares en los que más calienta el sol, sin importarle mucho si su bienestar procede de fuentes lícitas o no. Tiene un aspecto de víctima que inspira protección, pero en realidad es un manipulador sobresaliente. No le gustan nada los cambios, y se aferrará al lugar en donde esté con todas sus fuerzas. Tiene la intuición necesaria para zafar siempre de las situaciones comprometidas.

Personajes famosos

Charo López, Hermes Binner, Rubén Rada, Lech Walesa, Jimmy Page, Catherine Deneuve, Arnaldo André, Keith Richards, Jim Morrison, José Luis Rodríguez, Ernesto Pesce, Víctor Sueiro, Marilina Ross, Muhammad Ali, Mick Jagger, Joan Manuel Serrat, Adolfo Pérez Esquivel.

**FUNDACIÓN ESPIRITUAL
DE LA ARGENTINA**
Cabra de Agua

CONTAME UN CUENTO CHINO

Eduardo Sacheri • Cabra de Fuego • Escritor

Me suena lindo eso de ser una "cabra de fuego". Me gusta mucho. No soy ningún experto en horóscopos, pero me gustan las dos cosas. Lo del fuego me remite a algo muy mío. Estoy seguro de que las personas tenemos dentro una fogata que nos alienta y nos hace caminar y soñar y buscar. No me la represento como una pira desbordada. No. Me la imagino como un fueguito manso, con algunas lenguas de fuego de esas que son lindas de mirar mientras bailan en la oscuridad. Pero un fueguito que calienta. Algunos le llaman pasión. A mí me gusta más lo del fueguito.

Y no es que quiera quedar bien con los chinos, pero si repaso para arriba y para abajo la nómina de sus doce animales, les agradezco profundamente ser una cabra. ¡Qué lindo bicho! La cabra tira al monte, decía uno de los refranes de mi abuelita Nelly, dando a entender que no podemos desentendernos de nuestra idiosincrasia. Y la verdad es que le doy la razón. Podemos cambiar, y pensarnos, y tratar de mejorarnos. Pero hay algo de nosotros que sobrevive íntegro y primordial a todas las mudanzas que ensayemos.

Me gusta ese animal que porfía en treparse a donde pueda. Que ama las montañas y disfruta encaramarse entre las rocas, aún a riesgo de darse un porrazo. ¿Por qué tanto empeño en trepar, en alejarse, en buscar un sitio en medio de lo agreste y lo desierto? ¿Por qué esa necesidad de andar entre las rocas por el solo gusto de ver qué tan lindo se ve el mundo desde ahí arriba, desde ahí lejos?

¡Que vivan las cabras!

Tabla de compatibilidad

	Amor	Trabajo	Salud	Karma
Rata	xx	xx	xxx	x
Búfalo	xxx	xx	x	xxx
Tigre	xx	xx	xx	xx
Conejo	xxx	xx	xx	xxx
Dragón	xxx	xxx	xx	xx
Serpiente	xx	xx	x	xxx
Caballo	xx	xxx	xxx	xxx
Cabra	xxx	xxx	xx	xxx
Mono	xxx	xxx	xxx	xxxx
Gallo	xxx	xxx	xxx	xxx
Perro	xx	xx	xx	xx
Chancho	xxx	xxx	xxx	xx

X mal / XX regular / XXX bien / XXXX muy bien / XXXXX excelente

Nota: las compatibilidades son desde el punto de vista de cada animal.

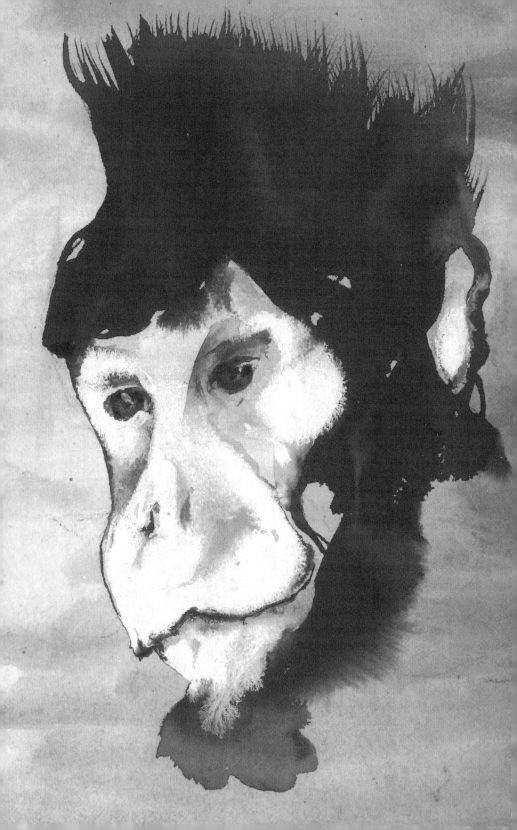

MONO

FICHA TÉCNICA

Nombre chino del mono
HOU

Número de orden
NOVENO

Horas regidas por el mono
15.00 A 17.00

Dirección de su signo
OESTE-SUDESTE

Estación y mes principal
VERANO-AGOSTO

Corresponde al signo occidental
LEO

Energía fija
METAL

Tronco
POSITIVO

ERES MONO SI NACISTE

20/02/1920 - 07/02/1921
MONO DE METAL

06/02/1932 - 25/01/1933
MONO DE AGUA

25/01/1944 - 12/02/1945
MONO DE MADERA

12/02/1956 - 30/01/1957
MONO DE FUEGO

30/01/1968 - 16/02/1969
MONO DE TIERRA

16/02/1980 - 04/02/1981
MONO DE METAL

04/02/1992 - 22/01/1993
MONO DE AGUA

22/01/2004 - 08/02/2005
MONO DE MADERA

08/02/2016 - 27/01/2017
MONO DE FUEGO

Soñé mi reino antes de
encontrarlo;
sobre las cenizas de mi casa de la
infancia
construí Feng Shui, con las
entrañas.
Busqué los puntos cardinales que
los chinos aconsejan
para tener salud, prosperidad,
amor, relaciones saludables
y puse tres monedas chinas en los
escalones de quebracho
que los Acosta me indicaron.
Saludé al sol detrás de las
montañas cada día al asomarse
reverenciando al dragón al Este,
a paso de tortuga llegó la escultura
de Mariana
con el caparazón del ki 9 estrellas
mirando al Norte
donde descansan mis antepasados,
y debajo del aguaribay mi padre
cumpliendo su mandato después
de medio siglo, tardíamente
trasladado.
Al Oeste, el lago, donde el tigre
dicta sus leyes terrenales,
al sur, el ave fénix, donde planté
rosales.
Fortaleza de años donde cursé
materias sin diploma
siguiendo las leyes del cielo en la
tierra
con el corazón abierto y los
ángeles al lado.
L. S. D.

ESENCIA DEL MONO

Llegamos con Catman huyendo de "Malos Aires".

La estadía de un mes nos chupó el prana, la salud, la alegría y el buen humor que tuvimos al llegar.

Celebro los vuelos que se sumaron a la región; la reapertura del aeropuerto de Merlo, su linda gente, y el profesionalismo que ayuda a salir en una hora de la locura de "Malos Aires" y aterrizar en el microclima puntano.

Llegamos de noche; la casa estaba aún húmeda por nuestra ausencia y la estufa rusa apenas tenía unas brasitas que desfallecían.

A pesar del cansancio, acostarme con el cuarto frío me produce malestar. Y sin pensarlo abrí la puertecita y tiré alcohol, un buen chorro, un fósforo y... casi se quedan sin autora para terminar este libro.

Una explosión digna de los estallidos mundiales en Ucrania me tiró hacia atrás con la onda expansiva y estuve en instantes envuelta en una llamarada azul.

En la mano derecha sentí brasas como garrapiñadas, percibía el olor a quemado de una parte de mi pelo; reaccioné sacándome la ropa como pude, y pegué un grito que provino del origen, de aquel mono primigenio de la historia de la humanidad.

Todo en instantes.

Así somos; tenemos deseos y no medimos las consecuencias al llevarlos a cabo; en mi caso, sin pensar que la estufa rusa estaba recalentada, que había brasas y que tirar algo inflamable era una desgracia sin escapatoria.

Una vez más, mis ángeles, mis creencias de sincretismo, mi gratitud diaria hacia la vida, mi suerte, sí, suerte de mona flamígera, evitaron una catástrofe, y el fin de mi vida.

Mi mano y mi antebrazo ardían; Catman cortó velozmente aloe de nuestro cantero pegado a la cocina y me lo puso con un amor y una delicadeza que llevaré en mi corazón hasta la muerte.

Ayyyy, querido zoo; la parca me visitó la noche de la llegada a Feng Shui y se fue, contundente y precisa, con un dictamen.

"LSD, estate atenta a cada paso que des, a cómo lo des y sabé que esta noche no era tu hora de morir, pero solo vos debés cuidarte, porque tenemos a mucha gente que está muriéndose y no llegamos a salvarla".

Por eso, querido zoo, quiero transmitirles que ser mono es una bendición y una promesa de factores que traemos al nacer, y que hay que saber administrarlos.

Contamos con inteligencia, habilidad, destreza para dirimir problemas que para otros son murallas chinas; podemos resolverlos con sabiduría, precisión, lucidez y sentido común.

El *charme*, *sex appeal*, la gracia para las monerías nos abren puertas en el mundo y en cualquier situación en que creemos perder la brújula y estar desorientados.

Cuando somos niños, sabemos lo que queremos, tenemos la intuición muy desarrollada y podemos comenzar a trabajar en lo que nos gusta, tener perseverancia y la convicción de que esa es nuestra vocación o talento para desarrollarlo sin dudar, a pesar de los mandatos y las cáscaras de banana que nos pongan para desviarnos. El mono que tuvo apoyo familiar o de amigos en su infancia logrará destacarse desde joven.

El estímulo, las ganas de competir, de desarrollar su capacidad —más intelectual que física, aunque hay monos como el Dibu Martínez que atajó el gol clave para ganar el mundial— son esenciales para el ánimo, la autoestima, el salto cuántico que a veces necesitamos para confirmar —como afirmó Darwin— que el hombre desciende del mono.

El mono es susceptible a las críticas, a que lo contradigan, a que saquen a relucir sus defectos (que los conoce muy bien) y a que le corten el *trip*.

Su forma de actuar es veloz, arriesgada, decidida, por eso muchas veces se equivoca en los grandes temas de la vida.

Le gusta apostar a corto plazo, aunque los monos sabios miden y recalculan su estrategia antes de quemar naves.

El mono tiene carisma, con su verborragia y su exótica personalidad atrae gente de diversos ámbitos que lo siguen y depositan confianza en sus ideas y sociedades, que a veces terminan mal.

La constancia, rutina, los horarios de 9 a 5 pm no han sido creados para ellos. Son independientes; crean su microclima en el oficio o profesión que tengan y les gusta hacer sus monerías sin que los desvíen de sus objetivos.

Aunque la mayoría de los simios son extravertidos, esconden sus debilidades, traumas e inseguridades en lo más profundo de su alma.

El mono es capaz de amar sin límites y dejar que su pareja tenga el control remoto por un tiempo; pero si descubre que está con una persona tóxica, hará lo posible para saltar a otra palmera sin dejar rastros.

En la juventud es sociable, adopta amigos por un día, un mes o para viajar a lugares exóticos y compartir aventuras de ciencia ficción integrando personas que serán maestros, amantes, compañeros de seminarios o recitales, obras de teatro, partidos de tenis, canasta o *paddle*.

Es un ser dual; tiene equilibrio entre sus partes *yin/yang* y conoce los secretos para seducir a los más escépticos.

Líder innato, tendrá que enfrentar obstáculos como el abandono de parte de la familia por sus logros, que causarán envidia, y por intentar guiarlos en tiempos de cambios sistémicos por enfermedades, muertes o herencias.

El mono es intenso, sabe que tiene que convivir con su narcisismo y su legión de fanes que le chupan el prana.

Disfruta la soledad, la lectura, la contemplación de la naturaleza en las distintas estaciones del año, aunque a veces las añora, y sabe que el cambio climático es como su esencia: imprevisible y capaz de destruir su vida en instantes.

Especie evolucionada para aportar algo a la comunidad, con alerta meteorológico.

L. S. D.

EL MONO Y SU ASCENDENTE

MONO ASCENDENTE RATA: 23.00 a 1.00
Intuitivo, intenso, nada se le escapa. Es netamente materialista, obtiene todo y a veces ni siquiera paga. Muy intelectual y sibarita, su brillantez y su inteligencia lo harán triunfar.

MONO ASCENDENTE BÚFALO: 1.00 a 3.00
Es un mono contradictorio, ya que esta combinación resulta algo confusa y problemática. Por otro lado, tendrá mucho éxito en lo que respecta al profesionalismo. Debajo de ese aire convencional, se esconde un hechicero que dormita.

MONO ASCENDENTE TIGRE: 3.00 a 5.00
Tendrá audacia y valentía sumadas a una gran falta de escrúpulos. Posee un olfato impresionante. Ruge y se desborda para conquistar sus objetivos o presas. En el amor vivirá tormentosos momentos.

MONO ASCENDENTE CONEJO: 5.00 a 7.00
Desenvuelto, hábil y prudente, conoce las debilidades ajenas y sabe sacarles buen provecho. Intelectual, refinado, sabrá congeniar con el prójimo. Un verdadero estratega.

MONO ASCENDENTE DRAGÓN: 7.00 a 9.00

Mítico e inteligente, no teme a nada y avanza hasta los límites del coraje y la pasión. No hay forma de resistirlo. Por su gran intuición, sabrá siempre nuestras jugadas. Sin embargo, subestima a los demás.

MONO ASCENDENTE SERPIENTE: 9.00 a 11.00

Es desconfiado como pocos, la influencia de la serpiente le hará tener debilidad por el dinero y el poder. Muy seductor, conquistará y vencerá siempre. Un verdadero prodigio en el arte del amor.

MONO ASCENDENTE CABALLO: 11.00 a 13.00

Saca partido de sus aptitudes para no trabajar como un buey. Miente si se siente atrapado y no se sacrifica por nadie. Vivirá derrochando dinero. Tendrá muchos amores y una vida sedentaria. Odia perder.

MONO ASCENDENTE CABRA: 13.00 a 15.00

Sabe aprovechar las oportunidades que se le presentan. Un muy buen interlocutor, será irresistible. Amante del arte y astuto, esa combinación hará un verdadero prodigio de este romántico chimpancé.

MONO ASCENDENTE MONO: 15.00 a 17.00

Se siente superior a todos, y tiene ataques de estrella. Brillante, imaginativo, original, hábil y diabólico por momentos. Lucha con su cerebro, no con sus puños es un adversario que no pasará inadvertido. Quiere saberlo todo, pero cuando lo logra, ni piensa en divulgarlo.

MONO ASCENDENTE GALLO: 17.00 a 19.00

Carismático, trabajador, mundano y muy soberbio. Está dispuesto a ceder cuando se enamora; adora viajar y sobre todo con su media naranja. Es un líder de masas, realizará grandes proyectos que movilizarán a mucha gente.

MONO ASCENDENTE PERRO: 19.00 a 21.00

Se sacrificará, amará la vida hogareña y tendrá un humor altamente refinado. Un genio del cálculo y la magia. Ciclotímico e intelectual pero realista cuando cuenta las desgracias de los otros monos. Es muy noble.

MONO ASCENDENTE CHANCHO: 21.00 a 23.00

Necesita soledad para leer, pensar, meditar y metabolizar la vida que lo alcanza. Es un erudito, filósofo y ecólogo; también un ser sensual, amante de los placeres. El silencio resulta sagrado para él. Tendrá muchas relaciones, sobre todo muchos amigos.

EL MONO Y SU ENERGÍA

MONO DE MADERA (1944-2004)

MUJER: La palabra para definirla es sociable. Adora las reuniones y cualquier tipo de evento. Ambiciosa y audaz, puede estar a la vanguardia si logra controlar un poco su ansiedad por llegar. Puede tener más amigos y romances de lo que resulte saludable, pero mantiene una actitud muy comprometida con ellos. Difícil de satisfacer porque posee un conflicto interno eterno: es una monita que no tiene tan claro hacia dónde está yendo.

HOMBRE: Ambicioso y arribista, con aire de buenas intenciones y lleno de encanto. Esa gracia le permite conectarse con la gente adecuada. Es bastante inseguro y se aleja de las amistades profundas y las relaciones íntimas. Resulta algo superficial y esnob, inmaduro, y odia las responsabilidades. Un mono *fashion*, con humor, incluso respecto de sí mismo. Necesita autodisciplina.

Personajes famosos

Selva Alemán, Arturo Puig, Gabriela Acher, Susana Giménez, Danny DeVito, Gianni Morandi, Bob Marley, Diana Ross, Rod Stewart, María Martha Serra Lima, Antonio Grimau, Eliseo Subiela, Nora Cárpena, Roger Waters, Michael Douglas, Roberto Jacoby, David Gilmour, Talina Fernández, George Lucas, Mario Mactas, Marta Oyhanarte.

MONO DE FUEGO (1956-2016)

MUJER: Esta monita es un espíritu libre. Va por la vida consumida por la pasión de vivir y marcando pautas de conducta. Tiene aptitudes para líder, y le gusta ejercer el poder y la influencia sobre los demás. Es glamorosa y sorprendente, chisporroteando a cada momento, y dejando su marca por todos lados. Enérgica y apasionada, vive la emoción de la cacería en su vida afectiva. Más difícil de atrapar que las otras monas.

HOMBRE: Energético, profundo, carismático, conductor de masas, ambicioso, incansable, este mono vive quemado por su fuego interior, que lo empuja a cometer excesos, sea en lo más bajo o elevándose a la estratósfera. Sabe cuál es el camino del éxito y puede ser rudo si se interponen en su ruta. Para él la vida es un desafío y se juega entero. Su ambición puede estar dirigida a su bienestar o al de la humanidad, y a ponerse al servicio de la causa más noble.

Personajes famosos

Björn Borg, Osvaldo Laport, Imanol Arias, Luz O'Farrell, Ricardo Darín, Ludovica Squirru Dari, Andy García, Carolina de Mónaco, Michel Houellebecq, Alejandro Kuropatwa, Geena Davis, Patricia Von Hermann, Helmut Lang, Celeste Carballo, Daniel Grinbank, Peteco Carabajal, Julio Chávez, Luis Luque.

MONO DE TIERRA (1908-1968)

MUJER: Una mona seria y sensata, pragmática, deseosa de asentarse y tener una familia. Protectora de sus amigos y sus seres queridos, generosa hasta la exageración y siempre dispuesta a dar un consejo adecuado. A veces resulta un poco posesiva y perfeccionista, lo cual hace difícil la convivencia. Tiene talento artístico y es servicial y cariñosa, así que se le perdona el ego. La mejor manera de conquistarla es un buen masaje, para que se relaje un poquito y baje la guardia.

HOMBRE: Lúcido, estable y generoso (a veces demasiado y en forma indiscriminada), este monito es muy buscado como compañía porque resulta tranquilo, divertido y llevadero. Como es egocéntrico, le encanta dar consejos y que lo escuchen; sus consejos son sabios y adecuados, y siempre está rodeado por gente que lo quiere. Apegado a su familia, y sentimental, le cuesta ser fiel porque está enamorado del amor y no puede resistirse a sus llamados. Pero es responsable de lo que inicia, y será muy protector de los suyos.

Personajes famosos

Leonardo Abremón, Bette Davis, Adrián Suar, Gabriel Batistuta, Alejandro Sanz, Henri Cartier-Bresson, Chayanne, Martín Jacovella, Diego Olivera, rey Felipe de Borbón y Grecia, Libertad Lamarque, Fabián Vena, Santiago Motorizado, Antonio Birabent, Guillermo Andino, Facundo Manes, Adrián Dárgelos, Fernando Ruiz Díaz, Salvador Allende, Nelson Rockefeller.

MONO DE METAL (1920-1980)

MUJER: Esta mona puede desarrollar el lado negativo de la personalidad de su signo. Aunque es sociable, se pone a la defensiva, puede ser hostil e intratable. Es muy astuta para los negocios y sumamente ambiciosa. Pero si las cosas no le salen bien, cae en el círculo vicioso de la depresión y la melancolía, y es muy difícil que se recupere. Va a pasarse la vida luchando con sus demonios internos. Si logra vencerlos, con su mente puesta en positivo, será el centro de las reuniones: tiene humor y gracia y es muy buena conversadora. Debería fortalecer su lado positivo.

HOMBRE: Tiene un aspecto adorable que oculta un interior de acero. Calculador y rudo, está muy seguro de ganar siempre, lo que le genera muchos enemigos. Es muy celoso y lo resiente el éxito de los demás; competirá de cualquier manera con tal de ser el primero, y sin pensar si las armas que usa son válidas o lícitas. Tiene energía para enfrentarse a cualquiera y es muy astuto. Si lograra apaciguar sus bajos instintos, reconocer sus errores y fuera capaz de mostrar sus sentimientos, le iría mucho mejor.

Personajes famosos

Federico Fellini, Olga Orozco, Soledad Pastorutti, Charlie Parker, Lorenzo Anzoátegui, Valentino Spinetta, Justin Timberlake, Ronaldinho, Gabriel Milito, Alicia Keys, Erika Halvorsen, Kim Kardashian, Luis González, Nicole Neumann, Luis Ortega, Mario Benedetti, Luciana Salazar, papa Juan Pablo II.

MONO DE AGUA (1932-1992)

MUJER: Compañera, solidaria, modesta, esta monita está llena de virtudes y dotada de una feminidad que arrasa corazones a su alrededor. Es ingeniosa, vivaz, astuta y se levanta después de cada caída, siempre con una sonrisa y el ánimo para volver a la lucha. Estará llena de amigos que la adorarán y le proveerán algo que le encanta: lujo. Adora vivir bien y rodearse de cosas buenas y caras. Ama los retos y le aburre la inactividad.

HOMBRE: Un negociador hábil, que detesta las confrontaciones. Es sociable, atento, buen amigo y divertido. Su personalidad atrae gente, suerte y platita. No le resulta difícil enriquecerse y, como es generoso, comparte con el resto. Intuitivo para conocer a la gente, su debilidad es la seducción: le encanta conquistar, y a veces se mete en problemas porque de cazador ¡pasa a presa!

Personajes famosos

Magdalena Ruiz Guiñazú, Joaquín Lavado "Quino", Elizabeth Taylor, Gato Barbieri, Peter O'Toole, Anthony Perkins, Johnny Cash, Selena Gómez, Jean Cacharel, Eugenia Suárez, Felipe Sáenz, Neymar Da Silva Santos Júnior.

FEDERICO FELLINI
Mono de Metal

CONTAME UN CUENTO CHINO

Rapha Bianchi • Mono de Tierra • Músico

Hou 93
No quiero más retazos
Quiero poder amar
Ya no quiero saltar
De rama en rama andar.

Yo soy un mono de tierra
Pero me gusta volar
Un mono de tierra
Pero me gusta volar.

Occidentalmente virgen
De tres a cinco te rigen
Y a decir verdad no está ni ahí
Con el que canta al amanecer.

Yo soy un mono de tierra
Pero me gusta volar
Un mono de tierra
Pero me gusta volar.

No quiero más retazos
Quiero poder amar
Ya no quiero saltar
De rama en rama andar.

Yo soy un mono de tierra
Pero me gusta volar
Un mono de tierra
Pero me gusta volar.

MONO

Tabla de compatibilidad

	Amor	Trabajo	Salud	Karma
Rata	xxx	xxx	xxxx	xxxxx
Búfalo	xx	xxx	xxxxx	xxx
Tigre	xxx	xx	xxx	xxx
Conejo	xxxx	xxx	xxx	xxx
Dragón	xxx	xxx	xxx	xx
Serpiente	xx	xxx	xx	xxx
Caballo	xxxx	xxxx	xxxx	xxx
Cabra	xxx	xxx	xxx	xx
Mono	xxxx	xxxxx	xxxx	xxx
Gallo	xxx	xx	xxx	xxx
Perro	xx	xxx	xxx	xxx
Chancho	xxxxx	xxx	xxx	xxx

X **mal** / XX **regular** / XXX **bien** / XXXX **muy bien** / XXXXX **excelente**

Nota: las compatibilidades son desde el punto de vista de cada animal.

GALLO

FICHA TÉCNICA

Nombre chino del gallo
JI

Número de orden
DÉCIMO

Horas regidas por el gallo
17.00 A 19.00

Dirección de su signo
DIRECTAMENTE AL OESTE

Estación y mes principal
OTOÑO-SEPTIEMBRE

Corresponde al signo occidental
VIRGO

Energía fija
METAL

Tronco
NEGATIVO

ERES GALLO SI NACISTE

08/02/1921 - 27/01/1922
GALLO DE METAL

26/01/1933 - 13/02/1934
GALLO DE AGUA

13/02/1945 - 01/02/1946
GALLO DE MADERA

31/01/1957 - 17/02/1958
GALLO DE FUEGO

17/02/1969 - 05/02/1970
GALLO DE TIERRA

05/02/1981 - 24/01/1982
GALLO DE METAL

23/01/1993 - 09/02/1994
GALLO DE AGUA

09/02/2005 - 28/01/2006
GALLO DE MADERA

28/01/2017 - 15/02/2018
GALLO DE FUEGO

Antesala del otoño
te extraño más que a un amante que supo saciarme entre
sábanas, mares, desiertos, conventillos, pastizales, minaretes,
acueductos, nubes, tempestades.
Otoño, necesito tu temperatura para renacer, antes que el
nuevo sol me queme sin despedirme.
L. S. D.

ESENCIA DEL GALLO

Hoy Santo de Fino cumple noventa años.

Es el padre de Hoby, Sergio y Adriano, el marido de María, y abuelo.

Lo conocí hace treinta y cinco años, cuando volví de China, y a través de Hoby, que me presentó a su pintoresca familia italiana.

Solía almorzar los domingos en Donado, la casa donde aún viven.

Su oficio: pintor, albañil y hombre de los de antes, para quienes el trabajo no solo provee el sustento a la familia, sino que es salud.

"Al que madruga, Dios lo ayuda".

Por supuesto, este gallo de agua se levanta con el primer canto de su especie que se escucha en los baldíos de Villurca, no necesita despertador, su responsabilidad y sentido del deber está tatuado en el ADN de sus ancestros de la península itálica.

Supe por Hoby, que es el hijo mayor, que lo integraba en estos trabajos tan distantes de su vocación artística y musical, en horarios opuestos a los de su juventud, y que sufrió mucho por no complacer a Santo en sus directivas.

El gallo es metódico, hipertrabajador, tiene don de mando, sabe administrar el maíz en el gallinero, cooperar cuando se lo piden, y necesita tener alguna recompensa al retornar a su galpón: algún mimo de sus pollitos o de su mujer, además de los momentos con sus buenos y pocos amigos, vecinos y conocidos del club.

La naturaleza activa, inquieta y curiosa en todos los géneros del signo lo convierten en una persona original y con espíritu conquistador. Le encanta tener su propia economía y no depender de padres, cónyuges ni padrinos.

Puede ofrecer sus servicios sin ningún complejo; es audaz, valiente y muy detallista para vender su emprendimiento o pyme: telares, cosmética, objetos de arte, muebles y lo que encuentre en el TAO (camino).

Su infancia moldeará su personalidad; si es amado tendrá hándicap.

Si se enfrenta con impedimentos y una familia disfuncional será neurótico, violento, agresivo; tal vez intente vengarse de personas inocentes, y pasará una temporada en prisión.

La riña de gallos representa un reflejo de los que pertenecen a este signo con "estados alterados".

Se les recomienda que busquen ayuda cuando tengan problemas familiares, laborales, en la pareja; por ejemplo, constelaciones, diseño humano, registros akáshicos, terapias florales, meditación dinámica, arte núbico y, sobre todo, como son muy hacendosos, manualidades, repostería, cocina y jardinería.

Es cierto que para los más jóvenes las redes sociales son un medio de comunicación para encontrar computadoras, artículos de lujo, lo que deseen, pero no deben abusar de ellas: también pueden conocer personas deshonestas, gigolós, estafadores que lucren con su buena fe.

El gallo es un generador de energía eólica, solar, hídrica. Su capacidad para crear fuentes de trabajo, ayudar a los más débiles, convocar a la comunidad para hacer reclamos por las injusticias sociales con cacareos que atraviesan el Atlántico es muy eficaz.

Se rebelará ante los aumentos en precios cuidados, los sueldos miserables de los jubilados, maestros y médicos, dando ejemplo con su idoneidad.

En China valoran y respetan al gallo porque "encuentra un gusano en el desierto" en tiempos de sequía y cambio climático.

Es buen amigo en momentos críticos, pues tiene vocación samaritana y sabe aconsejar.

A través de la vida aprenderá a graduar sus exposiciones en público con escenas *show off*, despliegue de vestuario, joyas o apariciones al estilo Sandro de América.

Tendrá rachas de buena y mala suerte, que dependerán exclusivamente de su manía por el despilfarro o las ganas de aparentar.

Romperá con tabúes, será innovador en arte y música, como Yoko Ono, que llegó íntegra a sus noventa años, atravesando críticas, insultos, ninguneo de gran parte de los fanes de Lennon, demostrando que fue y es la custodia principal de su obra eterna.

También recuerdo a Yoli, mi suegra. La primera vez que hablé por teléfono con ella me dijo: "Luli, vos sos como yo: positiva de nacimiento".

L. S. D.

EL GALLO Y SU ASCENDENTE

GALLO ASCENDENTE RATA 23.00 a 1.00
Tendrá talento para sacar tajada de las oportunidades y podrá adaptarse a los cambios. Es curioso, intrépido y jovial. Detesta que lo ataquen de frente y picotea a quienes no lo captan.

GALLO ASCENDENTE BÚFALO 1.00 a 3.00
Trabajador, científico, autoritario, inspirará respeto y terror. Buen padre. Quiere dominar, plantará los pies sobre la tierra y no se dejará manipular. Es sociable y tiene humor ácido y sutil.

GALLO ASCENDENTE TIGRE 3.00 a 5.00
A veces nos agota con sus cocorocós; mejor que se baje un poco de donde piensa que está. Necesitará épocas de jungla y otras de gallinero.

GALLO ASCENDENTE CONEJO 5.00 a 7.00
Se cree que tiene pactos con las brujas y con las fuerzas ocultas. Puede construir un imperio y destruirlo en menos de lo que canta un gallo.

GALLO ASCENDENTE DRAGÓN 7.00 a 9.00

Tendrá alma de millonario, podrá viajar por trabajo y conocerá gente que le abrirá puertas al infinito. Vuela alto y no deja pasar nada. Un gallo ardiente, interesante, dominante, gracioso y generoso.

GALLO ASCENDENTE SERPIENTE 9.00 a 11.00

No acepta críticas y se vengará si hablan mal de él. Vive obsesionado por la imagen que da al exterior. Vivirá sumergido entre sueños reales y amores de ciencia ficción.

GALLO ASCENDENTE CABALLO 11.00 a 13.00

Orgulloso, fiel y fantasioso, tiene también generosidad y talento. Sabrá vivir grandes pasiones y no hará nada que no sienta o crea. Un excelente progenitor y un amigo de oro.

GALLO ASCENDENTE CABRA 13.00 a 15.00

Buscará la pradera del amor y la libertad, no quiere estar atado a nada. Tendrá que economizar porque la cabra le da cierta tendencia a gastar todo.

GALLO ASCENDENTE MONO 15.00 a 17.00

Sagaz, astuto, inteligente y materialista para procurarse un buen gallinero lujoso y confortable. Este gallo no sabrá lo que es perder el tiempo. Pondrá las variables a su favor a su favor para alcanzar la gloria.

GALLO ASCENDENTE GALLO 17.00 a 19.00

Se pavonea, agrede, es sincero, excéntrico. Critica, se ríe de los demás. Tendrá que dosificarse un poquito porque en ciertas personas inspira instintos asesinos.

GALLO ASCENDENTE PERRO 19.00 a 21.00

Protegerá a los necesitados; fiel, amistoso, sabe escuchar, comprender y perdonar. Cariñoso, lúcido pero muy cínico en los momentos clave de la vida.

GALLO ASCENDENTE CHANCHO 21.00 a 23.00

Es discreto y reservado; sabe guardar un secreto. Estará al servicio de otros y aclarará dudas. Un gallo samaritano con el que se podrá contar siempre. Responderá a las obligaciones filiales y se sacrificará por los pobres.

EL GALLO Y SU ENERGÍA

GALLO DE MADERA (1945-2005)

MUJER: Una trabajadora dura. Le encanta mostrar su entusiasmo y energía haciendo cosas, y tiene tesón para llevar adelante su vocación. Muy sociable, le gusta la gente y rodearse de amigos que la diviertan y le den prana. Es bastante diplomática y fácil de llevar. Pero raramente revela sus verdaderos sentimientos. Tiene mucho autocontrol y prefiere pasar por aburrida antes que mostrarse original. Pero si se relaja y se siente cómoda, su brillante interior aparece, y es adorable.

HOMBRE: Un gallo sociable y amistoso, flexible y buen amigo. Honesto y franco, pero reticente para demostrar sus sentimientos. Le importan mucho las apariencias y su aspecto físico, se cuida y le preocupa envejecer. No le interesan las discusiones, y siempre hace lo que quiere, sin escuchar a nadie. Pero tiene muy buena naturaleza y si se anima a soltar un poco lo que siente, se sentirá más relajado y feliz.

Personajes famosos

Alicia Moreau de Justo, Bette Midler, Carmen Maura, Sergio Renán, Gal Costa, Diane Keaton, Franz Beckenbauer, Julio Iglesias, Tanguito, Sandro, Eric Clapton, Pete Townshend, Milo Manara, Debbie Harry, Bryan Ferry, Ritchie Blackmore, Juan Alberto Mateyko, Piero, Luiz Inácio Lula Da Silva.

GALLO DE FUEGO (1957-2017)

MUJER: Cabeza dura, orgullosa, apasionada. La gallita de fuego es una personalidad compleja: le encanta la pelea y está siempre dispuesta a discutir, convencida de que sus verdades son las únicas que existen. Sumamente necia, no hay nada que la tire abajo. Renace de sus cenizas como el ave fénix. Por su fragilidad emocional, necesita que la quieran y se lo demuestren todo el tiempo. Es solidaria, si llegás a ganar su confianza, tendrás una gran amiga.

HOMBRE: Es irritable y dogmático, dueño de un carácter explosivo y muy poca paciencia. El fuego lo vuelve más irracional y cabezón. En realidad, lo que necesita son demostraciones de afecto sinceras y permanentes. Si encuentra su equilibrio y rompe sus bloqueos, será un gran amigo y un divertido compañero de aventuras.

Personajes famosos

Alejandro Lerner, Miguel Bosé, Andrea Tenuta, Daniel Day-Lewis, Juan Luis Guerra, Melanie Griffith, Sandra Mihanovich, Katja Alemann, Miguel Botafogo, Daniel Melingo, Nicolás Repetto, Mirko, Luis Salinas, Sid Vicious, Jorge Valdivieso, Daniel Melero, Siouxsie Sioux, Ricardo Mollo, Robert Smith, Alfie Martins.

GALLO DE TIERRA (1909-1969)

MUJER: Convencional y terrenal, una verdadera gallina. Tiene un razonamiento penetrante y lúcido y es muy analítica. Con mucho sentido común, aunque a veces se gane enemigos por decir lo que piensa, es muy querida por su familia, que valora su honestidad, humor y compromiso. Se ocupará de que todo marche, y además será el corazón de su casa: cuando quiere lo hace en serio y está dispuesta a dar felicidad a los suyos.

HOMBRE: Sólido, realista y responsable, está muy enfocado en lo que quiere y no se distrae por el camino. Entretenido, con gran facilidad de palabra y una mente brillante. Es muy bueno trabajando en equipo porque acepta las opiniones de los demás. Pero lo que pierde en impulsividad y entusiasmo lo pierde también en atractivo, y resulta el más opaco de todos los gallos.

Personajes famosos

Giuseppe Verdi, Javier Bardem, Cate Blanchett, Gwen Stefani, Maxi Montenegro, Laura Novoa, José Ferrer, Marguerite Yourcenar, Karina Mazzocco, Juan di Natale, Wes Anderson, Cecilia Milone, Alex Ross, Valeria Bertuccelli, Horacio Cabak, Pablo Echarri.

GALLO DE METAL (1921-1981)

MUJER: Una gallita "ámala o déjala". Su ego está exacerbado por su talento artístico, y se pasa la vida mostrando sus plumas, alardeando y esperando que los demás aplaudan. Es divertida, creativa y generosa con los que quiere; pero si no formás parte de su círculo puede ser una fanfarrona insufrible. Extrovertida al máximo, no se calla nada y dicta sus propias reglas.

HOMBRE: Carismático y seductor, tanto de hombres que lo buscan como amigo como de mujeres que caen rendidas a sus pies. Lleno de energía, con un ego *king size*, necesita público constantemente. Su vida es una actuación desde que nace: tragedia o comedia, todo hecho con intensidad y brío. Vivir con él es una experiencia única y desgastante. Es el alma de la fiesta, y conoce todos los trucos para mantener la atención centrada en él.

Personajes famosos

Astor Piazzolla, Simone Signoret, Esther Williams, Natalie Portman, Charles Bronson, Deborah Kerr, Jane Russell, David Nalbandian, Luciano Pereyra, Britney Spears, Roger Federer, Rachel Meghan Markle, Natalia Volosin, Dionisio Aizcorbe, Tita Tamames, Laura Azcurra, Fernando Alonso, Javier Saviola, Andrés D'Alessandro.

GALLO DE AGUA (1933-1993)

MUJER: Una mujer muy atractiva y pendiente de su aspecto físico. Suavizada por el agua, su personalidad es muy rica; trabajadora, confiable, exitosa, incansable y con ánimo para superar las críticas y escuchar a los demás. Ansía el éxito, pero no es arribista u oportunista. Trabaja duro para lograr sus objetivos, y no claudica aunque le lleve toda la vida. Tiene mucho poder de seducción, que compensa un oculto complejo de inferioridad.

HOMBRE: Un hombre encantador, al que es un placer conocer y amar. Buen amigo, tiene el don de la conversación, le encanta la compañía y no tiene ninguna malicia. Seductor y romántico, si puede superar su sentimiento de inferioridad, que lo empuja a buscar perfección en él y en los demás, logrará triunfar, porque tiene todo lo necesario. Le hace falta rodearse de gente que lo aliente para sacar lo mejor de sí.

Personajes famosos
Tato Pavlovsky, Montserrat Caballé, Alberto Migré, María Rosa Gallo, Larry King, Ariana Grande, Jean-Paul Belmondo, Sacha Distel, Julián Serrano, Roman Polanski, Sol Pérez, Quincy Jones, Toni Negri, Santo De Fino, Joan Collins, Alberto Olmedo, Costa-Gavras, Juan Flesca, Benito Cerati Amenábar, Yoko Ono.

ESTEBAN BULLRICH
Gallo de Tierra

CONTAME UN CUENTO CHINO

Santo De Fino • Gallo de Agua • Artista

Siempre supe del valor de levantarme temprano, ya desde chico en San Candido (Calabria) escuchaba a los gallos cantar. Es lo primero que recuerdo de mi niñez, luego el mirar al cielo y la rutina del día. El destino me trajo a la Argentina, donde levantarme temprano siguió siendo una constante. El lugar cambió, pero el sonido de los gallos continuó como una pintura de vida: el trabajo, la honestidad, la familia, el deber ser siempre se impusieron.

Hoy, con mis noventa años, sigo transitando esta vida con amor y cariño, camino más lento, pero siempre con la frente en alto mirando al horizonte.

Tabla de compatibilidad

	Amor	Trabajo	Salud	Karma
Rata	xxx	xx	xx	xx
Búfalo	xx	xx	xxx	xxx
Tigre	xxx	xxx	xx	x
Conejo	xxx	xx	xxx	xx
Dragón	xx	xx	xxx	xxx
Serpiente	xx	xxx	xxx	xxx
Caballo	xxx	xxx	xxx	xxx
Cabra	xxx	xx	xxxx	xx
Mono	xxx	xxx	xxx	xx
Gallo	xxx	xxxxx	xxx	xxx
Perro	xx	xxxxx	xxxx	xx
Chancho	xxx	xxxxx	xxxxx	xxx

X **mal** / XX **regular** / XXX **bien** / XXXX **muy bien** / XXXXX **excelente**

Nota: las compatibilidades son desde el punto de vista de cada animal.

PERRO

FICHA TÉCNICA

Nombre chino del perro
GOU

Número de orden
UNDÉCIMO

Horas regidas por el perro
19.00 A 21.00

Dirección de su signo
OESTE-NORDESTE

Estación y mes principal
OTOÑO-OCTUBRE

Corresponde al signo occidental
LIBRA

Energía fija
METAL

Tronco
POSITIVO

ERES PERRO SI NACISTE

28/01/1922 - 15/02/1923
PERRO DE AGUA

14/02/1934 - 03/02/1935
PERRO DE MADERA

02/02/1946 - 21/01/1947
PERRO DE FUEGO

18/02/1958 - 07/02/1959
PERRO DE TIERRA

06/02/1970 - 26/01/1971
PERRO DE METAL

25/01/1982 - 12/02/1983
PERRO DE AGUA

10/02/1994 - 30/01/1995
PERRO DE MADERA

29/01/2006 - 17/02/2007
PERRO DE FUEGO

16/02/2018 - 04/02/2019
PERRO DE TIERRA

Medio engripada y cansada
leí que mataron hoy a un colectivero
por pisar a un perro, en la escala demencial en que vivimos.
Este karma indescifrable
los convierte en humanos a los canes.
L. S. D.

ESENCIA CANINA

¿Querrán los perros haber nacido perros?

Pienso en los del zodíaco chino, que tienen las virtudes, mañas, costumbres de los verdaderos perros de la calle.

Ser perro o perra es conocer la condición humana en sus aspectos más altruistas, nobles, solidarios, compasivos, confiables, de entrega incondicional a quien elige, sí, porque ellos eligen a su dueño, amo, padre o madre en esta ruleta de la reencarnación en la que saben que pueden ser humanos en la próxima vida, o comadrejas, según sean su comportamiento, sus sentimientos y acciones.

Los amé, los amo, y sé que los perros en mi vida constituyen amores inconfesables por el tiempo compartido, la compañía incondicional, los ladridos oportunos en las noches que son bocas de lobo sin estrellas en las sierras, en los pueblos, en las veredas donde acecha gente sin moral, escrúpulos, para sacarte hasta las ganas de vivir.

Conocen ustedes a Marilú, mi madre perro que cuidó de mí hasta después de su muerte, desde el más allá.

La vi sufrir, pasar penurias económicas, afectivas, situaciones límite con mi padre, con sus hijos. Jamás claudicó.

Las tormentas de la vida, que ocurrieron desde la infancia hasta la vejez, templaron su carácter, humor y cable a tierra para poner el cuerpo en cada pelea, para defender a sus cachorras, su cucha, la mía, las de los amigos que amaba y por quienes daba la vida.

Y aparecen Gipsy, China Zorrilla, Abraham, el Negro de Capilla, seres que son parecidos en su esencia, haciendo latir mi corazón de turmalina.

Hay perros de raza que nacieron en buena cuna y tienen turnos en peluquerías, viajan en asientos vip en aviones para acompañar a sus dueños a playas paradisíacas del Caribe, a Aspen, a las Islas Maldivas, y son atendidos por las azafatas con copas de alimento balanceado de primera calidad.

Y otros nativos de las villas, de los suburbios, de los basurales a cielo abierto, que están raquíticos y a los que un hueso de un puchero olvidado les produce una felicidad total.

Son seres que con una mirada nos despiertan ternura cuando mendigan una caricia, una caminata juntos, un paseo por el jardín para estirar las patas. Siempre alertas por si alguien está cerca para ladrar y avisarnos de alguna sorpresa ingrata, o de la llegada de amigos o vecinos.

Tienen una vida con cambios inesperados, a veces se enredan con otros perros por celos de perras en luna llena y terminan con heridas letales, o mueren en la contienda.

Los más guapos desafían a los cuzcos y se entreveran como en una riña de gallos.

La raza de canes humanos tiene sus arquetipos en los animales; aman con pasión, son fieles, y si alguno cae en la infidelidad a veces es a causa de una traición o para ganar dinero para el puchero y compartirlo con los suyos.

Tienen sentido del humor ácido, negro, en ocasiones muy hiriente, y a menudo terminan solos, rascándose las pulgas.

Son generosos con quienes admiran; no se dejan embaucar y tienen olfato para detectar a los gigolós y vampiros.

Pueden ser atípicos en su conducta familiar: no siempre son un modelo a seguir. Cada perra tiene su estilo para educar y criar hijos, tal vez a través de su vocación artística o social.

Saben que el amor no se compra, vende, ni regala. Hay que sentirlo.

Las oportunidades de la vida son pocas; hay que aprovecharlas y apreciarlas.

Repaso a mis perros y perras reales y humanos, y siempre siguen siendo los que ocupan gran parte de mi corazón.

L. S. D.

EL PERRO Y SU ASCENDENTE

PERRO ASCENDENTE RATA 23.00 a 1.00

Más gastador, sibarita, sexual y apasionado que otros de su especie. Sorprendente, vacila ante la posibilidad de tomar los hábitos o ser un gran ejecutivo.

PERRO ASCENDENTE BÚFALO 1.00 a 3.00

Un amigo fiel que amará su trabajo. No se pasa la vida gruñendo y rumiando sobre las cuestiones existenciales.

PERRO ASCENDENTE TIGRE 3.00 a 5.00

Apasionado, romántico y soñador. Sus ideales son nobles, y defenderá sus creencias hasta el fin. Valiente, enfrenta los problemas de la vida con integridad.

PERRO ASCENDENTE CONEJO 5.00 a 7.00

Luchará por conseguir una primera posición en la vida. Necesitará que lo estimulen. Cuando se lo conoce bien, se entrega, es mimoso y un poco pesimista.

PERRO ASCENDENTE DRAGÓN 7.00 a 9.00

Será noble, leal, servicial y abierto al diálogo. Defenderá su territorio con valentía. Es capaz de morder para convencer a los otros de que sigan sus ideas y convicciones.

PERRO ASCENDENTE SERPIENTE 9.00 a 11.00

Sabrá disimular sus opiniones y seducirá sin piedad a su alrededor. Será derrotista y muy detallista. El fin justifica los medios; su inteligencia lo lleva por caminos poco frecuentados.

PERRO ASCENDENTE CABALLO 11.00 a 13.00

Buscará franqueza, lealtad y sinceridad antes que nada. Vivaz y movedizo, es impaciente y muy fiel. Sabe hacer una autocrítica y se burla de sus propios defectos.

PERRO ASCENDENTE CABRA 13.00 a 15.00

Muerde para defender a los débiles. Es manso y tolerante frente las debilidades humanas. Será contradictorio, inseguro y combativo. Exige más de lo que da.

PERRO ASCENDENTE MONO 15.00 a 17.00

A veces salta de rama en rama, haciendo piruetas, y otras veces llora todo el día. Encuentra soluciones a todos los problemas. Poseerá una original visión hiperrealista y dará lo mejor de sí.

PERRO ASCENDENTE GALLO 17.00 a 19.00

Analiza y estudia en cada situación hasta desmenuzarla por completo. No dependerá de la improvisación. Defenderá la verdad a cualquier precio.

PERRO ASCENDENTE PERRO 19.00 a 21.00

Depende de los demás; necesita que lo rodeen y lo quieran. Desconfiado, se sobresalta por cualquier cosa. En el amor exigirá fidelidad, respeto y compañerismo.

PERRO ASCENDENTE CHANCHO 21.00 a 23.00

Hará realidad sus sueños, será activo, creativo y muy buen trabajador. Un perro sensual, a quien perdonan sus desatinos y se entregan al placer de estar con él. Leal y muy sibarita.

EL PERRO Y SU ENERGÍA

PERRO DE MADERA (1934-1994)

MUJER: Sociable, cálida, afectiva, fiel a sus amigos y amores. Le encantan los grupos, sean para trabajar o divertirse. Lleva adelante cualquier proyecto, con gran disciplina y convicción, y se siente feliz con su sola concreción. Puede parecer exigente, pero lo es más consigo que con los otros. Es tímida y necesita aliento de sus pares. A veces puede parecer un poco crítica, aunque nunca lo hace con malicia.

HOMBRE: Este perro nació para vivir en sociedad. Se adapta a todos los grupos, es comunicativo, amistoso, cooperador. Valora la comodidad y le gustan las gratificaciones materiales. No es ambicioso, pero tiene habilidad para aprovechar las oportunidades que se le presenten. Muy buen amigo, confiable y leal, solo exige de los demás que le paguen con la misma moneda. Es un trabajador nato, y compartirá su éxito con aquellos que le den amor y cuidados.

Personajes famosos

Mónica Cahen D'Anvers, Brigitte Bardot, Shirley MacLaine, Elvis Presley, Horacio Accavallo, Rocío Jurado, Charly Squirru, Enrique Macaya Márquez, Franco Masini, Justin Bieber, Chunchuna Villafañe, Sophia Loren, Federico Luppi.

PERRO DE FUEGO (1946-2006)

MUJER: El fuego le da una energía y un brillo que la hacen irresistible socialmente. Es muy elocuente y capaz de arrastrar masas hacia las causas en las que ella cree. Nació para líder y no se toma con mucha soda el fracaso. Como es ciclotímica puede autodestruirse o hundirse en su círculo vicioso de enojo y rabia contenida. Demasiado intensa para ser tan honesta y bienintencionada, necesita alguna válvula de escape que le permita graduar su fuerza interior.

HOMBRE: Este hombre tiene que cuidarse de no autodestruirse y quemarse en sus propias llamas. Magnético, agresivo, competitivo, nació para liderar causas nobles y trabajar con ellas. Realimenta su energía con el trabajo, y la mejor manera de ayudarlo es guiarlo hacia otros rumbos, para que ponga su energía en causas que prosperen: su pesimismo lo puede deprimir seriamente si fracasa. Es mejor apartarlo antes y estimularlo para que desarrolle comportamientos más positivos hacia sí mismo.

Personajes famosos

Freddie Mercury, Tomás Abraham, Bon Scott, Camilo Sesto, Gianni Versace, Cher, Javier Martínez, Miguel Abuelo, Pipo Lernoud, Susana Torres Molina, Martin Seppi, Oliver Stone, Pablo Nazar, Eduardo Costantini, Jorge Asís, Gerardo Romano, Susan Sarandon, Rolando Hanglin, Sylvester Stallone, Moria Casán, Donald Trump.

PERRO DE TIERRA (1958-2018)

MUJER: Una perrita ansiosa y que cultiva el perfil bajo. Se siente incómoda si es observada, y prefiere los grupos de amigos antes que las fiestas donde pueda haber desconocidos. Es observadora y detallista. En la familia se siente amada y protegida, con ellos florecen sus virtudes: lealtad, franqueza, calidez. Pero tiene que cuidar su obsesivo pesimismo: a veces insiste tanto con que las cosas van a salir mal, que finalmente salen mal.

HOMBRE: No le gusta ser protagonista y es muy inseguro afectivamente. Incapaz de morder, prefiere descargarse aullándole a la luna. Si encuentra un lugar cálido rodeado de amor, se mostrará como una influencia benéfica para todos los que lo quieren. Muy reflexivo y franco, le cuesta asumir los fracasos y es muy exigente consigo mismo y los demás.

Personajes famosos

Gipsy Bonafina, Eduardo Blanco, Madonna, Tim Burton, José Luis Clerc, Prince, Michelle Pfeiffer, Gustavo Belatti, Kate Bush, Michael Jackson, Rigoberta Menchú, Gary Numan, Reina Reech, Petru Valensky, Silvana Suárez, Ana Obregón, Marcelo Zlotogwiazda, Pipo Cipolatti.

PERRO DE METAL (1910-1970)

MUJER: Tiene autodisciplina y brillantez para lograr lo que se propone: quiere cambiar el mundo y si se esfuerza, lo logrará. Adora los desafíos, y aunque ladra, también muerde. Muestra los colmillos si se meten con ella y los suyos. Cuando te elige como propio no te da opciones: pide y da lealtad total. Como se toma las cosas muy seriamente a veces resulta un poco *heavy*. Es más irritable que las otras perritas.

HOMBRE: Un perro con probabilidades de ser feliz porque tiene más ambición personal y es capaz de defenderse mordiendo. Inteligente y corajudo, dispuesto a trabajar duro para lograr lo que quiere. Sin perder el idealismo, es pragmático y busca los mejores caminos. Tiene confianza en sí mismo y hasta puede resultar agresivo cuando se defiende. Necesita estar enamorado.

Personajes famosos

David Niven, Luis Miguel, Martín Lousteau, Juan Castro, Sócrates, Martín Churba, Madre Teresa de Calcuta, Gabriela Sabatini, Uma Thurman, Jacques Cousteau, Lola Flores, Ernesto Alterio, Paola Krum, Matt Damon, Javier Milei, Andre Agassi, Paul Thomas Anderson, Muriel Santa Ana, Maribel Verdú, Juan Cruz Bordeu, Verónica Lozano, Matías Martin, Andy Chango, Marley, Andy Kusnetzoff, Chiang Ching-Kuo, Gerardo Rozín, Juan Pablo Varsky, Leonardo Sbaraglia.

PERRO DE AGUA (1922-1982)

MUJER: Superintuitiva, una amiga ideal. A su entrega y amor, hay que sumarle que puede prevenirte sobre cosas que te podrían pasar, y es capaz de darse cuenta de lo que ocurre sin que le cuentes. Pero es hipersensible y sufre mucho, lo que la hace desconfiada y difícil de conocer, te observará un buen rato antes de dejarte entrar. Una vez que se rompe la barrera, va a cautivarte con su humor y talento.

HOMBRE: Amistoso pero tímido. No le cuesta mostrarse afable y atento, pero no le gusta abrirse. Se mantiene a distancia, escuchando y comprendiendo, pero sin dejar que nadie se le acerque. Sumamente intuitivo, los amigos lo buscan para que los aconseje. Pero le falta el carácter para actuar y encaminarse. Si depende solo de él, puede pasarse la vida flotando a la deriva, esperando que alguna corriente lo arrastre o lo devuelva a la orilla.

Personajes famosos

Alejandro Dumas, China Zorrilla, Ava Gardner, Juana Viale, Victor Hugo, José Saramago, Marcela Kloosterboer, Jack Kerouac, Marilú Dari, Paloma Del Cerro, Vittorio Gassman, Sol Mihanovich, Malena Pichot, Pierre Cardin, Luciana Rubinska, Julieta Pink, Paula Morales.

Ludovica Squirru Dari

STEVEN SPIELBERG
Perro de Fuego

CONTAME UN CUENTO CHINO

Diana Mondino • Perro de Tierra • Economista

Cuando miras las estrellas
Uniendo líneas y fulgores
Esperas que los impostores
No encuentren tu mensaje.
Tíralo al mar en bellas botellas
O quedará oculto bajo tu camuflaje.

Cuando crees en cuentos chinos,
Horóscopos, azares y esperas un guiño
Impulsado por la angustia del destino,
No debes dejar de soñar —o gritar—.
Orgulloso estoy de poder pensar.

Tabla de compatibilidad

	Amor	Trabajo	Salud	Karma
Rata	xx	xx	xxx	xxx
Búfalo	xx	xx	xxxx	xxx
Tigre	xx	xxx	xx	xxx
Conejo	xx	xx	xx	xxx
Dragón	xx	xx	x	xx
Serpiente	x	xxx	xx	xxx
Caballo	xxx	xxx	xxx	xxx
Cabra	xx	xx	xx	xx
Mono	xxx	xxx	xxxx	xxx
Gallo	x	xx	x	xx
Perro	xx	xx	xxx	xx
Chancho	xx	xxx	xxx	xxx

X mal / XX regular / XXX bien / XXXX muy bien / XXXXX excelente

Nota: las compatibilidades son desde el punto de vista de cada animal.

CHANCHO

FICHA TÉCNICA

Nombre chino del chancho
ZHU

Número de orden
DUODÉCIMO

Horas regidas por el chancho
21.00 A 23.00

Dirección de su signo
NOR-NORDESTE

Estación y mes principal
OTOÑO-NOVIEMBRE

Corresponde al signo occidental
ESCORPIO

Energía fija
AGUA

Tronco
POSITIVO

ERES CHANCHO SI NACISTE

16/02/1923 - 04/02/1924
CHANCHO DE AGUA

04/02/1935 - 23/01/1936
CHANCHO DE MADERA

22/01/1947 - 09/02/1948
CHANCHO DE FUEGO

08/02/1959 - 27/01/1960
CHANCHO DE TIERRA

27/01/1971 - 14/02/1972
CHANCHO DE METAL

13/02/1983 - 01/02/1984
CHANCHO DE AGUA

31/01/1995 - 18/02/1996
CHANCHO DE MADERA

18/02/2007 - 06/02/2008
CHANCHO DE FUEGO

05/02/2019 - 24/01/2020
CHANCHO DE TIERRA

Debajo de la parra
estoy protegida
el árbol de quinoto
tiene cobijo.
Los pájaros cantan suavemente
al ritmo de las hojas aún verdes.
Tardío otoño, cielo cambiante,
humor irritable,
sueños inconclusos,
espíritus despertando de las tumbas.
L. S. D.

ESENCIA DEL JABALÍ

Amanece en el tardío otoño de Las Rabonas, nuestro Macondo local.

Desde la cama, con mi primer mate, coincido con Catman en la madrugada para iniciar un día en el que el clima cambió: del otoño templado a un frente frío, nublado, y con la posibilidad de nieve en las altas cumbres.

Catman es jabalí de tierra, y no digo chancho, pues su carácter es indomable, arisco, individualista, programado con objetivos definidos en la maravillosa convivencia que nos deparaba el destino en Traslasierra.

Los chinos domesticaron al jabalí salvaje, un animal muy antiguo que habitaba los bosques y valles hace tres mil años. En los inicios también lo consideraban, por su hocico, parte de la anatomía del dragón.

En su origen fue salvaje, atacaba a animales que tenía a su alcance y a los primeros habitantes de las aldeas, cuando intentaban cazarlo. En América se lo compara con el pecarí, que habita las llanuras pampeanas, los bosques norteños y la Patagonia. Su carne es deliciosa, suave, y está muy cotizada en el mercado internacional.

La personalidad del jabalí se formará a fuego en la infancia.

Dependerá de la constelación familiar, del entorno, de la educación, las influencias, los amigos, y de su curiosidad para salir del chiquero a explorar el mundo.

La timidez forma parte de su encanto; cuando se detecta que es un ser generoso, inteligente, con talento manual, artístico, intelectual, y que se adapta al lugar donde vive, se lo pulirá como a un diamante en bruto y será una persona que se destacará en el país y en el mundo.

Es original, no se parece a nadie: Woody Allen, Maria Callas, Isabel Sarli, Ernesto Sabato, Carl Jung, Rockefeller, Gustavo Cerati, Susana Rinaldi y David Bowie, entre otros.

El jabalí posee su propia moral, que no es la de la mayoría del zoo chino.

Tal vez acepta situaciones de triángulos amorosos, dentro y fuera de la familia, con naturalidad.

El placer no está ligado al deber, ni a determinados códigos éticos; sabe que su reputación puede destruir su carrera, pero sigue con sus hábitos a pesar de la mirada de los otros.

Su mayor realización es combinar el hábitat con su oficio y profesión; elige siempre la naturaleza, sea un arbusto, mar, montaña, valle donde pueda enraizar hasta sentirlo propio, y cuando está convencido construye con permacultura su casa, galpón, taller, donde tendrá lo esencial para sentirse bien.

La juventud en ambos sexos y los binarios puede ser tumultuosa; el sexo, las adicciones, los sueños quiméricos pueden desviarlos por un largo tiempo de su esencia.

Necesitará gente confiable, guías espirituales, maestros que den el ejemplo para encauzar su vida, pues muchas veces los vicios lo alejarán de la vocación, del trabajo, los amigos, y de la pareja, que se cansará de "las promesas en el bidet".

Hay diferentes especies de jabalíes: constructivos, solidarios, altruistas, y los egoístas, egocéntricos, antisociales, que viven "a su manera".

Los cambios de lugar, pueblo, ciudad o país los alteran y pueden somatizar con enfermedades crónicas, psicosomáticas, que van limitando su capacidad motriz y su humor.

Consejo: alejarse cuando su frustración es un vómito negro hacia quien está a su lado.

En el lado positivo, el chancho tiene buen corazón; está atento a los pedidos de su familia cuando lo necesita, siempre sorprende con alguna torta casera, pan amasado cocinado en el horno de barro, o con un regalo hecho con sus manos. Su capacidad creativa es infinita.

Cuando el ocio puede más que la constancia necesita estímulo y perseverancia, admiración en cámara lenta, y buenos amigos para conversar lo que siente en momentos difíciles. Además, le hace falta mantener la estabilidad en su economía para no deprimirse.

A través de cuarenta años, les conté mi relación con ellos: desde papá, algunos cochinillos con los que compartí temporadas en el chiquero y en viajes, mi hermano Miguel y Catman, con quien batimos –ambos– récord de convivencia.

Siento que los conozco más que a otros signos.

Aprendo mucho de ellos; desde el orden externo, la simpleza para ser feliz, los consejos sabios, los dones culinarios y artísticos, como esta mañana fría en la cual después de algunos vozarrones en AM, pudimos ponernos de acuerdo en temas ásperos que a veces alejan años luz a la mona flamígera, que está recuperándose de la quemadura en su mano y antebrazo derecho gracias a los intensivos cuidados del hombre que amo y acepto con sus rollos sin revelar.

L. S. D.

EL CHANCHO Y SU ASCENDENTE

CHANCHO ASCENDENTE RATA 23.00 a 1.00

Apunta directamente a lo que quiere y avanza sin dudar. Tiene una marcada tendencia a ser excesivo en sus reacciones y juicios. No es tan ingenuo como parece y posee una mente muy ágil. Sabrá procurarse el sustento.

CHANCHO ASCENDENTE BÚFALO 1.00 a 3.00

Se moverá con lentitud, reflexionará antes de actuar y vivirá relaciones tumultuosas. Será el jefe indiscutido. Testarudo y perseverante, acaba lo que empieza. Es sólido, confiable y protector como pocos.

CHANCHO ASCENDENTE TIGRE 3.00 a 5.00

Se defenderá y atacará cuando quieran invadir su territorio. Entusiasta y comunicativo, sabe organizarse maravillosamente y arrastra a los demás; es apasionado y muy arriesgado.

CHANCHO ASCENDENTE CONEJO 5.00 a 7.00

Será sociable, diplomático y muy taimado. Buscará relacionarse con personas de influencia. Seduce a la gente que lo rodea y vive entre las sedas y el lujo. Se adapta perfectamente a las necesidades.

CHANCHO ASCENDENTE DRAGÓN 7.00 a 9.00

Cuando ama, no se separa de su pareja ni un instante. Apostará a lo grande y controlará sus sentimientos. Seguirá los impulsos de su corazón más que los de su cabeza.

CHANCHO ASCENDENTE SERPIENTE 9.00 a 11.00

Le encanta el placer; es apasionado, obstinado, y no soporta los fracasos. Entablará relaciones simultáneas y no dará explicaciones de sus actos. Tendrá suerte en los negocios.

CHANCHO ASCENDENTE CABALLO 11.00 a 13.00

Va de conquista en conquista para calmar sus lúbricos deseos. Necesita destacarse socialmente. Muy independiente, no renunciará a la libertad ni a los derechos. Dará su vida por amor sin dudarlo.

CHANCHO ASCENDENTE CABRA 13.00 a 15.00

Su ingenuidad será muy seductora y tenderá a vivir en un mundo imaginativo. Sabe escuchar y comprender a los demás; da su tiempo, su corazón y su trabajo.

CHANCHO ASCENDENTE MONO 15.00 a 17.00
Sumamente lúcido, inteligente y tierno, no tiene la menor intención de dejarse explotar. Le gusta triunfar. Un as para los negocios, dueño de un humor negro muy especial. Ama el poder.

CHANCHO ASCENDENTE GALLO 17.00 a 19.00
Sus métodos poco ortodoxos pueden llevarlo a comprometerse en proyectos utópicos. Vivirá en un mundo algo irreal. Su tenacidad y sentido práctico le aportarán solidez y prestigio.

CHANCHO ASCENDENTE PERRO 19.00 a 21.00
Es un seductor que se hace querer. Triunfará social y materialmente y estará rodeado de amigos fieles y reales. Este chancho es más realista que otros y tiene un encanto notable.

CHANCHO ASCENDENTE CHANCHO 21.00 a 23.00
Se fía de su instinto, que lo lleva a un laberinto de pasiones. Brillará y hará fortuna en lo que decida emprender. Es un diamante en bruto cuyo misterio vale la pena develar.

EL CHANCHO Y SU ENERGÍA

CHANCHO DE MADERA (1935-1995)
MUJER: Una amante de la vida social, ya que le encanta rodearse de amigos. Tiene un gran corazón, y es dedicada con los que quiere. Posee capacidad de trabajo, y suerte para lograr sus metas. Lo que necesita es aliento y que la ayuden a encauzarse. Tímida, cultiva el perfil bajo, no le gusta tomar la iniciativa. Pero si elige bien a sus amigos y ellos la ayudan a concentrarse, será exitosa en lo que se proponga, laboral, social o afectivamente.

HOMBRE: Tiene un muy buen corazón, pero es reservado y tímido, y le cuesta relacionarse con la gente. En lo posible, elige vivir tranquilo, lejos de lugares poblados, y sin la obligación de contactos sociales. Como tiene mucho ojo para los negocios, no necesitará esforzarse tanto y podrá llevar esa vida retirada que tanto le gusta, rodeado solo por unos pocos elegidos que disfrutarán su talento, cultura y sensibilidad.

Personajes famosos

Pinky, Woody Allen, Maurice Ravel, Isabel Sarli, Eduardo Gudiño Kieffer, Julie Andrews, Alain Delon, Dua Lipa, Luciano Pavarotti, Jerry Lee Lewis, Mercedes Sosa, Elvira Domínguez, Bibi Andersson, José Mujica, Antonio Ravazzani, Dalái Lama, Julio Mahárbiz.

CHANCHO DE FUEGO (1947-2007)

MUJER: Tiene carisma y condiciones de líder. Sabe lo que quiere y dirige a su familia según sus ideas, sin dejar que nadie opine. Se encargará de proveerlos de lo necesario, generosamente, esperando a cambio su lealtad. Es idealista y luchadora por causas nobles. No le gusta que le lleven la contra y puede ponerse agresiva. La pierden su carácter y su sensualidad, que a veces se imponen sobre su buen corazón.

HOMBRE: Es apasionado y lúcido. Tiene opiniones firmes y se puede poner muy necio. Le gusta el poder y es hiperactivo. Pero puede encauzar su energía para el lado de las causas nobles y se transformará en la cabeza de cualquier movimiento. Se sabe vulnerable, y esto lo hace más agresivo. Si puede controlar su inseguridad y dejarse guiar por su lado positivo, todos querrán ponerse bajo sus órdenes porque es un gran líder.

Personajes famosos

Steven Spielberg, Hillary Clinton, Glenn Close, José Carreras, Brian May, Giorgio Armani, Georgia O'Keeffe, Mijaíl Baryshnikov, Carlos Santana, Le Corbusier, Deepak Chopra, Ronnie Wood, Iggy Pop, Keith Moon, Paul Auster, Steve Howe, Mick Taylor, Jorge Marrale, Oscar Moro.

CHANCHO DE TIERRA (1959-2019)

MUJER: Una chancha honesta, trabajadora, con los pies en la tierra, pero un poco insegura. No resiste bien las presiones y puede ponerse "invisible". Toma para sí todas las responsabilidades y cumple con todo el mundo. Pero odia las desilusiones y reacciona atacando. Como las rabietas le duran poco, tiene mucho sentido del humor y es una gran amiga, está siempre rodeada de gente que le da apoyo y la aguanta a pesar de todo.

HOMBRE: Sensato, con ideas claras acerca de lo que quiere, este chanchito es un caballero optimista y estable que con determinación consigue lo que busca; aunque le cueste un poco, no se deja intimidar por las adversidades. Muy buen amigo, tolerante con las flaquezas ajenas, vive lo más feliz que puede. Sabe que el que ríe último ríe mejor, y por eso cultiva la paciencia y la perseverancia. No le asustan las responsabilidades ni los riesgos.

Personajes famosos

Jorge Luis Borges, Humphrey Bogart, Juan José Campanella, Alfred Hitchcock, Fred Astaire, Pedro Aznar, Gustavo Cerati, Victoria Abril, Michelle Acosta, Semilla Bucciarelli, Indra Devi, Angus Young, Fabiana Cantilo, Nito Artaza, Ramón Díaz, Darío Grandinetti.

CHANCHO DE METAL (1911-1971)

MUJER: Una chancha con escudo antibalas. Racional, ambiciosa, abierta a las ideas ajenas y con espíritu crítico. Casi nunca se muestra agresiva porque es muy mental y prefiere dilucidar las cuestiones con palabras, en un terreno que le da mayor seguridad. Es un poco arbitraria para juzgar a los demás, y sobre todo odia la debilidad. Tiene mucha suerte para ganar plata, y la gasta tan rápido como la obtiene.

HOMBRE: Más rígido que los otros chanchos, menos emocional y más ambicioso. Le gustan las cosas a la antigua y es muy honesto. Sabe aceptar los fracasos, pero queda resentido porque le cuesta cambiar sus esquemas. Es bastante dogmático y le importan más los placeres terrenales que una felicidad "utópica". Este chanchito práctico le da gran importancia al "aquí y ahora". Atención, porque puede ser agresivo si se meten demasiado con él.

Personajes famosos

Mario Moreno "Cantinflas", Florencia Bonelli, Ernesto Sabato, reina Máxima de Holanda, Claudia Schiffer, Diego Torres, Ricky Martin, Robert Taylor, Winona Ryder, Diego Sehinkman, Carolina Peleritti, Martín Ciccioli, Wally Diamante, Pablo Trapero, Juan Manuel Fangio, Julieta Ortega, Gastón Pauls, Dolores Cahen D'Anvers.

CHANCHO DE AGUA (1923-1983)

MUJER: Un espíritu libre. Es intuitiva y sin ninguna ambición material. Le interesan el mundo espiritual, la búsqueda de la felicidad, y seguir su propio camino. Generosa y solidaria, le gusta rodearse de amigos a los que es muy leal. Cultiva el perfil bajo y no le interesa brillar en ningún aspecto. No es nada sofisticada pero sí víctima de sus bajas pasiones.

HOMBRE: Un chancho intuitivo, al que no le interesa el poder en sí mismo, sino lo que puede conseguir a través de él, por ejemplo, el bienestar de la humanidad. Es bondadoso y de bajo perfil, devoto de sus amigos y parientes. Bastante diplomático para expresarse, le falta ambición personal. Si la tuviera, podría alcanzar cualquier meta que se propusiera, pues posee el carisma y las condiciones suficientes.

Personajes famosos

Maria Callas, Eduardo Falú, René Favaloro, Richard Avedon, Carlos Páez Vilaró, príncipe Rainiero de Mónaco, Sabrina Garciarena, Celeste Cid, Julieta Zylberberg, Agustina Cherri, Marina Fages, Piru Sáez, Alberto Ajaka, Natalia Lafourcade, Gustavo López, Darío Barassi, Henry Kissinger.

EL PRIMER IPHONE
Chancho de Fuego

CONTAME UN CUENTO CHINO

Roberto Piazza • Chancho de Tierra • Diseñador de moda

Cuando conocí a Ludovica, hace mucho, me impactaron su belleza y su sofisticación, y esa forma de hablar que la hace única e inconfundible, y más aún me gustó cuando supe que se fue a vivir a las sierras, lejos de la locura del mundanal ruido. Me parece muy genial y siempre la escucho en todos los programas en los que está, y la leo.

Cuando estuvimos juntos en la mesa de Mirtha Legrand, hace ya tiempo, me enamoró más. Sigue siendo muy genial. Ahora, cuando me pidió que escribiera algo –y eso que amo escribir– me dio cosa: este chanchito (como me dice ella siempre) se puso loco de nervios.

¿Yooo escribirle a Ludovica? Es mucho... ¿Y qué hago? Pues aquí estoy, poniendo lo mejor de mis sentimientos rotos luego de tanta cosa fea que dejó la pandemia, y de gente que no es copada, pero me aferro día a día a mis artes, a la sanación de mi alma.

Como tauro y chancho, soy parco, pero a veces hablo mucho, aunque solo con gente que me gusta demasiado; siempre peco por decir verdades, y si me equivoco pido perdón. Esto de abrir mi alma a Ludovica es maravilloso, y saber que mucha gente leerá esto en su espléndido libro. Ella es una mujer mágica, y por eso decidió irse a las sierras, donde no se contamina de nada. Yo debo estar en la metrópolis ¡donde hasta a tu sombra le tenés miedo!

Porque ese es mi trabajo en la moda y en artes como música y demás, pero tengo muchas ganas de volar alto entre nubes de azúcar color rosa y no oír tanta cosa loca, este año confío que tendré más paz y que la Virgen nos ayudará a mí y a muchos que se lo merecen.

Hablo con la Virgen todas las noches y le cuento qué me pasa, a veces con bajones, en otras ocasiones feliz, y sobre todo le agradezco todo y más, porque pedir es fácil, pero agradecer no lo es tanto.

Ludovica es mágica y muy divertida, fuerte de carácter y sensible al ciento por ciento, por eso se preserva de la maldad y está rodeada de angelitos de colores que vuelan como colibríes en derredor de ella, agradezco que me haya pedio que escriba mucho de mi vida. No cuento porque ya creo que harté contando, pero sí es para mí un honor, como un premio Nobel, que ella me haya pedido que esté en su libro.

Te quiero, Ludovica, y espero verte pronto, disfrutar tu alegría, tu voz, y conocer tus angelitos, y yo presentarte el mío, ¡que es muy lindo!

Te amo y este año, todo lo que resta será maravilloso. Gracias eternas por estar en tu vida y en tu pensamiento; eso me enorgullece y me eleva mucho.

Beso, abrazos y mimos al alma.

CHANCHO

Tabla de compatibilidad

	Amor	Trabajo	Salud	Karma
Rata	XXX	XXXXX	XXXXX	XXXX
Búfalo	XXX	XXXX	XXXX	XXXX
Tigre	XXX	XXXXX	XXXXX	XXX
Conejo	XXX	XXX	XXX	XXXXX
Dragón	XXX	XXX	XXX	XXX
Serpiente	XX	XX	XX	XX
Caballo	XXX	XXX	XXX	XX
Cabra	XX	XXX	XXX	XX
Mono	XXXXX	XXXX	XXXX	XXXX
Gallo	XX	XXX	XX	XXX
Perro	XXX	XX	XXX	XXX
Chancho	XXX	XXX	XXX	XX

X mal / XX regular / XXX bien / XXXX muy bien / XXXXX excelente

Nota: las compatibilidades son desde el punto de vista de cada animal.

1. Ernesto Che Guevara / 2. Martin Luther King / 3. Pablo Neruda / 4. Sigmund Freud / 5. Kirk Douglas / 6. Salvador Dalí / 7. Andy Warhol / 8. Brian De Palma / 9. Bruce Lee / 10. David Carradine / 11. Antoine Saint Exupery / 12. Damián Szifron / 13. Al Pacino / 14. Bernardo Bertolucci / 15. Herbie Hancock / 16. Adam West / 17. Dante Spinetta / 18. David Lebón / 19. Jorge Drexler / 20. Chino Darín

21. Beata María Ludovica de Angelis / 22. Tita Merello / 23. Joan Baez / 24. Amelita Baltar / 25. Palo Pandolfo / 26. Emma Stone / 27. Paloma Herrera / 28. Mario Ferrarese / 29. Cayetana Álvarez de Toledo / 30. Niki Nicole / 31. Ringo Starr / 32. John Lennon / 33. Tom Jones / 34. Frank Zappa / 35. Osvaldo Pugliese / 36. Lalo Mir / 37. Mario Pergolini / 38. Guillermo Vilas / 39. Kun Agüero / 40. David Byrne.

INTRODUCCIÓN A LA ADOLESCENCIA

Siempre agradecí no pasar por la llamada "edad del pavo".

Consideramos que aproximadamente va de los doce años a los dieciocho esta etapa tan "de estados alterados" en lo físico, mental, psíquico, hormonal, social; en ella confluyen ríos de aguas mansas y turbulentas, con pocas playas de arena tibia para hacer escala y tomar envión hacia la pasión, el instinto, la rebeldía y la gran soledad —esa amiga incondicional que nos visita y nos acompaña— que marcan nuestro rumbo en los primeros amores no correspondidos, en los que son arrebatos, muchas veces sin consentimiento. Pero el sexo es una brasa caliente que nos lleva hacia donde el varón nos atropella sin poder decidir si es lo que sentimos en el corazón, y en ocasiones nos hace ceder mareadas a "impulsos desbocados del otro"; fui esa LSD.

La educación severa de papá chancho no nos dejaba salir de Fortín Bellaco, esa quinta en Parque Leloir donde nos criamos como geishas chinas y árabes.

La sentencia fue "la mujer no debe molestar, y en lo posible hacerse útil".

A pesar de que nos tenía destinados dos jóvenes de buena familia y apasionados por los caballos, como él, ni a Magui ni a mí nos gustaban y sabíamos que seríamos muy infelices si nos obligaba a casarnos con ellos.

Cuando yo tenía quince años papá murió de una embolia en nuestra casa a las 5 pm, una tarde tórrida de octubre.

Entonces me sentí libre de tomar mis decisiones afectivas, emocionales, de elección sexual y moral.

Mi madre no me apoyó en mi crisol de razas, culturas y diversidad antropológica que siempre me atrajeron como la abeja a la miel.

Me quería para ella con exclusividad.

Y con su olfato de perro detectaba siempre a los exóticos hombres que se enamoraban, deseaban, buscaban hangar con esta jovencita atípica por su *look*, gustos, imaginación, vocación artística en esa etapa, y literaria después.

· 206 ·

INTRODUCCIÓN A LA ADOLESCENCIA

Tuve muchas sensaciones y deseos entreverados en la adolescencia.

Me sorprendió un verano en Nomai, la casa de la abuela, cuando noté que tenía sangre en la bombacha, a los doce años y medio.

Sabía que llegaría esa fecha, pero fue con dolor de ovarios, cabeza y trastornos que duraron hasta que, despidiendo a un gran amor, a los cuarenta años, quede menopáusica.

En esta vida la maternidad no fue una prioridad, y tampoco la busqué; a pesar de que en dos oportunidades sentí ganas de que me prendieran espermatozoides de dos hombres que amé siendo correspondida, sin que me importara la diferencia de edad que había.

Pasé la seguidilla de la muerte de papá a mis quince años, el incendio de nuestra casa con pérdida total, menos de la vida, a mis diecisiete. Nos salvamos mamá, Margarita y yo. Y ese fue el desafío, el desapego más grande que experimenté y que me puso a prueba.

Por eso, hacerme mujer fue un *zapping* entre la infancia y la juventud.

No tuve tiempo de sentirme el centro del universo, de ver cómo cambiaban mi cuerpo, mi humor, mi carácter, y poner atención a lo que fue y es esta etapa en la que los adolescentes buscan su identidad.

Actualmente las redes sociales son parte de su vida; quizás abarcan todas las decisiones, los encuentros, las relaciones virtuales que luego son reales, las manifestaciones de su conducta social, anímica, sexual, laboral, de búsqueda de trabajos esporádicos que dejan sin culpa, pues la falta de valores de estas generaciones no era frecuente en la mía ni en las que me precedieron.

Por eso, creo que los adolescentes necesitan doble apoyo familiar, de las escuelas, clubes, lugares de encuentro donde desarrollen su vocación, oficio y, los más afortunados, su carrera.

Son el síntoma de lo mal que estamos; han atravesado años de pandemia, crisis económicas, falta de diálogo en la familia, con sus padres, hermanos, tíos, y han bloqueado su corazón eligiendo uno de plástico.

La reconexión con ellos es una misión para todas las generaciones. Escucharlos, estimularlos, alentarlos para que se sientan acompañados es el cambio que necesitan el planeta y la Argentina.

Arriba, jovencitas y jovencitos.

Este capítulo está dedicado a ustedes, que son los protagonistas.

L. S. D.

ADOLESCENCIA

por Felicitas Córdoba y Macarena Argüelles

Se considera que el significado del término proviene de SUFRIR O PADECER UN DEFECTO, cuando en realidad su significado etimológico es *adolere*: CRECER; *scere*: COMIENZO DE ALGO.

Es una etapa de la vida que en general resulta difícil de transitar porque implica una transición.

El adolescente ya no es niño, pero tampoco adulto. Su nueva misión abarca aprender a convivir con sus estados de ánimo fluctuantes, empezar a ver sin caretas a sus padres y su entorno tal cual son, practicar la aceptación y el perdón. Asumir nuevas responsabilidades para las cuales quizás aún no están preparados. Bancarse y transitar la revolución y la explosión hormonal mientras tienen que adaptarse velozmente a una vida externa y social que hoy se presenta cada día más vertiginosa, caótica e insegura.

Esto les genera, a veces, una profunda frustración y poca capacidad de tolerancia por querer tener todo ya resuelto.

La presión del afuera es desmedida cuando el futuro se presenta tan incierto.

La tecnología los acerca y los distancia, los conecta y los desconecta.

Víctimas y beneficiarios de un nuevo paradigma universal que les impide aprender a aburrirse y no poder darse cuenta de que el aburrimiento es la base de la creatividad.

ADOLESCENCIA

Nuestros adolescentes actuales son hijos de una generación que tuvieron miedo a sus padres y ahora les temen a sus hijos.

Les queda cómodo cubrir sus culpas e inseguridades dándoles una SOBREDOSIS de cosas materiales en vez de guiarlos y acompañarlos en el desarrollo de sus pasiones y proyectos.

La clave sería escuchar, dialogar, no invadirlos; respetar sus espacios de soledad y sus tiempos.

Adolescencia actual = Una nueva era

• No prejuzgan. Nos desafían con nuevos patrones culturales sociales y éticos, ya que los mandatos anteriores prescribieron. No existe en ellos discriminación de ningún tipo.

• La sexualidad ya no es tema, se ha abierto un abanico de todos los colores.

• Se enamoran de las almas, no de los cuerpos.

• Las religiones, las clases sociales, las edades son ola de un mar, de un TODO. No aceptan etiquetas. La realidad está para DECONSTRUIRLA.

• Los géneros no tienen importancia; somos todos personas, ni más ni menos que eso.

• La familia se ha transformado radicalmente. Se constituye sin formatos: familias ensambladas, padres homosexuales, vientres alquilados.

• Sus prioridades no son casarse y tener hijitos. Viven el aquí y el ahora.

• Sienten que están a pasitos del fin del mundo y nos enseñan a cuidar el planeta en una toma de conciencia que algunos adultos no están preparados para asimilar, y menos aún para llevarla a la práctica.

Qué enriquecedor sería abrir nuestra cabeza de manera fulminante y abrazarlos como grandes maestras en esta nueva y mágica aventura.

RESPUESTAS DE ADOLESCENTES PARA EL AÑO DEL DRAGÓN

RATA

Nombre: Donatella
Fecha de nacimiento: 09/06/2008
RATA DE TIERRA

1. ¿Te sumó la escuela secundaria?
Sigo cursando; si bien no todas las materias son de mi agrado, pretendo finalizar mis estudios y seguir con una carrera terciaria.

2. ¿Viviste alguna situación de acoso o agresión? ¿De quién o quiénes?
Personalmente no, pero he visto casos en el colegio.

3. ¿Practicás meditación o alguna actividad introspectiva?
Trato permanentemente de meditar y sigo muchas enseñanzas orientales como la hindú y la budista.

4. ¿Qué opinás de Messi?
El mejor jugador de nuestros tiempos y un ejemplo de superación constante.

5. ¿Con qué personaje te identificás? Puede ser músico, artista, deportista.
Escucho mucha música de protesta social como el punk y el *reggae* (gustos heredados), pero no tengo un referente específico; creo que todos aportan algo.

6. ¿A quién vas a votar?
Aún no estoy en edad de ejercer el voto, pero realmente no

hay nadie que represente mi postura protopolítica; de hecho, tengo un pensamiento muy anarquista en cuanto a lo político.

7. ¿Sos adicto a algo? ¿A qué?
No aún, jajaja; pienso que cualquier cosa en exceso se convierte en adicción.

8. ¿Qué lugar ocupa el celular en tu vida?
Trato de usar el celular como medio de información más que como una forma recreativa.

9. *¿Sentís que disfrutás tu sexualidad libremente? ¿Cómo vivís ese aspecto de tu vida?*
Todavía no terminé de descubrirme.

10. ¿Qué pensás de la ecología?
Dada mi filosofía espiritual, la Natura es parte de uno; máximo respeto a la ecología.

BÚFALO

Nombre: Luna
Fecha de nacimiento: 10/10/1997
BÚFALO DE FUEGO

1. *¿Te sumó la escuela secundaria?*
Sí. No solo porque me brindó herramientas clave para poder desarrollarme intelectualmente. También, porque fue una institución fundamental a la hora de forjar mi identidad. Me brindó nuevas ópticas, además de amistades y vínculos únicos. Además, me hizo sentir parte de una comunidad más grande que yo, siempre respetando mi individualidad.

2. *¿Viviste alguna situación de acoso o agresión? ¿De quién o quiénes?*

Sí. En varias ocasiones: en la calle, en fiestas... Creo que, por más que nos pese, el 99 % de las mujeres ha sufrido algún tipo de acoso/abuso/violencia.

Pienso que son hechos que nos hacen comprender el mundo de otro modo, desde una perspectiva más sensible, humana y comprensiva. Pienso que quizás, en algún momento, aprendamos cómo evitarlo o prevenirlo. Aunque también creo que es algo muy estructural, que tiene que ver con cómo está organizada nuestra sociedad. Al fin y al cabo, no deja de ser una lucha por el poder.

3. ¿Practicás meditación o alguna actividad introspectiva?

No medito, pero me considero una persona bastante introspectiva. Creo que los humanos somos sujetos porosos y maleables que se transforman o modifican a sí mismos constantemente (dependiendo de su contexto), y me parece importante tomarnos un tiempo para reflexionar sobre cómo y quiénes somos en momentos precisos.

Además, voy al psicoanalista, jajaja.

4. ¿Qué opinás de Messi?

Es una persona virtuosa, que contó con oportunidades únicas para ser el mejor en lo que hace. No podría ser quien es sin su esfuerzo, pero el apoyo de su entorno fue clave.

Creo que la figura de Messi es importante para entender que no hay un solo modo de "ser inteligente" o "ser exitoso", ya que no es una persona brillante en ninguna otra situación. Cada persona tiene sus habilidades, y todas deberíamos tener la posibilidad de trabajar para desarrollarlas.

5. ¿Con qué personaje te identificás? Puede ser músico, artista, deportista.

Si bien admiro a muchísimos artistas o personajes, no me identifico con ninguno de ellos. Cada persona es única. Sin embargo, sí me interesa muchísimo el modo en que las personas desarrollan su obra o sus tareas. O sea, sus métodos. Pero nada más.

6. ¿A quién vas a votar?

Honestamente, no lo sé. Creo que en este momento no me siento representada por ningún partido específico. Sin embargo, entiendo que la política tiene que ver con estrategias, alianzas y juegos. Con esto quiero decir que no me considero demasiado purista: no exijo transparencia, grandes ideales ni bondad. Solo capacidad de gestión y la firmeza necesaria para defender los intereses de la mayoría y poder trabajar para brindar más oportunidades de crecimiento, más derechos y una mejor redistribución.

Sin embargo, sí puedo decir que no estoy de acuerdo con ningún partido político que crea que la solución es eliminar instituciones que yo entiendo como fundamentales para mantener un cierto orden y brindar herramientas accesibles para todos o casi todos: la educación y la salud pública, la salud, los ministerios.

7. ¿Sos adicto a algo? ¿A qué?

No me considero adicta a nada. Creo que simplemente es un rasgo de mi personalidad, porque no me resulta difícil cortar con ciertos hábitos destructivos o poco saludables. Me gusta sentirme bien.

8. ¿Qué lugar ocupa el celular en tu vida?

Un lugar fundamental. Es una extensión de mi cuerpo: es el medio a través del cual me comunico, me informo y me entretengo.

9. ¿Sentís que disfrutás tu sexualidad libremente? ¿Cómo vivís ese aspecto de tu vida?

No contestó.

10. ¿Qué pensás de la ecología?

Creo que la ecología sí o sí tiene que ir de la mano de un movimiento político-histórico, liderado por personas que tengan una gran conciencia ambiental y social.

La ecología, por el simple hecho de preservar nuestro planeta tal como está, es una lucha que solo va a interpelar a un pequeño grupo de personas. Tiene que tener un alcance masivo. Es difícil imaginar un mundo de pleno empleo sin destruir nuestro ambiente.

TIGRE

Nombre: Beltrán
Fecha de nacimiento: 12/03/2011
TIGRE DE METAL

1. *¿Te sumó la escuela secundaria?*
Estoy en primer año de secundaria.
A mí me gustó la escuela primaria porque hice mis primeros amigos que hoy comparto y aprendí mucho, pero no hicieron que quede en mi cabeza lo que aprendí.

2. ¿Viviste alguna situación de acoso o agresión? ¿De quién o quiénes?
No que yo me acuerde.

3. *¿Practicás meditación o alguna actividad introspectiva?*
Sí, me llevan a misa y rezo a la noche.

4. *¿Qué opinás de Messi?*
A mí me parece que Messi es un gran deportista, humilde, y que es muy educado, Por eso es muy respetado, y un *crack*.

5. *¿Con qué personaje te identificás? Puede ser músico, artista, deportista.*
Con nadie.

6. *¿A quién vas a votar?*
No tengo edad para votar.

7. *¿Sos adicto a algo? ¿A qué?*
Al deporte.

8. ¿Qué lugar ocupa el celular en tu vida?

Me parece muy importante en mi vida porque lo uso en mi tiempo libre.

9. ¿Sentís que disfrutás tu sexualidad libremente? ¿Cómo vivís ese aspecto de tu vida?

No contestó por edad.

10. ¿Qué pensás de la ecología?

Me parece muy importante, pero cada vez se respeta menos y los animales están más en extinción.

CONEJO

Nombre: Federico
Fecha de nacimiento: 17/06/1999
CONEJO DE TIERRA

1. ¿Te sumó la escuela secundaria?

Si, sobre todo en cuanto a amistades y también algunas cuestiones académicas.

2. ¿Viviste alguna situación de acoso o agresión? ¿De quién o quiénes?

No, de nadie.

3. ¿Practicás meditación o alguna actividad introspectiva?

No, pero me considero introspectivo.

4. ¿Qué opinás de Messi?

Que es el mejor jugador de todos los tiempos, pero hoy ya no es el mejor del mundo.

5. ¿Con qué personaje te identificás? Puede ser músico, artista, deportista.

Con Alex Benlloch y Bruno Casanovas, creadores de Nude Project.

6. *¿A quién vas a votar?*
Ni idea.

7. *¿Sos adicto a algo? ¿A qué?*
Al celu, quizás.

8. *¿Qué lugar ocupa el celular en tu vida?*
Reprotagonista, lo uso para todo. Sobre todo para laburar.

9. *¿Sentís que disfrutás tu sexualidad libremente? ¿Cómo vivís ese aspecto de tu vida?*
Estoy de novio con una mujer y disfruto mucho mi sexualidad en ese aspecto, aunque también creo que antes de morirme me gustaría probar una experiencia con algún hombre.

10. *¿Qué pensás de la ecología?*
Banco fuerte a la gente que realmente lo hace por el planeta y no porque tiene "buen marketing".

DRAGÓN

Nombre: Tomás
Fecha de nacimiento: 20/6/2000
DRAGÓN DE METAL

1. *¿Te sumó la escuela secundaria?*
Me sumó en un aspecto educativo, ya que integré conocimientos de varias materias de distintas áreas, pero siempre de manera aislada. Me hubiera gustado tener una educación con una mirada más integral, en la que se entrelazaran todos los campos de conocimiento.

2. *¿Viviste alguna situación de acoso o agresión? ¿De quién o quiénes?*
No, nunca.

RESPUESTAS DE ADOLESCENTES

3. ¿Practicás meditación o alguna actividad introspectiva?
Practicaba *mindfulness* hace dos años. Actualmente considero que mi espacio de introspección sucede cuando hago terapia con un profesional o cuando me encuentro solo en silencio y simplemente contemplo y agradezco (dondequiera que esté).

4. ¿Qué opinás de Messi?
Que es el jugador de fútbol más grande de la historia. Es una persona humilde que lucha por sus sueños y con mucho talento, trabajo y dedicación los consigue. Este último mundial nos trajo una emoción enorme que llenó de ilusión y alegría a un país entero. Muchos tuvimos la suerte de consagrarnos como campeones del mundo por primera vez, y eso se lo agradezco a él y a toda la Selección Argentina. No me interesa el fútbol, pero a Messi lo valoro y respeto enormemente como persona.

5. ¿Con qué personaje te identificás? Puede ser músico, artista, deportista.
Con varios personajes del mundo del arte y la música. Entre ellos: Marta Minujín, Charly García, Madonna, Andy Warhol, David Bowie y muchos artistas más que me inspiran cada vez que miro/escucho algo de su obra.

6. ¿A quién vas a votar?
¡Qué pregunta! Jaja, me parece que a Milei. Aunque tenga comentarios que no son de mi agrado creo que la Argentina necesita un reseteo y alguien que no venga de ninguno de los últimos dos partidos que gobernaron este país, porque ya nos demostraron que no saben hacerlo.

7. ¿Sos adicto a algo? ¿A qué?
Sí, me considero levemente adicto al celular. Me cuesta soltarlo y me distrae mucho a veces.

8. ¿Qué lugar ocupa el celular en tu vida?
No me desvivo por un aparato electrónico, es el medio, pero no el fin. Ya es parte de mi vida diaria porque utilizo todas las herramientas prácticas que me permite.

9. ¿Sentís que disfrutás tu sexualidad libremente? ¿Cómo vivís ese aspecto de tu vida?

Sin duda este último tiempo, desde que empecé a salir con chicos tanto como chicas, siento que liberé una parte en mí que estaba pidiendo salir. Hoy siento que disfruto mucho más y eso me hace sentir más pleno y tener mayor confianza que antes a nivel general como persona.

Lo vivo de la manera más natural posible. Al fin y al cabo, creo que lo sexoafectivo no pasa por una cuestión de género ni algo que la biología dicte. Se trata de pasarla bien y conectar con el otro.

Me parece que el miedo a explorar nos limita y encasilla aún más en lo que ya conocemos o lo que nos contaron... hay que revisarse, escucharse a uno mismo y animarse a todo.

A futuro aspiro a enamorarme o salir con personas más allá del género y poner la atención en otro lado.

10. ¿Qué pensás de la ecología?

Que la estamos destruyendo. El medio ambiente está cambiando irreversiblemente por la constante intervención y el aprovechamiento humano. Tengo conciencia de esto y por eso intento aportar mi granito. Hay que cuidarla. A futuro pienso que el mundo no va a ser el mismo en el que nacimos y sufriremos las consecuencias. La pandemia ya es un ejemplo de ello.

SERPIENTE

Nombre: Selena
Fecha nacimiento: 01/06/2001
SERPIENTE DE METAL

1. ¿Te sumó la escuela secundaria?
Sí.

2. ¿Viviste alguna situación de acoso o agresión? ¿De quién o quiénes?
Sí, acoso de cuñado. Agresión de mi mamá.

3. ¿Practicás meditación o alguna actividad introspectiva?
No.

4. ¿Qué opinás de Messi?
No opino nada.

5. ¿Con qué personaje te identificás? Puede ser músico, artista, deportista.
Con nadie.

6. ¿A quién vas a votar?
Aún no lo pensé.

7. ¿Sos adicto a algo? ¿A qué?
Soy adicta a los animales, necesito llevarme conmigo todos los que veo en la calle.

8. ¿Qué lugar ocupa el celular en tu vida?
Todo el tiempo, me siento liberada de todos cuando estoy con el celular.

9. ¿Sentís que disfrutás tu sexualidad libremente? ¿Cómo vivís ese aspecto de tu vida?
Sí, no me molesta ver diferentes sexualidades.

10. ¿Qué pensás de la ecología?
No tengo bien en claro, pero es algo que no me da curiosidad.

CABALLO

Nombre: Milagros
Fecha de nacimiento: 27/09/2002
CABALLO DE AGUA

1. ¿Te sumó la escuela secundaria?
Sí, un montón. La secundaria fue la época más feliz de mi vida, la recuerdo con mucho amor.

2. *¿Viviste alguna situación de acoso o agresión? ¿De quién o quiénes?*
Sí. En la calle, cuando sin querer pasé un semáforo en rojo y un señor me persiguió por varios minutos. Mucha agresión.

3. *¿Practicás meditación o alguna actividad introspectiva?*
No, pero me gustaría.

4. *¿Qué opinás de Messi?*
Es un gran ejemplo. De las pocas personas que son tan exitosas y se mantienen humildes.

5. *¿Con qué personaje te identificás? Puede ser músico, artista, deportista.*
No creo identificarme con nadie.

6. *¿A quién vas a votar?*
A Milei.

7. *¿Sos adicto a algo? ¿A qué?*
Por suerte, no.

8. *¿Qué lugar ocupa el celular en tu vida?*
El celular ocupa una parte fundamental en mi vida. No me considero una persona adicta al celular para nada (de hecho, lo utilizo muy poco), pero sí lo uso mucho para escuchar música, comunicarme con las personas que quiero, incluso para trabajos de la facultad, etcétera. Es decir, muchas partes de mi vida se ven afectadas por el uso del celular.

9. *¿Sentís que disfrutás tu sexualidad libremente? ¿Cómo vivís ese aspecto de tu vida?*
Sí. Me siento cómoda con mi sexualidad, la vivo muy libremente.

10. *¿Qué pensás de la ecología?*
Soy una persona muy consciente de la ecología. Me preocupa

mucho el cambio climático, la falta de agua dulce, los incendios forestales, las sequías. Soy una persona que cuida mucho el agua, también. Me indigna que estemos en el siglo XXI y que haya personas que no sean conscientes de lo que está pasando en el mundo respecto de la contaminación.

CABRA

Nombre: Mateo
Fecha de nacimiento: 27/08/2003
CABRA DE AGUA

1. ¿Te sumó la escuela secundaria?
Estoy terminando la escuela secundaria, pero hasta el momento sí me sumó.

2. ¿Viviste alguna situación de acoso o agresión? ¿De quién o quiénes?
Cuando iba a tercer grado de primaria sufrí *bullying* de mis compañeros; había uno en especial que me molestaba mucho. Luego me enteré de que asistía medicado por agresividad. Fue un corto período, ya que después me cambiaron de salón y mis compañeros de mi nueva aula me defendían, Luego de un tiempo nunca más me molestaron.

3. ¿Practicás meditación o alguna actividad introspectiva?
No, no practico.

4. ¿Qué opinás de Messi?
Opino que es un ser humano estupendo. Tiene tanto dinero, es una de las personas más famosas del mundo y a la vez uno de los más humildes de la Argentina, incluso del mundo, siempre con su familia. En mi opinión un ejemplo a seguir como persona.

5. ¿Con qué personaje te identificás? Puede ser músico, artista, deportista.

Me identifico con el YouTuber español DaniRep ya que tenemos gustos muy parecidos.

6. *¿A quién vas a votar?*
Votaría a Milei, soy seguidor de él antes de que se le ocurriera la idea de postularse para la presidencia, siempre miré todas sus entrevistas en los programas y me gusta su forma de pensar.

7. *¿Sos adicto a algo? ¿A qué?*
No, no soy adicto a nada.

8. *¿Qué lugar ocupa el celular en tu vida?*
El celular es muy importante en mi vida, ya que con él hago todo: compras por MercadoLibre, me comunico con mis compañeros de la escuela, nos pasamos tarea, tengo mi Tik Tok, Instagram, Facebook, Mercado pago… básicamente todo.

9. *¿Sentís que disfrutás tu sexualidad libremente? ¿Cómo vivís ese aspecto de tu vida?*
Sí, disfruto de mi sexualidad libremente. Lo vivo bien y con tranquilidad.

10. *¿Qué pensás de la ecología?*
Opino que su función es muy importante para que entendamos mejor a los seres vivos y el medio ambiente que los rodea.

MONO

Nombre: Axel
Fecha de nacimiento: 01/01/2005
MONO DE MADERA

1. *¿Te sumó la escuela secundaria?*
Sí, a pesar de que fui aprobando macheteando y esas cosas. Aun así uno aprende, las lecciones, los trabajos prácticos. Cuando vas escribiendo, etcétera.

2. *¿Viviste alguna situación de acoso o agresión? ¿De quién o quiénes?*

Sí, en mi colegio anterior sufrí agresión; un compañero me golpeaba. Ahora, en el colegio al que asisto también me agreden, buscan llamar la atención. Siento una energía muy densa, muy negativa.

3. *¿Practicás meditación o alguna actividad introspectiva?*

Sí, practico en mi casa, me ayuda a eliminar los pensamientos negativos, que son bastantes.

4. *¿Qué opinás de Messi?*

Es un gran jugador.

5. *¿Con qué personaje te identificás? Puede ser músico, artista, deportista.*

Joe Golberg o Selina Kyle, más o menos. Dejé de entrenar y lo noto.

6. *¿A quién vas a votar?*

A Milei.

7. *¿Sos adicto a algo? ¿A qué?*

Sí, al celular, ponele. Es adictivo, es un ciclo que nunca termina.

8. *¿Qué lugar ocupa el celular en tu vida?*

Malo, porque digamos que lo usaba para cosas productivas, pero ahora me siento fatal, hasta me duelen los ojos.

9. *¿Sentís que disfrutás tu sexualidad libremente? ¿Cómo vivís ese aspecto de tu vida?*

Sí, igual tengo tiempo para conocerme.

10. *¿Qué pensás de la ecología?*

Me encanta.

GALLO

Nombre: Alejo
Fecha de nacimiento: 16/03/2005
GALLO DE MADERA

1. *¿Te sumó la escuela secundaria?*
En ciertos aspectos como la socialización, sí.

2. *¿Viviste alguna situación de acoso o agresión? ¿De quién o quiénes?*
No.

3. *¿Practicás meditación o alguna actividad introspectiva?*
Muy de vez en cuando hago *mindfulness*.

4. *¿Qué opinás de Messi?*
Capo mal.

5. *¿Con qué personaje te identificás? Puede ser músico, artista, deportista.*
Me identifico quizá con el personaje de Fito Páez en la serie El *amor después del amor,* pero en sus primeros años, cuando recién entra en la movida *under*.

6. *¿A quién vas a votar?*
Voy a votar en blanco.

7. *¿Sos adicto a algo? ¿A qué?*
Tengo una leve adicción al celular.

8. *¿Qué lugar ocupa el celular en tu vida?*
Es mi principal medio de conexión con algunas personas.

9. *¿Sentís que disfrutás tu sexualidad libremente? ¿Cómo vivís ese aspecto de tu vida?*
Sí, lo vivo cómodo y feliz.

10. *¿Qué pensás de la ecología?*
Todos le tendríamos que dar mucha más atención.

PERRO

Nombre: Alejandro
Fecha de nacimiento: 10/02/2006
PERRO DE FUEGO

1. *¿Te sumó la escuela secundaria?*
Sí, normal.

2. *¿Viviste alguna situación de acoso o agresión? ¿De quién o quiénes?*
No.

3. *¿Practicás meditación o alguna actividad introspectiva?*
No, pero pienso que me haría bien.

4. *¿Qué opinás de Messi?*
Que es un maestro.

5. *¿Con qué personaje te identificás? Puede ser músico, artista, deportista.*
Messi.

6. *¿A quién vas a votar?*
No estoy en edad de votar.

7. *¿Sos adicto a algo? ¿A qué?*
No.

8. *¿Qué lugar ocupa el celular en tu vida?*
Lo uso bastante, muchas horas.

9. *¿Sentís que disfrutás tu sexualidad libremente? ¿Cómo vivís ese aspecto de tu vida?*

Sí, me siento libre, aunque a veces en el colegio pueden tratarte de raro por eso.

10. ¿Qué pensás de la ecología?
Hay que reciclar.

CHANCHO

Nombre: Mia
Fecha de nacimiento: 04/03/2007
CHANCHO DE FUEGO

1. ¿Te sumó la escuela secundaria?
Sí, un montón, son años muy importantes de mi crecimiento, aprendí mucho.

2. ¿Viviste alguna situación de acoso o agresión? ¿De quién o quiénes?
Lamentablemente, entrando en conciencia, varias veces fui agredida y acosada.

3. ¿Practicás meditación o alguna actividad introspectiva?
Sí, práctica de yoga y respiración.

4. ¿Qué opinás de Messi?
Se muestra honesto y noble siendo tan reconocido mundialmente.

5. ¿Con qué personaje te identificás? Puede ser músico, artista, deportista.
Rosalía.

6. ¿A quién vas a votar?
No tengo conocimiento político para poder tomar una postura.

7. *¿Sos adicto a algo? ¿A qué?*
Sí, al orden.

8. *¿Qué lugar ocupa el celular en tu vida?*
Lo uso como herramienta.

9. *¿Sentís que disfrutás tu sexualidad libremente? ¿Cómo vivís ese aspecto de tu vida?*
Afortunadamente puedo ser libre.

10. *¿Qué pensás de la ecología?*
Que hay que ser conscientes para no seguir destruyendo nuestro planeta.

Predicciones

PREDICCIONES PLANETARIAS, MUNDIALES Y ESPIRITUALES DEL AÑO DEL DRAGÓN DE MADERA

El tiempo es arte y el arte es tiempo
José Argüelles

Mucha gente creyó que el año 2012 sería el fin del mundo.

Recuerdo los vaticinios de quienes albergaron en su interior las profecías mayas, hindúes, celtas, de personas que malinterpretaron el fin del mundo.

El fin del mundo existe desde el Big Bang.

Nuestra sustancia está compuesta por una ambivalencia que detona simultáneamente en cada decisión inconsciente que tomamos.

El planeta no estaría en estado de emergencia si los humanos hubiéramos cultivado la armonía, la belleza, el equilibrio de los mundos mineral, vegetal, animal en la misma escala. Eso nos hubiera ayudado a vivir "dando y recibiendo" en la misma proporción.

Promediando el año del conejo de agua, somos testigos y protagonistas de lo que destruimos, contaminamos, aceleramos, violamos, de los recursos naturales en la tierra, en el mar, en la atmósfera, sin medir las consecuencias.

Por eso, la llegada del rey del cielo y del zodíaco chino el 10-2-2024 constituirá la visa, el pasaporte, la última oportunidad que tendremos para despertar.

Nuestra especie es un fracaso.

Rebobinar el origen del primer hombre y la primera mujer en la Tierra es tarea de antropólogos, arqueólogos, científicos que estudien sus civilizaciones y su cultura.

Pero, más allá de saber cuándo empezó el conflicto de la humanidad por conquistar, invadir, someter, violar, apoderarse de lugares, tierras, personas y patrimonios, debemos reflexionar sobre por qué motivo llegamos a un estado de inhumanidad tan irreversible.

Quedó en evidencia el ADN de los humanos y su desconexión con el padre cielo, el dragón –para los chinos, símbolo de las mayores virtudes: longevidad, riqueza, belleza y armonía–, que retorna para el examen final de una era y el inicio de ciento ochenta años de cambios en nuestra civilización.

Su mensaje es rotundo: hemos purificado nuestro karma a través del fuego, el agua, el metal, la tierra, y durante este año de la madera deberemos purificar lo que es esencial.

Nos sumergiremos en un tiempo de cambios inéditos para la psiquis humana, de nuevas formas de insertarnos en los lugares que aún queden para habitar.

La tierra se moverá con contundencia.

Millones de personas a la deriva no podrán llegar a nuevos destinos.

La falta de alimentos, las condiciones del agua potable en el mundo producirán muertes y enfermedades que serán irreversibles.

La población mundial tendrá una merma notable; a pesar de que en China habrá un incremento a causa del *baby boom*.

Oriente teñirá a Occidente con su población, economía, ciencia, arte y la Ruta de la Seda, desde el Ártico hacia la Antártida.

La inteligencia artificial tendrá conflicto con el humanismo.

Es casi imposible aceptar cambios tan profundos, en los que el ser humano quedará a la deriva y sin un tablón de salvación para este tiempo similar al génesis, donde todo estaba naciendo en una nebulosa.

Aparecerán guías galácticos y terrenales; caerán los falsos profetas y los embaucadores.

Un nuevo orden mundial, dirigido por China y con bases en Asia, Latinoamérica, Oceanía, Europa dará un giro a la economía y a las costumbres.

Putin caerá, y con su caída sobrevendrá una destrucción total en reinos, feudos, países que dependían de sus recursos naturales y su ideología.

Europa cambiará su moneda por otras; China intervendrá.

El año del dragón de madera es diferente a los de otras energías: apuesta más a lo humano, al cambio de paradigma, de valores, de ideas originales y sustentables con lo que queda en el planeta.

Su sentido holístico será el envión que nos reflejará en cambios esenciales, quedará atrás lo superfluo, lo frívolo, para que nos dediquemos a un viaje al centro de uno mismo como hangar para seguir con otra mirada en la tierra.

El año del dragón de madera es el inicio de una nueva humanidad, de un nuevo tiempo, en el que se irradiará una energía ascendente de 180 años para rediseñar el nuevo mapa mundial. Los seres humanos atravesaremos un largo peregrinaje hasta encontrar nuestro verdadero ser interno, para saber quiénes somos como especie, como humanidad, y para entender que hemos llegado al fin de una civilización y que comenzará otra en la cual ya no se vivirá de la misma manera en las organizaciones gubernamentales, políticas, sociales, ni matrimoniales.

El dragón traerá una nueva experiencia y purificará a quienes hayan hecho los deberes en lo humano y en lo personal, y estén en paz consigo mismos.

La humanidad necesitará guías espirituales para alumbrar un tiempo bisagra entre el mundo tal cual lo conocemos y ese otro mundo al que deberemos preservar ecológica y amorosamente, empoderando a las nuevas generaciones de niños y adolescentes, que son quienes están recibiendo los impactos más grandes de las decisiones que tomaron las generaciones anteriores.

Este libro propone conectarnos con nuestra propia adolescencia y con los problemas que tienen los jóvenes de hoy, que son inmolados y sacrificados por todo lo que no les han dado de amor, aprendizaje, cultura y educación, y que han tenido que parirse y arreglárselas solos.

El dragón de madera propondrá un tiempo nuevo de encuentro entre las generaciones, pero con espíritu de renovación, de integración, de refundación y de ganas de empezar a reconciliarnos con las zonas oscuras, porque todo lo que nos pasa es lo que heredamos milenariamente en el ADN, y que podemos transformar únicamente si tenemos vocación de cambio.

El año del dragón de madera también es una oportunidad para aquellas personas que han perdido todo lo material y están libres de equipaje para hacer una profunda metanoia, un hondo, intenso cambio de rumbo para adaptarse a un mundo nuevo, porque en el que tenemos las clases dirigentes, que solo piensan en hacer negocios y enriquecerse, se han encargado de destruir, a costa de todos los seres humanos.

La revolución del dragón es pacifista como la de Lennon, la de Martin Luther King y la de aquellos que siempre trataron de llegar a los demás a través del arte, la filosofía y la música, y no de la guerra, ni las miserias humanas, ni la explotación de gente que está en situación de debilidad.

Le tengo mucha fe al dragón de madera. Él dejará solo cenizas para aquello que debe ser el abono de una nueva oportunidad de pensamiento.

L. S. D.

El I CHING **les aconseja:**
24. Fu / El Retorno (El Tiempo del Solsticio)

EL DICTAMEN
El Retorno. Éxito.
Salida y entrada sin falla.
Llegan amigos sin tacha.
Va y viene el camino.
Al séptimo día llega el retorno.
Es propicio tener adonde ir.

Luego de una época de derrumbe llega el tiempo del solsticio, de la vuelta. La fuerte luz que antes fuera expulsada vuelve a ingresar. Hay movimiento, y este movimiento no es forzado. El trigrama superior K'un se caracteriza por la entrega. Se trata, pues, de un movimiento natural de aparición espontánea. Por eso también resulta enteramente fácil la transformación de lo viejo. Lo viejo es eliminado, se introduce lo nuevo: ambas cosas corresponden al tiempo, y por lo tanto no causan perjuicios. Se forman asociaciones de personas que profesan ideas iguales. Y esa alianza se realiza con pleno conocimiento público; corresponde al tiempo, por lo tanto toda aspiración particular y egoísta queda excluida y tales asociaciones no implican falta alguna. El retorno tiene su fundamento en el curso de la naturaleza. El movimiento es circular, cíclico. El camino se cierra sobre sí mismo. No hace falta, pues, precipitarse en ningún sentido artificialmente. Todo llega por sí mismo tal como lo requiere el tiempo. Tal es el sentido de Cielo y Tierra.

Todos los movimientos se realizan en seis etapas. La séptima etapa trae luego el retorno. De este modo, al correr del séptimo mes después del solsticio de verano, a partir de lo cual el año desciende, llega el solsticio de invierno, y del mismo modo, una vez pasada la séptima hora doble siguiente a la puesta del sol, llega la salida del sol. Por esta causa el número siete es el número de la luz joven, que se genera por el hecho de que el número seis, que es el de la gran oscuridad, se incremente por el uno. De este modo se introduce el movimiento en la quietud, en la detención.

LA IMAGEN

El trueno en medio de la tierra: la imagen del Tiempo del Solsticio.

Así, durante el tiempo del retorno solar, los antiguos reyes clausuraban los pasos.

Mercaderes y forasteros no se trasladaban,

y el soberano no viajaba visitando las comarcas.

El solsticio de invierno se celebra en la China desde épocas remotas como período de descanso del año: una costumbre que se ha conservado hasta hoy, en el período de descanso de Año Nuevo. En el invierno la energía vital –simbolizada por Lo Suscitativo, el trueno– se encuentra todavía bajo tierra. El movimiento se halla en sus primeros comienzos. Por eso es necesario fortalecerlo mediante el reposo a fin de que no lo desgaste un consumo prematuro. Este principio fundamental, de hacer que la energía resurgente se fortifique mediante el descanso, rige con respecto a todas las circunstancias correlacionadas. La salud que retorna después de una enfermedad, el entendimiento que retorna después de una desunión: todo debe tratarse en sus primeros comienzos con protección y delicadeza, para que el retorno conduzca así a la floración.

PREDICCIÓN GENERAL
PARA EL AÑO DEL DRAGÓN DE MADERA
YANG 2024/4722

*La medida definitiva de un hombre
no está en donde se para durante momentos
de comodidad y conveniencia,
sino en donde se yergue en los momentos
de desafío y controversia.*

Martin Luther King Jr.

Los años de dragón de madera *yang* son tenaces cuando se trata de cambiar paradigmas, por ejemplo, en 1964, el Premio Nobel de la Paz fue otorgado al Reverendo Martin Luther King Jr.[1]. por su activismo pacífico en pos del fin de la segregación racial en Estados Unidos; del otro lado del mundo, en Sudáfrica, Nelson Mandela era detenido y condenado a cadena perpetua por la misma razón por la que King Jr. era galardonado. Los años del dragón son expertos en ironía, y así echan luz sobre la falta de equidad, buscando siempre ajustar cuentas espirituales, políticas y sociales con la humanidad y con todos los seres sintientes. Este año que comienza no es una excepción, por lo cual será importante prepararnos, flexibilizar mentes y corazones para recibir la enseñanza en forma de parábola que nos mostrará cómo ser mejores expresiones de la Conciencia Cristica, que es lo que más adecuadamente describiría –en términos espirituales occidentales– el espíritu de este y cualquier otro año del Dragón.

Este año es el *Běn Mìng Nián* 本 命 年, o año propio de los dragones de madera yang de 1964, los cuales nos enseñarán a todos los demás cómo se llega al sexto piso sin perder el optimismo por el futuro. Los dragones nacidos en otros años vivirán retos, cambiarán de casa o de vida, y esos cambios afectarán en mayor o menor medida a toda la gente alrededor de ellos, por esa razón los años del dragón son tan importantes. Tenemos que poner atención a lo que vivan los dragones de nuestras vidas, porque ellos nos guiarán hacia donde sea que los lleve el Tao.

---

[1] Nacido el 15 de enero de 1929 durante el año de dragón de tierra yin, que finalizó el día 9-2-1929.

Basta con ver el ejemplo de grandes líderes de la historia para darnos cuenta de que muchos de ellos eran dragones, que tenían y tienen una conexión especial con todo el planeta, de manera holística.

Esperemos que este año que comienza nos permita ser más responsables con el planeta Tierra y con todos los seres elementales y sintientes que nos acompañan.

Lo Shu para el año 2024 del calendario gregoriano o el año 4722 en el calendario chino

La estrella voladora xuán kong fei xing 玄空飞星 de este año pertenece a la familia de estrellas del Este (Oriente); la estrella voladora 震 Zhen ☳ 3 Jade nos enseñará a ver el amanecer sin temor al destino que se nos enfrenta, pero para eso necesitamos saber no dónde, sino cómo estamos parados en estos tiempos de desafío y controversia.

Con ayuda de una brújula, nos situaremos en el centro de nuestras viviendas y lugares de trabajo, luego tomaremos nota de en qué lugar están todos los puntos cardinales: Sur, Norte, Este, Oeste, y los puntos ordinales. En las siguientes páginas podrán ver el análisis y las recomendaciones para tomar en cuenta en cada punto cardinal, tanto en el mundo como en nuestras casas.

Las partes en negro o gris representan las zonas conflictivas del planeta, las partes en blanco serán mucho más tranquilas, pero aun así hay que poner atención en cada una de las partes y sacar el mejor provecho de cada zona.

PREDICCIÓN GENERAL

Lo Shu 洛書 para el año 2024/4722

SURESTE 坤 **Kūn** ☷ **2 Negro** 黑色二劲 **y Hēi Sè Èr jìn** **Gran Duque**一太歲 **Tài Suì** **4 Madera**	**SUR** 兑 **Duì** ☱ **7 Rojo** **3 asesinos** **San Sha** 三殺 **9 Fuego**	**SUROESTE** 離**Lí** ☲ **9 Morado** **2 Tierra**
ESTE 坎 **Kǎn** ☵ **1 Blanco** **3 Madera**	**CENTRO** 震 **Zhèn** ☳ **3 Jade** **5 Tierra**	**OESTE** 五黃 **Wǔ Huáng** **5 Amarillo** **7 Metal rojo**
NORDESTE 乾 **Gǎn** ☰ **6 Blanco** **8 Tierra**	**NORTE** 艮 **Gèn** ☶ **8 Blanco** **1 Agua**	**NOROESTE** 巽 **Xùn** ☴ **4 Verde** **Suì Pò** **Rompe Año**歲破 **6 Metal**

Qué hacer en las zonas conflictivas de nuestras casas y lugares de trabajo

La siguiente tabla nos indica las contramedidas para el año 2024. Una **contramedida,** en el argot de las tradiciones chinas antiguas, indica el remedio que sugiere el almanaque chino para evadir la mala suerte, los accidentes, las enfermedades y los peligros en general.

• 237 •

Nombre en chino	Nombre en español	Zona en la que afectará en 2024	Descripción	Contramedidas para 2024
Tài Suì 太歲	Gran Duque Júpiter	Sudeste entre los 112.5º y los 127.5º grados.	Tránsito de la energía proveniente de Júpiter sobre el signo zodiacal que rige el año. Afecta la integridad de los que agreden el domicilio fijo del signo del año en curso. No hay que plantarse de frente a esta energía.	No perturbar esa zona con ruido o actos violentos. No cavar, construir ni iniciar nada en esa zona. Colocar 6 u 8 varitas de incienso en esa zona. La influencia comparte coordenadas con el 2 Negro, peligro elevado. Seguir indicaciones del 2 Negro también
Suì Pò 歲破	Rompe Año	Noroeste entre los 307.5º y los 292º grados.	Es el lugar opuesto a la localización del Gran Duque. Afectar esta área produce problemas de salud y de dinero constantes.	Alejar cuchillos y objetos punzo cortantes de esa zona. No perturbar, hacer ruido, instalar puertas, ni construir o cavar.
Sān Shā 三殺	Tres Asesinos Tres Muertes	Sur entre los 172.5º y los 187.5º grados.	Indica la energía opuesta a la posición del signo del año y sus signos compatibles. No hay que dar la espalda a esta energía.	Colocar un cuenco con agua lejos de fuentes de electricidad; el tamaño depende de la dimensión del lugar, pero el cuenco más chico tiene que ser del tamaño de una olla, fuente o pecera de al menos 10 litros.
Wŭ Huáng 五黃	Cinco Amarillo	Centro de la tierra o de la casa.	Se refiere al tránsito de la energía tierra acumulada. Trae enfermedades y bancarrota.	Mantener limpia y ordenada esa zona para evitar pérdidas y robos.

PREDICCIÓN GENERAL

Nombre en chino	Nombre en español	Zona en la que afectará en 2024	Descripción	Contramedidas para 2024
Hēi Sè Èr jīn 黑色 二劲	Dos Negro	Sudeste entre los 112.5º y los 127.5º grados.	Se refiere al tránsito de la energía tierra decadente. Trae enfermedades agudas, contagiosas y congénitas.	La influencia comparte coordenadas con el Gran Duque, peligro elevado. Evitar comer, dormir, concebir o pasar mucho tiempo en esa zona. Seguir indicaciones del Gran Duque también.

Zonas auspiciosas y conflictivas para el año 2024/4722, Dragón de Madera *yang*

Una vez que sabemos qué partes de la casa peligran, veamos qué ocurrirá en el mundo y en nuestras casas según las observaciones del feng shui 风水 tradicional chino.

> NORTE
> 艮 Gèn ☶
> 8 Blanco
> 1 Agua

En el mundo: La combinación puede provocar problemas de contaminación del agua por culpa de malos manejos de residuos químicos provenientes de la agricultura convencional, la minería y el manejo de metales pesados en sitios de reciclaje en todo el norte global. Seguirán los conflictos territoriales y políticos, pero el énfasis tendrá que ver con los recursos naturales de la zona.

En la casa: En las casas construidas antes de 2023, la combinación atrae nuevos amores, lo cual es bueno si la puerta de entrada de la casa de gente soltera está en esa zona, pero si eso ocurre en la habitación de un matrimonio establecido, atrae infidelidad. En casas nuevas, los jóvenes de la familia querrán independencia fuera de casa, lo cual podría traer conflicto con madres, nueras y abuelas.

• 239 •

SUR
兑 Dui ☱
7 Rojo
3 Asesinos
Sān Shā
三殺
9 Fuego

En el mundo: El 7 Rojo cae en la casa 9 de Fuego, las dos estrellas son de fuego, sumado a esto, la influencia de los 3 Asesinos incrementa el peligro de incendios, la erosión de la tierra, las enfermedades relacionadas con el sistema circulatorio, problemas políticos y sociales que pueden llevar a insurrecciones de importancia histórica en el Cono Sur, Oceanía y Sudáfrica. En lo positivo, propicia que gente sabia e interesante alcance la fama, inspirándola a la gente en momentos de desesperación.

En la casa: La energía propicia los encuentros amorosos y la lujuria, si la recámara matrimonial está en el Sur, será propicio, pero si ocurre en otra parte de la casa, propiciará amores ilícitos. Hay que tener cuidado con robos si la entrada de la casa ve directamente al Sur.

ESTE
坎 Kǎn ☵
1 Blanco
3 Madera

En el mundo: El tema principal en todas las plataformas de información y centros de enseñanza en buena parte del continente asiático será el respeto a las distintas expresiones de género, sexualidad y justicia en temas relacionados. La combinación ayudará a que buena gente alcance la fama.

En la casa: Los dueños de casas recién construidas, o de casas de más de cien años podrían llegar a tener fama o buena reputación, pero en las casas construidas entre 1984 y 2023, podrían ocurrir disputas basadas en malentendidos y falta de empatía por parte de los padres hacia hijos adolescentes.

OESTE
五黄 Wǔ Huáng
5 Amarillo
7 Metal rojo

En el mundo: La combinación dañina de las estrellas 5 y 7 aumenta el riesgo de nuevas infecciones de transmisión sexual o mutaciones importantes en las enfermedades ya conocidas. Podría afectar a países caribeños, y los de la costa oeste del continente americano. También hay posibilidades de robos, desfalcos y actos corruptos que alcanzarán fama mundial.

En la casa: Es de suma importancia no dejar sin atender valores importantes en la zona oeste de la casa, sobre todo si la entrada de la casa ve hacia el Oeste. También hay que evitar dormir, convalecer y comer en esa zona.

En el mundo: La combinación de energías es tan fuerte que todos tendremos que poner atención y ayudar en lo que se pueda cuando sea necesario ya que podrían presentarse temblores, daños graves de ecosistemas, revueltas sociales, enfermedades graves y demás en el sudeste asiático, parte de Sudáfrica y Oceanía.

En la casa: Hay que mejorar la relación entre hijas mayores, madres, suegras y nueras. La combinación ayuda a trasmutar los conflictos, pero el proceso no será fácil, menos si el living, la cocina o el comedor están en el sureste de la casa.

En el mundo: Las energías fuego y tierra decadente inician una etapa de desintoxicación del cinturón de fuego, lo cual atrae terremotos necesarios debido a actividad volcánica. Atrae también la caída de líderes necios y poco populares.

En la casa: Es de suma importancia alejar de esa zona de la casa objetos y productos inflamables. Los miembros del hogar que duerman en esa zona de la casa podrían tener cambios de personalidad sorpresivos y problemas para concebir.

```
NORDESTE
乾 Gǎn ☰
6 Blanco
8 Tierra
```

En el mundo: La combinación podría ofrecer la oportunidad de alcanzar treguas en los países del nordeste de Europa y del nordeste de Asia. La combinación también provoca buenas relaciones entre líderes, maestros y jóvenes.

En la casa: La combinación mejora las relaciones y trae proyectos interesantes entre padres e hijos, será propicio comenzar un negocio familiar si la entrada de la casa mira a esa dirección. La combinación es mucho mejor para casas construidas este mismo año.

NOROESTE
巽 Xùn ☴
4 Verde
Suì Pò
Rompe Año 歲破
6 Metal

En el mundo: Hay peligro de agresión a zonas naturales protegidas de Canadá y Estados Unidos por cuestiones comerciales y por desgaste climático, lo cual sería como atacar a uno de los pulmones del planeta o a la Pachamama misma.
En la casa: Si la casa fue construida entre 1984 y 2024 peligra la energía *yin* de la casa, por lo tanto, las personas que se expresen con esa energía, en especial las mujeres de tercera edad, a quienes hay que respetar a toda costa, podrían ser agredidas por personas de menor edad.

CENTRO
震 Zhèn
☳ 3 Jade
5 Tierra

En el mundo: La combinación de energía atrae descomposición, enfermedades como cólera o disentería, de fácil contagio por mutación o diseminación rápida, sobre todo si se hacen pruebas o excavaciones a profundidades extremas para extraer gas mineral y otros recursos.
  En la casa: Hay que evitar modificar las cañerías o sótanos, sobre todo en casas que quedan al menos un metro bajo el nivel de la calle o que fueron construidas con muchos desniveles, eso podría traer enfermedad y después disputas por dinero.

Instrucciones para utilizar la tabla del Ki de las nueve estrellas

En 1924, el maestro Shinjiro Sonoda, apasionado de las matemáticas y el calendario chino, simplificó el uso del oráculo de Huáng Dì 黃帝, el gran Emperador Amarillo, para su uso dentro y fuera de Asia, sin la interpretación de un monje o un maestro de las cinco artes taoístas. El oráculo chino original se llama Qi Men Dun Jia 奇門遁甲, y era usado principalmente por la corte imperial china. Sonoda logró sintetizar el oráculo hasta su máxima simpleza; el sistema se llama Ki de las nueve estrellas Kuseikigaku 九星気学. Su técnica alcanzó rápidamente la fama entre círculos esotéricos y espirituales en toda Asia, y finalmente en Europa y América. Este sistema consiste en ver –mediante un sencillo cálculo aritmético– cómo sería el año en curso para cualquier persona. Pero más importante, este sistema nos dice qué direcciones son peligrosas. Por ejemplo, si la tabla Ki indica que las personas nacidas con la estrella Ki 6 caen en la zona menos favorable durante el 2024/4722, o sea "desgracias, enfermedades y muerte", y que esa dirección horrenda apunta al Nordeste, entonces es importante no moverse hacia esa dirección, evitar edificios cuya entrada dé hacia ahí; cambiar la cama, o de recámara en caso de que se encuentren en la zona nordeste de la casa. Eso ayudará a mitigar la fuerza destructiva de la energía. Las personas cuya energía ki es 7, este mismo año tendrán una vida mucho más relajada, sobre todo si se dirigen hacia el Sur, colocan ahí su cama, etcétera. Como en las artes marciales, la mejor defensa es no estar en medio de la trayectoria por donde viene el golpe.

Instrucciones

1. Busquen en la siguiente tabla entre qué fechas cae el cumpleaños propio o el de quien quieran ayudar a encontrar su número Ki.

2. La energía Ki se distingue por tener muy marcadas sus polaridades, por lo que es importante hacer notar que, para

encontrar el número, los consultantes necesitan expresar si se sienten más representados por la energía *yang* o la energía *yin*. Las personas deberán buscar su número según el género de nacimiento o el género con el cual se identifican: (Masc.) para los hombres (*yang*), y (Fem.) para las mujeres (*yin*). En el caso de las personas cuya expresión de género sea no binario, pueden elegir la polaridad con la que se sientan mejor al momento de utilizar el oráculo. Por ejemplo, una persona que se identifica como masculino, nacido el 30 de enero de 1997, será Ki 4, pero si se identifica como mujer, será Ki 2.

3. Para las personas que nazcan con los Ki 2 (5) y 8 (5), ocurre que la energía que los guía es una energía subterránea, por lo tanto, no es fácil seguir instrucciones bajo tierra y deberán seguir las indicaciones de los números que están afuera del paréntesis, es decir, 2 para las personas masculinas y 8 para las femeninas.

4. Tras haber localizado el número ki en la tabla que sigue, procederemos a ver la tabla de Ki de las 9 estrellas del año 2024/4722 que está después de esta.

Tabla de localización del Ki de las nueve estrellas

Año de nacimiento de 1924 a 1983	Ki (Masc.)	Ki (Fem.)	Año de nacimiento de 1984 a 2043	Ki (Masc.)	Ki (Fem.)
Feb 05, 1924 – Ene 23, 1925	4	2	Feb 02, 1984 – Feb 19, 1985	7	8
Ene 24, 1925 – Feb 12, 1926	3	3	Feb 20, 1985 – Feb 08, 1986	6	9
Feb 13, 1926 – Feb 01, 1927	2	4	Feb 09, 1986 – Ene 28, 1987	2 (5)	1
Feb 02, 1927– Ene 22, 1928	1	8 (5)	Ene 29, 1987 – Feb 16, 1988	4	2
Ene 23, 1928 – Feb 09, 1929	9	6	Feb 17, 1988 – Feb 05, 1989	3	3
Feb 10, 1929 – Ene 29, 1930	8	7	Feb 06, 1989 – Ene 26, 1990	2	4
Ene 30, 1930 – Feb 16, 1931	7	8	Ene 27, 1990 – Feb 14, 1991	1	8 (5)
Feb 17, 1931– Feb 05, 1932	6	9	Feb 15, 1991 – Feb 03, 1992	9	6
Feb 06, 1932 – Ene 25, 1933	2 (5)	1	Feb 04, 1992 – Jan 22, 1993	8	7
Ene 26, 1933 – Feb 13, 1934	4	2	Jan 23, 1993 – Feb 09, 1994	7	8
Feb 14, 1934 – Feb 03, 1935	3	3	Feb 10, 1994 – Jan 30, 1995	6	9
Feb 04, 1935 – Ene 23, 1936	2	4	Jan 31, 1995 – Feb 18, 1996	2 (5)	1

INSTRUCCIONES PARA UTILIZAR LA TABLA

Año de nacimiento de 1924 a 1983	Ki (Masc.)	Ki (Fem.)	Año de nacimiento de 1984 a 2043	Ki (Masc.)	Ki (Fem.)
Ene 24, 1936 – Feb 10, 1937	1	8 (5)	Feb 19, 1996 – Feb 06, 1997	4	2
Feb 11, 1937 – Ene 30, 1938	9	6	Feb 07, 1997 – Jan 27, 1998	3	3
Ene 31, 1938 – Feb 18, 1939	8	7	Jan 28, 1998 – Feb 15, 1999	2	4
Feb 19, 1939 – Feb 07, 1940	7	8	Feb 16, 1999 – Feb 04, 2000	1	8 (5)
Feb 08, 1940 – Ene 26, 1941	6	9	Feb 05, 2000 – Jan 23, 2001	9	6
Ene 27, 1941 – Feb 14, 1942	2 (5)	1	Jan 24, 2001 – Feb 11, 2002	8	7
Feb 15, 1942– Feb 04, 1943	4	2	Feb 12, 2002 – Jan 31, 2003	7	8
Feb 05, 1943 – Ene 24, 1944	3	3	Feb 01, 2003 – Ene 21, 2004	6	9
Ene 25, 1944 – Feb 12, 1945	2	4	Ene 22, 2004 – Feb 08, 2005	2 (5)	1
Feb 13, 1945 – Feb 01, 1946	1	8 (5)	Feb 09, 2005 – Ene 28, 2006	4	2
Feb 02, 1946 – Ene 21, 1947	9	6	Ene 29, 2006 – Feb 17, 2007	3	3
Ene 22, 1947 – Feb 09, 1948	8	7	Feb 18, 2007 – Feb 06, 2008	2	4
Feb 10, 1948 – Ene 28, 1949	7	8	Feb 07, 2008 – Ene 25, 2009	1	8 (5)
Ene 29, 1949 – Feb 16, 1950	6	9	Ene 26, 2009 – Feb 13, 2010	9	6
Feb 17, 1950 – Feb 05, 1951	2 (5)	1	Feb 14, 2010 – Feb 02, 2011	8	7
Feb 06, 1951 – Ene 26, 1952	4	2	Feb 03, 2011 – Ene 22, 2012	7	8
Ene 27, 1952 – Feb 13, 1953	3	3	Ene 23, 2012 – Feb 09, 2013	6	9
Feb 14, 1953 – Feb 02, 1954	2	4	Feb 10, 2013 – Ene 30, 2014	2 (5)	1
Feb 03, 1954 – Ene 23, 1955	1	8 (5)	Ene 31, 2014 – Feb 18, 2015	4	2
Ene 24, 1955 – Feb 11, 1956	9	6	Feb 19, 2015 – Feb 07, 2016	3	3
Feb 12, 1956 – Ene 30, 1957	8	7	Feb 08, 2016 – Ene 27, 2017	2	4
Ene 31, 1957 – Feb 17, 1958	7	8	Ene 28, 2017 – Feb 18, 2018	1	8 (5)
Feb 18, 1958 – Feb 07, 1959	6	9	Feb 19, 2018 – Feb 04, 2019	9	6
Feb 08, 1959 – Ene 27, 1960	2 (5)	1	Feb 05, 2019 – Ene 24, 2020	8	7
Ene 28, 1960 – Feb 14, 1961	4	2	Ene 25, 2020 – Feb. 11, 2021	7	8
Feb 15, 1961 – Feb 04, 1962	3	3	Feb 12, 2021 – Ene 31, 2022	6	9
Feb 05, 1962 – Ene 24, 1963	2	4	Feb 01, 2022 – Ene 21, 2023	2 (5)	1
Ene 25, 1963 – Feb 12, 1964	1	8 (5)	Ene 22, 2023 – Feb 09, 2024	4	2
Feb 13, 1964 – Feb 01, 1965	9	6	Feb 10, 2024 – Ene 28, 2025	3	3
Feb 02, 1965 – Ene 20, 1966	8	7	Ene 29, 2025 – Feb 16, 2026	2	4
Ene 21, 1966 – Feb 08, 1967	7	8	Feb 17, 2026 – Feb 05, 2027	1	8 (5)
Feb 09, 1967 – Ene 29, 1968	6	9	Feb 06, 2027 – Ene 25, 2028	9	6

Año de nacimiento de 1924 a 1983	Ki (Masc.)	Ki (Fem.)	Año de nacimiento de 1984 a 2043	Ki (Masc.)	Ki (Fem.)
Ene 30, 1968 – Feb 16, 1969	2 (5)	1	Ene 26, 2028 – Feb 12, 2029	8	7
Feb 17, 1969 – Feb 05, 1970	4	2	Feb 13, 2029 – Feb 02, 2030	7	8
Feb 06, 1970 – Ene 26, 1971	3	3	Feb 03, 2030 – Ene 22, 2031	6	9
Ene 27, 1971 – Feb 14, 1972	2	4	Ene 23, 2031 – Feb 10, 2032	2 (5)	1
Feb 15, 1972 – Feb 02, 1973	1	8 (5)	Feb 11, 2032 – Ene 30, 2033	4	2
Feb 03, 1973 – Ene 22, 1974	9	6	Ene 31, 2033 – Feb 18, 2034	3	3
Ene 23, 1974 – Feb 10, 1975	8	7	Feb 19, 2034 – Feb 07, 2035	2	4
Feb 11, 1975 – Ene 30, 1976	7	8	Feb 08, 2035 – Ene 27, 2036	1	8 (5)
Ene 31, 1976 – Feb 17, 1977	6	9	Ene 28, 2036 – Feb 14, 2037	9	6
Feb 18, 1977 – Feb 06, 1978	2 (5)	1	Feb 15, 2037 – Feb 03, 2038	8	7
Feb 07, 1978 – Ene 27, 1979	4	2	Feb 04, 2038 – Ene 23, 2039	7	8
Ene 28, 1979 – Feb 15, 1980	3	3	Ene 24, 2039 – Feb 11, 2040	6	9
Feb 16, 1980 – Feb 04, 1981	2	4	Feb 12, 2040 – Ene 31, 2041	2 (5)	1
Feb 05, 1981 – Ene 24, 1982	1	8 (5)	Feb 01, 2041 – Ene 21, 2042	4	2
Ene 25, 1982 – Feb 12, 1983	9	6	Ene 22, 2042 – Feb 09, 2043	3	3
Feb 13, 1983 – Feb 01, 1984	8	7	Feb 10, 2043 – Ene 29, 2044	2	4

Ki de las nueve estrellas para 2024/4722

Cada una de las estrellas localizadas en la tabla anterior tendrá una oportunidad o un reto distinto este año del dragón, pero para saber exactamente qué va a ocurrir, es necesario ver dónde cae nuestro número ki en la siguiente tabla, cuyo efecto comenzará a partir del 10 de febrero de 2024 (4722 en el calendario chino). El destino dispondrá lo siguiente, pero recuerden: no dejen que el destino los lleve como un corcho por el río, ustedes siempre pueden elegir. Por ejemplo, alguien cuyo Ki sea 9 podría mejorar mucho si en vez de permanecer en el Suroeste, dirige sus actividades, cama y escritorio lejos de esa dirección. Alguien con Ki 2 puede arruinar sus oportunidades de alegría, fortuna y felicidad si elige mover su cama y escritorio al Norte. o hacer un viaje a Canadá. Para esto, sugerimos que además de ver las direcciones en este libro, cotejen los mejores días para

INSTRUCCIONES PARA UTILIZAR LA TABLA

cambiar de lugar la cama en la agenda de Ludovica Squirru Dari 2024, de esa manera, será casi imposible pasar por momentos difíciles y tragos amargos.

Sureste Mansión de madera 2 BUENA SUERTE Y VIAJES DE PLACER	Sur Mansión de fuego 7 ALEGRÍA Y FORTUNA FELICIDAD	Suroeste Mansión de tierra 9 PROBLEMAS MALA SUERTE AMOR CON DISGUSTOS
Este Mansión de madera 1 SALUD ALEGRÍA HONORES	Centro Mansión de tierra 3 CAMBIO DE EMPLEO O DOMICILIO FALTA DE DINERO ACCIDENTES, ROBOS	Oeste Mansión de metal 5 DINERO BUENA SUERTE EN TODO AMOR
Nordeste Mansión de tierra 6 DESGRACIAS ENFERMEDADES MUERTE	Norte Mansión de agua 8 MELANCOLÍA TRANQUILIDAD SERENIDAD	Noroeste Mansión de metal 4 FORTUNA BUENOS NEGOCIOS MEJORA LA SITUACIÓN

Predicciones generales
para cada mes del año del Dragón de Madera *yang*

ENERO • Mes del Búfalo. Tronco celeste 2 de madera *yang*, inicia el 6 de enero. Estrella voladora mensual: 6
Seguiremos estacionados en el año del conejo durante unas semanas más, ya que el cambio de año será el mes entrante, por lo tanto las personas nacidas en este mes serán consideradas conejo. El mundo estará aún aturdido por los cambios ocurridos en 2023, pero el espíritu hogareño del conejo seguirá brindando la oportunidad de mejorar las relaciones familiares y con los amigos. La rata es buena amiga del conejo, lo cual incrementará el *sex appeal* del zoo, así que también esto propiciará un pequeño *baby boom*, sobre todo en China, el cual traerá al mundo una muy nutrida camada de dragones entre los meses de septiembre y octubre.

FEBRERO • Mes del Tigre. Tronco celeste 3 de fuego *yang*, inicia el 4 de febrero. Estrella voladora mensual: 5
El 10 de febrero comenzará el año del dragón, pero el reinado del mes tigre, aunque corto, provocará una serie de eventos que irán de la más profunda alegría al caos, si no tenemos cuidado. Será común oír acerca de incendios terribles en el sur global, por lo tanto es necesario prevenir en la medida de lo posible y jamás dejar desatendida ni una colilla encendida. Tampoco será un mes propicio para iniciar negocios o investigaciones que tengan que ver con metales, minería o mecánica. Será un buen mes para las letras, podría aparecer un libro que se convertirá en uno de los más importantes de este siglo.

MARZO • Mes del Conejo. Tronco celeste 4 de fuego *yin*, inicia el 5 de marzo. Estrella voladora mensual: 4
Este mes atraerá toda clase de accidentes provocados por el uso de estupefacientes, aquellos que se dediquen al transporte de bienes serán los más vulnerables. No es un mes apropiado para los juegos de azar y menos aún para invertir en la bol-

sa de valores, por lo que se recomienda invertir en empresas pequeñas, más cercanas a la tierra. Será un mes difícil para la fertilidad en el campo y para las personas, lo que dejará un tanto decepcionados a los que quieran concebir un dragón. Por el lado más amable, la energía del mes del conejo traerá una primavera espectacular al hemisferio norte y un invierno particularmente hermoso en el Sur.

ABRIL • Mes del Dragón. Tronco celeste 5 de tierra *yang*, inicia el 4 de abril. Estrella voladora mensual: 3

El doble dragón es uno de los momentos más esperados en doce años; los nenes nacidos durante este mes serán considerados muy afortunados y de físicos bellos y saludables. La energía de la estrella voladora del mes es igual a la del año, por lo que hay que tener cuidado con cavar en cualquier lugar cercano al agua. También hay peligro de nuevas pandemias. Del tamaño o las consecuencias de una nueva pandemia, poco podemos saber, salvo que podría comenzar en el Sureste y que tendrá influencia incluso durante el mes que viene. Hay que ser cuidadosos, responsables y solidarios con quienes nos rodean.

MAYO • Mes de la Serpiente. Tronco celeste 6 de tierra *yin*, inicia el 5 de mayo. Estrella voladora mensual: 2

Este mes la serpiente viene como el gran dios Kukulkán a reclamar su reinado por medio del viento, no será un mes sencillo porque el clima será impredecible. La combinación negativa entre el tronco del mes y la serpiente reinante atraerá problemas médicos, por lo que la mala fortuna con respecto a ese tema será una extensión de lo ocurrido durante el mes anterior; eso le dará oportunidad a cualquier enfermedad de seguir creciendo sin control, a menos que detengamos la marcha gracias a la experiencia adquirida durante los años anteriores.

JUNIO • Mes del Caballo. Tronco celeste 7 de metal *yang*, inicia el 5 de junio. Estrella voladora mensual: 1

El mes no es particularmente compatible con el año, ya que atrae mal de amores y relaciones desastrosas cuando hablamos de salud emocional y salud reproductiva. La combinación provoca también problemas con los individuos masculinos, que en su gran mayoría tienen más representación en la esfera pública y en puestos de poder, por lo que es posible que algún problema político en el Este repercuta en el resto del planeta, pero en el lado positivo, sucederán cosas en Internet que mantendrán a la gente entretenida y aliviada.

JULIO • Mes de la Cabra. Tronco celeste 8 de metal *yin*, inicia el 6 de julio. Estrella voladora mensual: 9

El mes de la cabra será relativamente neutro en cuanto a situaciones relacionadas con la geopolítica y el feng shui planetario, por lo tanto es un mes propicio para arreglar problemas, papeleos engorrosos, levantar el ánimo visitando amigos y familiares, comenzar tratamientos médicos o disciplinas como el yoga o el atletismo. A la cabra le gusta el *flow* relajado del dragón y junto con la combinación de metal del tronco celeste, también nos traerá energía para hacer cambios positivos importantes en la vida, sobre todo entre gente joven.

AGOSTO • Mes del Mono. Tronco celeste 9 de agua *yang*, inicia el 7 de agosto. Estrella voladora mensual: 8

El mono regirá otro mes tranquilo, en el cual lo único que nos podría atraer es un poco más de orden y disciplina, pero sin actos violentos y sin forzar nada. Será propicio comenzar a hacer ejercicio, iniciar dietas y cambios de imagen. Este será un mes que favorecerá todo lo que tenga que ver con la construcción o demolición, los bienes raíces, y que además atraerá la paz, o al menos una tregua en zonas que hayan sido azotadas por la guerra anteriormente. A partir de ahora, cualquier renovación que se haga en casa, sin tocar las zonas destructivas, atraerá paz, prosperidad y mejores relaciones familiares.

SEPTIEMBRE • Mes del Gallo. Tronco celeste 10 de agua *yin*, inicia el 7 de septiembre. Estrella voladora mensual: 7

Este será un buen mes para casarse o para iniciar compromisos o para atraer candidatos, pero siempre y cuando la pareja sea muy clara al momento de decidir dar ese paso, porque este mes es también uno que atraerá toda clase de divertimentos sexuales, y, como dicen los maestros chinos: "fuego en la chimenea, muy bueno, fuego en toda la casa, tragedia". Hay que ser muy claros con la pareja y otros amores. Será un mes para aprovechar que todos están distraídos y más amables, ya que esas características también hacen a las personas más accesibles y abiertas a cualquier idea innovadora que podría influenciar positivamente a empresas, industrias y gobiernos.

OCTUBRE • Mes del Perro. Tronco celeste 1 de madera *yang*, **inicia el 8 de octubre. Estrella voladora mensual: 6**
El mes choca con el año, pero en este caso, tanto el perro como el dragón tienen energía madera. Esto provoca un fenómeno que se llama "hombro con hombro" lo cual significa que la energía madera podría competir, pero como el perro y el dragón tienen energía fija de tierra, esta combinación atrae prosperidad, calma y lealtad, aunque para aprovechar la combinación positiva deberemos estar abiertos a la reflexión y a meditar seriamente desde la esfera personal hasta la esfera política, motivando siempre la comunicación con la familia, las amistades cercanas y los vecinos.

NOVIEMBRE • Mes del Chancho. Tronco celeste 2 de madera *yin*, **inicia el 7 de noviembre. Estrella voladora mensual: 5**
Este mes guiado por el chancho podría ser uno de los mejores del año. La combinación de energías propicia la creatividad y también el apoyo mutuo. Mejora las relaciones de aprendizaje, el buen lenguaje. Es posible que surjan grandes textos literarios durante este año, así como progresos en el campo de las ciencias duras. Si bien el mes es positivo, podría atraer pequeños problemas de robos en los sectores Sur y Oeste, tanto de la casa como del continente americano y Oceanía, por este motivo se pide mantener guardados todos los bienes y objetos personales, y observar con atención que las finanzas y los impuestos permanezcan bien saneados.

DICIEMBRE • Mes de la Rata. Tronco celeste 3 de fuego *yang*, inicia el 7 de diciembre. Estrella voladora mensual: 4

La rata nos pondrá a trabajar a todos, sobre todo a los que no hicieron caso de los consejos del mes anterior. Los líderes, jefes y patrones en todo el mundo pedirán más esfuerzo, cancelarán descansos; lo cual traerá desequilibrio en la balanza del *yin* y el *yang* del mundo. Los más jóvenes, con tal de evadir el exceso de trabajo, podrían volcarse a formas de evasión que, a la larga, atraerían más conflictos familiares, amargando las fiestas decembrinas, por lo tanto, se recomienda ser más pacientes y permitir que los jóvenes hablen con confianza en espacios seguros y sin represión.

PREDICCIONES PARA LA ARGENTINA
BASADAS EN LA INTUICIÓN Y EL I CHING

En la Galería del Este
estudio el I CHING;
tarde templada,
almuerzo en el lago, pejerrey pescado
en lago devastado
por los paperos de la zona
sin remordimiento.
País saqueado sin amor
para unir con pegamento
las vísceras de los próceres
que dejaron un ideal, exiliados.
Pais chino, oculto
paisajes cansados de la polaroid
en blanco y negro.
Estafa antes del origen
experimento para aniquilar;
quedará algún vestigio en cuevas de carbón
por milenios sin revelar.
L. S. D.

Entre Goya y Paraná
Promedia el año del conejo de agua y dejo, como todos los años, las predicciones para la Argentina para el final, pues ni el I CHING se anima a predecir qué destino le deparará a nuestro país. Sin duda, Argentina atraviesa la etapa de purificación y desintegración más contundente desde el retorno de la democracia, hace cuarenta años.

Cuatro décadas no lograron encauzar, después de Alfonsín, un rumbo con viento a favor humanista, institucional, social, de educación integral, mejoras en la salud de la población, que padece desnutrición infantil, las enfermedades de siempre y las que retornaron con la pandemia, que aún no se sabe a ciencia cierta qué fue, por qué contagió al planeta o a los más vulnerables, no solo por su estrato social, sino por padecer enfermedades previas que aceleraron el proceso de muerte.

Se cayó el velo, Argentina está desnuda.

El año del dragón nos convertirá a todos en parteros de una nueva vida. De la propia, sobre todo.

El desamparo crecerá, no tendremos personas que nos orienten si no tomamos las riendas del momento crucial, histórico que también ocurre con otros países más o menos desarrollados.

Es un punto de inflexión; un antes y un después en un territorio que pasó por nuevas pruebas con gobiernos provinciales, candidatos refritos, aves de rapiña que siguen esperando la oportunidad del reparto de la torta sin reunir las mínimas condiciones para ocupar cargos en lugares de los que quedaron exiliados del sistema millones de argentinos preparados, que estudiaron y trabajaron para tener la oportunidad de acrecentar nuestra energía humana, económica, macro desde cada puesto de trabajo, lo cual ayudaría a que estuviéramos todos o la mayoría en el mismo tren o barco.

Por cada joven, profesional o familia que emigró en los últimos seis años llegarán al país un treinta por ciento más de chinos, inmigrantes de Europa del Este, Latinoamérica y África.

En diez años no nos reconoceremos por la mezcla cosmopolita de los que llegarán "del otro lado del mar", "ardidos en llamas", "buscando agua, tierra, alimentos", que cultivarán con más tecnología y rapidez que nosotros en el último siglo, como anuncio Solari Parravicini.

El año del dragón en el segundo semestre podrá tener mínimos resultados del gasoducto de Vaca Muerta, del litio, del agro, de nuevos cultivos que aparecerán por el cambio climático y sus consecuencias.

Un país en el que entrará gente sin visa, pasaporte, censo previo para saber quiénes son y a qué vienen.

Simplemente, el mundo está en llamas: con guerras civiles, cambios en las monedas de cada país, continente, y seremos los parias del valor de la propia; deberemos aceptar cualquier condición para comerciar con el mundo.

La Argentina será otra especie de país, en el que quedará grande el territorio para gobernar; se dividirá por regiones: la Patagonia, Cuyo, el Litoral, el Centro del país con Córdoba como centro de desarrollo y operaciones mercantiles.

La gente viajará regionalmente; tendrá su vida en lugares donde se sentirán más adaptados por la bienvenida y la necesidad laboral de los excluidos del sistema.

Los ñoquis y parásitos deberán buscar nuevas formas de trabajos manuales, pymes, ONG, empresas en las cuales aterrizar, pues el Estado se achicará y tendrán que cumplir con nuevas reglas laborales.

La inteligencia artificial dejará diezmado el mundo del arte, la pintura, la literatura.

Habrá que ser más creativo, original, a la hora de una propuesta que nos estimule.

Somos responsables de haber permitido robar, corromper, saquear el país sin defenderlo.

Algunos, y cada vez más argentinos, han salido a "puro huevo y candela" a defender su región de los saqueos violentos que quemaron, destruyeron casas, mataron personas en soledad.

"El trabajo en lo echado a perder" fue el hexagrama que más veces salió para la Argentina en mis libros en los últimos treinta años. Nuestros recursos naturales: pesca, minería, petróleo, litio, bosques nativos diezmados, produciendo la desertificación del ochenta por ciento del territorio nacional, con las trágicas consecuencias del cambio climático a lo largo y ancho del país.

El año del dragón de madera continuará con el *peeling* para sacar a la luz lo que falta para trazar un rumbo de revisión de dos siglos y medio de ocultamiento y doble comando en Argentina. Seguirá despejando la niebla, los tiempos tenebrosos y sin alma que se enraizaron para quedarse sin presente ni futuro.

Creo finalmente en el despertar de un puñado de personas de la sociedad civil que con su coherencia den el ejemplo para el entusiasmo en el renacimiento de un país que lo merece y necesita.

A celebrar el 10 de febrero de 2024 el año del dragón física o telepáticamente.

L. S. D.

PD: La capacidad visionaria la heredé de mi padre, Eduardo Squirru.

Los invito a leer lo que escribió hace 64 años sobre la Argentina y su destino.

¿De dónde venimos?
¿Hacia dónde vamos?
¿Cuál es "nuestro ser"?

Los problemas de la cultura y la República Argentina

Por EDUARDO SQUIRRU

LA CULTURA, con respecto a un pueblo o grupo social determinado, es el conjunto de manifestaciones materiales y espirituales que, al constituir una unidad de cierta armonía, sirve para distinguir a ese grupo de otros.

En tal sentido es fácil apreciar la importancia que tiene el estudio de la cultura en la determinación de los valores auténticos de los grupos sociales, sus tendencias evolutivas, sus posibilidades de realización para ciertas expresiones y sus imposibilidades para otras. De este modo la cultura se relaciona, o mejor dicho es directamente, lo que un pueblo produce en los terrenos del arte, la religión, la moral, la técnica, el Derecho, la Política y todas las otras manifestaciones de la actividad humana.

Saber de dónde se viene y qué se hace, no es mal método para averiguar adónde se va, y de esa forma extraer los valores que pueden resultar permanentes de una cultura particular, ahorrándose las energías que muchas veces se invierten en lo no viable. Así como en la Ciencia el conocimiento de los datos verdaderos y de las posibilidades reales de desarrollo evita que se persigan investigaciones disparatadas, de la misma manera el conocimiento de los antecedentes antropológicos, climáticos, étnicos, geográficos, históricos, religiosos, económicos, técnicos, etc.; y de cuáles son las actividades verdaderas de un grupo humano, distinguiéndolas de las simuladas y ficticias sirve para descubrir cuáles son las tendencias del grupo que tendrán carácter definitivo, y cuáles las que desaparecerán a corto o a largo plazo. En ese sentido puede trabajarse provechosamente en la búsqueda de fórmulas viables, descartando las que no lo son, con el convencimiento de que ciertas formas arraigan irre-

439 — estudios

EDUARDO SQUIRRU

misiblemente por la época, el lugar y las gentes, independientemente de esquemas abstractos, planes quinquenales, imposiciones extemporáneas, tabús inactuales, normas caducas por el desuso y reglamentaciones que, en la realidad, no se observan. La República Argentina es uno de los lugares más interesantes para estudiar estos fenómenos. Precisamente por ello el estudio de su cultura constituye una investigación original, un problema a resolver. Es cierto que hablamos una lengua: la castellana; que participamos de una religión: la Católica Apostólica y Romana; que tenemos un territorio que incluye montaña, pampa, valle, río y desierto; que formamos parte de un grupo cultural más amplio, conocido con bastante oscuridad con la denominación de: "mundo occidental". Que, en fin, tenemos *la ciudad* como elemento indispensable de lo que es la civilización. Pero a pesar de todo esto, o mejor aún, a causa de haber sido aceptados estos conceptos sin la crítica necesaria, se hace indispensable su revisión. No es posible conformarse con los rótulos aplicados, y allí permanecer, sin una actitud más analítica de todas estas denominaciones con las que tan sintéticamente nos describimos. Se hace preciso revisar, escarbar, ir a las piedras y a los fósiles, a las ruinas y al folklore por un lado, y a lo que actualmente *hace, siente y cree* la gente por el otro, para descubrir *cuál* es en realidad nuestra cultura.

* **EL FRACASO DE TODAS LAS AFIRMACIONES CULTURALES**

Veremos entonces si es suficiente que figuremos en la constitución política de nuestro país como una democracia liberal, en el lenguaje periodístico como miembros de la cultura occidental y en las disposiciones jerárquicas de la Iglesia como un pueblo Católico. La curiosidad mínima de quien trata estos problemas lleva a profundizar algo más allá de las convenciones aceptadas, a hacer averiguaciones, encuestas, incursiones en las vidas, las creencias y las actividades de los distintos sectores sociales. En lo que la gente lee, en los estudios que realiza, en los oficios que la ocupa, en las diversiones que más la atraen; y entonces descubrimos que nos vemos *obligados a modificar* casi todo nuestro bagaje de información rotularia. Pues en efecto, estos "cristianos" no creen ni se comportan ni desean hacerlo como tales; estos demócratas liberales no votan sus propios impuestos y sus representantes no son contribuyentes sino burócratas asalariados; estos "occidentales" de la cultura no poseen una tecnología como no sea la prestada o traída por el extranjero, y por otra parte tienen un folklore propio, de honda raigambre indígena y algunos resabios hispánicos, completamente alejado del de otros pueblos de occidente.

¿Qué hemos sido? ¿Qué somos? ¿A dónde vamos? La falta de contestación satisfactoria a estas preguntas se palpa a diario en nuestro país.

Puede decirse que el desconcierto sobre el *Ser* de nuestro país es total. ¿Cuál es nuestro *Ser*?

Por de pronto toda *afirmación* de carácter cultural, cualquiera que haya sido, ha fracasado en nuestro país, si por fracasado se entiende que no ha prevalecido con exclusión de todas las otras. Así por ejemplo: la afirmación cultural hispánica del tiempo de la colonia fracasó, como lo prueba la guerra de la independencia, al no haber

estudios — 440

· 257 ·

LOS PROBLEMAS DE LA CULTURA Y LA REPUBLICA ARGENTINA

conseguido incorporar plenamente a esa cultura al elemento indígena, ni siquiera al criollo. Así como canta un cielito:

*"Aquí no hay cetro y coronas
ni tampoco Inquisición,
hay puros mozos amargos
contra toda expedición".*

La Revolución de Mayo, con sus principios iluministas, de filosofía liberal, también fracasó. No consiguió fijarse. Quiso deshacerse de todo b Hispánico y sustituirlo con la cultura anglo francesa. Consiguió deshacerse de casi, si no de todo lo hispánico, pero no consiguió para nada fijar la cultura anglo-francesa en nuestro medio a pesar de habernos dejado, causándonos toda clase de trastornos —la constitución política y los sistemas pedagógicos. Luego, en diez años tormentosos de marchas y contramarchas se llega probablemente al caos mayor que se conoció en el país desde su descubrimiento, y que obligó a un hombre tan sensato como San Martín a huir despavorido de estas playas. Se desemboca en Juan Manuel de Rosas. Hubiera parecido que Rosas iba a encontrar la fórmula, mezclando esos resabios hispánicos que quedaron, con lo criollo y lo indígena. No hubo tal. El también tuvo que cumplir con el destino negativista de esta tierra. El también fracasó. Y se libró la batalla decisiva de las culturas con unos pocos tiros, y sin ningún convencimiento, Rosas no pensó que lo que él defendía merecía el sacrificio de su vida. Y Urquiza al invadir la Provincia de Buenos Aires y comprobar que la población no era tan contraria a Rosas como se había manifestado por la propaganda unitaria, exclamó en su tienda de campaña: "Si hubiese sabido cómo siente este pueblo, no le hubiese hecho la guerra a Rosas".

● CASEROS — CONSTITUCION YRIGOYEN — PERON

Pareció entonces, que después de Caseros se retomaría la filosofía de Mayo al iniciarse una época de despotismo ilustrado de relativa prosperidad, pero lo poco arraigado que estaba ese sistema en el pueblo quedó probado con Yrigoyen, hombre oscuro y limitado, que en la primera oportunidad que se le brindó, lo echó por tierra. De todas las formas de gobierno, representativa de tal o cual cultura o teoría cultural, ninguna había conseguido prender en nuestra tierra con suficiente virulencia como para excluir *otras*, y fijarnos un tipo definido *ser nacional*. Todo se había pasado. La afirmación hispánica y Católica había sido socavada por las tendencias liberales y masónicas. La Democracia liberal por el nacionalismo, el Nacionalismo popular de Yrigoyen a su vez, por tendencias aristocráticas internacionalistas. Y en medio de todo este tembladeral de nuestra historia, aparece Perón. Entonces sí que pocos dudaron que se había dado con la fórmula exacta. Pareció por un momento que se reunían en ese movimiento el concepto moderno de la lucha de clases, un avance de la clase trabajadora, un reencuentro con la tradición cristiana, un concepto funcional del panamericanismo y una exaltación nacional. Pero ante la consternación general l,a de sus enemigos inclusive, cayó Perón, en forma no muy distinta a Rosas. Con este nuevo fracaso se completó la serie de la ineficiencia de las *afirmaciones culturales excluyentes* en nuestro medio.

441 — estudios

EDUARDO SQUIRRU

El socialismo peronista, algo bastante moderno, si es eso lo que se anda buscando, tampoco prendió entre nosotros como una cultura auténtica capaz de excluir a las otras. Este último fracaso de un sistema político con pretensiones culturales es un dato reciente, preciso, para el sociólogo. Considerando el fenómeno, con la objetividad necesaria, no puede dejar de saltar a la vista esta *constante* en el proceso cultural Argentino: *la falta de constancia.*

Bajo otro punto de vista puede considerarse que las clases sociales, o económicas si se quiere, como tales, también han fracasado como gobierno. Las clases aristocráticas en los gobiernos de Roca, claudicaron el poder a las clases medias, acaudilladas por Yrigoyen. Con Perón, el poder llegó a la clase obrera. Ninguno de estos tres grupos o clases fué capaz de mantener y desarrollar el poder colectivo, y seguir un tipo fijo de rumbo jurídico e institucional. En las tres clases faltaron las virtudes del mando: trabajo, incorruptibilidad, constancia, y capacidad de comprensión de las técnicas evolutivas económicosociales. Ello nos confirma aún más en la concepción de que nuestro país no ha adquirido aún una fisonomía determinada de las estructuras económicas que actúan en el seno de nuestra sociedad, y que haga pósible la preponderancia de uno de ellos con exclusión de los otros.

✦ FALTA DE RUMBO

Este estado de cosas puede resultar desesperante. Pero es un hecho. Esta falta de fijación política que se ha señalado no es nada más que *un aspecto de los muchos* que contempla el panorama más vasto de la Cultura. Lo mismo sucede en el campo de otras manifestaciones culturales. El Derecho, por ejemplo, íntimamente relacionado con la Política, lo mismo que con la Producción y la Economía, las Artes, la Ciencia, la Técnica. En todo, la Argentina se caracteriza por su *falta de rumbo*, por sus esfuerzos parciales y esporádicos alimentados momentáneamente por un entusiasmo generalizado que se apaga y cae, de pronto, como una cañita voladora, después de breve trayectoria.

Ese todo armónico que es la cultura de un pueblo, brilla entre nosotros, por su ausencia. Porque todas las manifestaciones culturales deben marchar dentro de cierto ritmo. Las Artes, le Derecho, la Técnica, las Ciencias, la Economía, la Religión, las costumbres. Nada de eso sucede entre nosotros. Sectores escindidos dentro de nuestro medio siguen las sendas más apartadas, "hablan los idiomas más distintos". Todo esto indica que se trata de un *grupo social en formación*, es decir, *no formado aún*. Un grupo en el que se están reuniendo los elementos que tal vez, en el futuro, por el camino por el que nos vaya empujando la necesidad, se armonizarán conformando las manifestaciones espirituales y materiales que constituyen una cultura determinada. Yo recuerdo haberme sentido más cómodo en China y en Dinamarca, donde he vivido varios años, que en mi propio país. ¿Por qué era esto? Me lo he preguntado muchas veces. Creo que la explicación está en que tanto en Dinamarca como en China, me hallaba situado, es decir, me encontraba *ubicado dentro de*, una cultura determinada. Y aunque esta cultura podía ser exótica para mí, era por otro lado congruente y lógica en sí misma, y trasmitía un sentido de soli-

LOS PROBLEMAS DE LA CULTURA Y LA REPUBLICA ARGENTINA

dez y de armonía. En ellas, la Religión armonizaba con las costumbres, y ambas a su vez con las artes. Uno sabía "a qué atenerse", pues las reacciones en los actos humanos estaban determinados por una *cultura* y el resultado de todo ello era que cualquier extraño, con un mínimo de sensibilidad, no encontraba dificultad alguna en adaptarse a esos medios, pues entraba en algo ambiental en que todo lo conducía hacia cierto comportamiento determinado. Tal, ciertamente no es el caso entre nosotros, donde los actos del hombr medio no condicen con su religión, donde las decoraciones edilicias no están de acuerdo con nuestra economía y nuestra raza; y nuestra legislación, chocantemente contradictoria en sí misma, no está de acuerdo con nuestros sentimientos, con nuestras costumbres, ni con nuestras ideas.

♦ **EL TIEMPO PODRA SALVARNOS**

Esta incongruencia cultural de nuestro medio engendra el cinismo y la incertidumbre en la gente; y la falta de estabilidad y continuidad de los valores culturales produce la falta de confianza para las obras de aliento, es decir, para las *grandes* obras, permaneciéndose siempre en lo inmediato y superficial, pues se duda seriamente, y no con motivos infundados, de la posibilidad de cosechar los frutos de la perseverancia. No interesa valorar este estado de cosas, por lo menos en este artículo. Esos son los *hechos* tal como se los encuentra en nuestro medio, y de esta situación sólo el tiempo podrá *sacarnos*.

La verdad es que, analizando todos los factores y los valores que entran en nuestra conformación, no hay motivo alguno para ser optimistas, y se justifica el dicho de los antiguos vedas: "Para el hombre de discernimiento, todo es miseria". Pero hay también otras conclusiones que podemos extraer de estos hechos. Nuestro florecimiento cultural, no se producirá, como no se produce ninguno, espontáneamente. De la misma manera que un individuo es la serie de actos que ha realizado en el transcurso de su vida, un pueblo posee la cultura que ha ido construyendo sobre la marcha de la Historia, de las obras que ha ido dejando. Todos estos sistemas políticos con veleidades de cultura propia que han sido mencionados, fracasaron, es verdad, pero al caer, nunca murieron del todo. Siempre algo quedó en el período siguiente de lo que había propulsado el anterior. Esa *sedimentación* de lo que va quedando, forma los estractos de lo que constituye la cultura de un pueblo. Esto es *irremediable e irreversible*: estamos hechos de lo que nos ha ido pasando, de cada acto, de cada obra, de cada accidente geográfico e histórico, de cada idea que hemos expresado y aun cobijado.

Hay mucho que seguimos soportando sin creer verdaderamente en ello. Valores espirituales y materiales de otrora que nunca tuvieron realidad en nuestro ser: son órganos atrofiados que un sentido funcional de la vida nos hará dejar. Hay mucho que siempre ha estado en nuestra alma y a lo que no se ha dado expresión institucional o artística pero que tendrá que venir a fijarse definitivamente en nuestro medio, hasta el momento en que, de este crisol de verdades y falsedades que es nuestro ambiente, surja un mensaje original que nos coloque en el mapa de la verdadera existencia de los pueblos.

443 — estudios

El I CHING **les aconseja:**
35. Chin / El Progreso

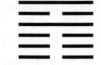

EL DICTAMEN
El Progreso:
El fuerte príncipe es honrado con caballos en gran número.
En un solo día se lo recibe tres veces.

Como ejemplo de la situación se describe un tiempo en que un fuerte príncipe feudal reúne a los demás príncipes en torno al soberano, el Gran Rey, en paz y obediencia; el Gran Rey lo distingue con generosos obsequios y lo atrae brindándole confianza en su círculo más inmediato.

Esto implica una doble idea: la acción del progreso propiamente dicho emana de un hombre en posición dependiente, en quien los demás ven a uno de los suyos, gracias a lo cual lo siguen voluntaria y dócilmente. Este conductor posee la suficiente claridad interior como para no abusar de la gran influencia que ejerce, sino para antes bien utilizarla en favor de su soberano. Este, por su parte, libre de celos de cualquier índole, agasaja al gran hombre con ricos regalos y lo atrae para tenerlo siempre cerca de sí. Un amo iluminado y un siervo obediente, he aquí las condiciones para un gran progreso.

LA IMAGEN
El sol se eleva por sobre la tierra:
la imagen del Progreso.
Así el noble ilumina por sí solo sus claros talentos.

La luz del sol que se expande sobre la tierra es clara por naturaleza, pero cuanto más asciende el sol, tanto más emerge de entre las turbias brumas hasta brillar en su pureza original, iluminando un ámbito cada vez mayor. Así también la verdadera esencia del hombre, que es originalmente buena, se enturbia por su contacto con lo terrenal y requiere por tanto una purificación, para poder alumbrar con la claridad que originalmente le corresponde.

Illampunsin 2023 (Vuelo del sol nuevo)

Animales en el cielo, quiénes nos guiarán.

Varios animales danzaron en el cielo del Tukmanaho (Tucumán, Salta del Tucumán, Córdoba del Tucumán, Argentina, parte de Bolivia y Chile), territorio Kakan de los Sherkay, los hijos del rayo, quienes desde hace 35 000 años llevamos registros de los cielos en el solsticio de invierno, cuando se produce el salto de un animal que será el guía del nuevo año.

Los últimos registros fueron: en 2018, el Kenti–Colibrí; en 2019, Illam Ananay (serpiente que vuela) -Dragón; en 2020, el Humañoj-Humano; en 2021 el Lúra-Lagarto y en 2022 el Uturunko-Jaguar.

Este nuevo año se presentó majestuosa en los cielos la gran tortuga milenaria, quien sostuvo la vida en sus espaldas en épocas de la gran inundación, repoblando continentes cuando bajaron las aguas.

También el Puma, quien nos enseñó a cazar; el Caballo; cuando este corrió libre por estos territorios pudimos por fin abrazarnos en amistad y respeto.

Una Termita, que despliega sus alas para multiplicarse, también una gran Avispa, que representan el trabajo en comunidad, ellas mantienen la calma, pero cuando se sienten atacadas o advierten que quieren sacarlas de su territorio, se defienden con ferocidad, sin dudarlo, grupalmente. Pasó un Hurón, compañero milenario de caza, utilizado actualmente para controlar plagas, luego un Mamboretá, la mantis religiosa, ellos son grandes depredadores y también realizan control de plagas, de forma natural. Pueden ser señal de buena suerte, conectan con el mundo espiritual, videntes, profetas, y guían a los viajeros a encontrar su rumbo. La Lechuza, la gran guía de las almas que deben elevarse, en estos tiempos limpiando las energías.

Cuando esperábamos ver qué animal realizaba el salto, se formó un "Orao", seres guardianes que caminan la tierra desde un principio, conectados con todos los elementales, consejeros, protectores que nos acompañan y guían en este viaje sideral sobre la Tierra. Nos dicen que quienes lideran el mundo también deberán hacer un acuerdo con los guardianes de la Tierra, sellar un pacto en el que quede claro que los derechos de los humanos terminan donde comienzan los derechos de la Tierra como ser vivo.

Las metas propuestas por organismos internacionales por el cambio climático deben ser justamente para asegurar la biodiversidad en el planeta, implementando energías no contaminantes, pero que no sean destructivas, priorizando el agua y la vida en todas sus expresiones.

Ya no puede haber zonas de sacrificio para el bienestar de unos pocos.

Somos parte de la tierra, esencia y presencia, no sus dueños, todo daño que le realizamos a ella, nos lo estamos haciendo a nosotros mismos. Es tiempo de sanar las heridas.

En el cielo se formó el símbolo del agua, que acompañará para emparejar la gran potencia del sol, debemos equilibrar las emociones, ser claros y estar seguros con nuestro poder de ser guardianes de la luz, de la vida, con firmeza, seguridad y armonía.

Finalmente, las abuelas y abuelos vieron en el salto que las energías que regirán este nuevo año serán las de dos animales: la Serpiente-Ananay y el Mono-Chkuic.

La Serpiente y el Mono

La serpiente astuta, solitaria, territorial tiene la memoria del inicio, está en contacto pleno con la energía de la tierra, columna sagrada que se mueve, como se movió esa madrugada pasando debajo de nosotros con epicentro en Cosquín (Córdoba Argentina), cerquita de donde estábamos.

Ella se mueve para calmar los egos, los fuegos internos, los celos, el sexo desenfrenado; ella te paraliza de miedo, pero también te eleva y guía por el camino de la espiritualidad, de la fertilidad, e invita a danzar por la lluvia y abundancia de la vida en la tierra.

El Mono nos hace de espejo, somos nosotros, nosotras el animal más parecido a los humanos, siempre en familia y, a diferencia de nosotros, aún está en plena conexión con la naturaleza, defiende grupalmente sus territorios; con inteligencia supo adaptarse en distintos tiempos a condiciones adversas.

La ambición por ampliar las zonas de producción ganadera, para biodiesel, o para extracción de madera, minerales, entre otras actividades, va acabando de forma acelerada con su hábitat, limitando su esperanza de vida, igual que la nuestra.

El Mono nos invita a reconectar con nuestros animales guías –representados por Ejjasika, animal espiritual– quienes nos acompañan en esta vida sobre la tierra, para no que no olvidemos quiénes somos, qué hacemos acá, de dónde venimos y cómo vivir en equilibrio con el entorno, constituyendo parte del todo, sosteniendo el verde de esta nave Madre Tierra, el verde que late en el corazón del nuevo sol.

El Sol con un corazón verde

Cuando salía el nuevo sol vimos su potencia, su color, su movimiento, pasamos nuestras manos por la cara, como si la laváramos, y lo vimos girar, bailar, mientras su centro irradiaba una luz verde. Nos trae recuerdos de la humanidad verde, de nuestra alimentación y del nuevo tiempo en el que más que nunca debemos volver al jardín primitivo a sembrar, a sostener el verde recuperando el respeto hacia lo vegetal en su estado natural. Oxígeno, agua, comida, medicina, vida.

Debemos generar espacios libres de pestes, plagas, pero también de fumigaciones contaminantes y semillas modificadas genéticamente. Que también nos modifican y contaminan. Ya no hay más márgenes para la destrucción.

Así como se realizaron acuerdos para la explotación de los bienes naturales en todos los lugares de la tierra, con las consecuencias que estamos viendo, sintiendo y viviendo, deberán realizarse acuerdos para que se detenga la destrucción de forma urgente.

Toda la gente y quienes toman decisiones están en condiciones de comprender lo que sucede, lo delicado de la situación, y empezar a actuar para torcer el rumbo y asegurar la continuidad de la vida en este planeta.

Basta con analizar los bruscos y extremos cambios de

temperatura, la fuerte contaminación, la escasez de agua potable, las enfermedades, que además se potencian con las detonaciones de explosivos para megaobras o pruebas nucleares y guerras, que ya generan millones de desplazados en el planeta en búsqueda de un nuevo hogar. A ellos tenemos que recibirlos y reacomodarlos.

Esta nave madre es nuestro hogar en común, debemos reconectar con su latido. En tiempos de pantallas, no dejemos que la inteligencia sea solo artificial, todo tiene vida a nuestro alrededor, seamos respetuosos, seamos cuidadosos, actuemos y vivamos con amor, el tiempo de comenzar es ahora.

Enseñanza de maestros kakanes
Vimma - Rita del Valle Cejas
(Maestra de la tierra que cumplió su tarea y voló el 21 de diciembre de 2020 con el cambio de elemento, de tierra a aire)
Oshuko - Felipe Antonio Caro (Tukma/Talapazo - Quilmes-Tucumán)
Círculo de Oraus, seres elementales, Liwas (Mujeres medicina) y Tukmas (Hombres medicina)
Escrito por Fernando Guzmán (Manguz).

Predicciones para Argentina 2024
desde la Astrología de India

¡Hari Om! Un año más escribiendo para este maravilloso tesoro pránico que es el libro de mi queridísima y admirada amiga Ludovica.

Se viene el año del dragón, y por ser parte de esa energía tan especial, luego de realizar mi puja (ritual) en la cual invoqué a todos los dioses hindúes para que me inspiraran, me di a la tarea de escribir las predicciones para nuestra amada Argentina.

"¡Qué país!", gritaba China Zorrilla en *Esperando la carroza...* y es verdad ¡qué país!, pero ¡qué país hermoso!

Desde la visión de la Astrología de India, el año 2024 puede ser llamado "El año de la Madre Tierra y el Dharma", ya que Gurú (Júpiter) estará visitando Vrishabha (Tauro). Tanto el toro como la vaca ocupan un lugar de privilegio en la cultura india y hay miles de citas en los Libros Sagrados sobre su vínculo con la Tierra y el Dharma.

Cada una de las cuatro pezuñas de Vrishabha (el toro védico) representan los cuatro pilares de la vida espiritual que son: pureza, misericordia, austeridad y veracidad. Según la mitología de India, al final de cada Yuga (era), Vrishaba levanta uno de sus cascos del suelo señalando que se ha perdido otro de los pilares. En Kali Yuga (nuestra era actual) solo queda una pata apoyada –la de la veracidad– e incluso esta se encuentra a medio apoyar.

Restablecer nuestro contacto con nuestro Dios personal (Dharma) y respetar a la Madre Tierra es la única forma de restablecer el orden natural de nuestra vida.

El toro, representado por el signo de Vrishabha (Tauro) no es otro que Nandi, el vehículo del dios Shiva. Por eso en India siempre frente a la imagen de este dios encontramos al Toro recostado pacientemente y con su mirada puesta en él. Mi maestro, Swami Omanandji, me enseñó que cualquier deseo que tuviera no debía pedírselo directamente a Shiva sino que lo mejor era, en voz baja, contarle mis pedidos a su vahana (animal sagrado-vehículo). Por ese motivo en India podemos ver a miles de personas susurrando sus pedidos al oído de Nandi, y lo mismo sucede con el ratón de Ganesh. Para mí ha sido una experiencia bellísima y siempre me ha sido dado todo lo que he pedido a través de ellos.

Gurú (Júpiter), es el gran maestro de los dioses, y quien nos guía sobre lo que debemos aprender. En 2024, el aprendizaje pasará justamente por el cuidado de la Madre Tierra y la recuperación de nuestro propio Dharma.

¿Qué es el Dharma? Dharma es una doctrina ético social que, practicada en correcto estado espiritual, nos conduce a una vida llena de felicidad, disciplina y salud. Dharma es la conducta correcta; el hacer lo que se debe hacer. Según el Atharva Veda (uno de los cuatro Libros Sagrados de India), Dharma representa la forma ideal de conducta: hacer lo correcto en el momento correcto.

Este gran benefactor, Gurú, ingresará el 14 de mayo y permanecerá allí hasta el año 18 de octubre de 2025.

Durante este tránsito debemos actuar correctamente para con nuestra Madre Tierra. Será un gran año para conectarnos con la magia de los rituales, así como también para aprender ciertas prácticas ecológicas como el valor del reciclado, el cuidado de la energía eléctrica y el cuidado del agua (el verdadero oro del futuro).

Podemos esperar que la Tierra, activa por este gran benefactor, haga oír su voz a través de importantes terremotos e inundaciones.

¡Empezar por casa es la propuesta jupiteriana! Aunque pueda parecernos muy poco, Júpiter nos convoca a ocuparnos de nuestras propias conductas. Tal como afirmara la Madre Teresa de Calcuta: "A veces sentimos que lo que hacemos es tan solo una gota en el mar, pero el mar sería menos si le faltara una gota".

Por otro lado, como estará ubicado en la segunda mansión astral, tendrá que ver con la educación y la unión familiar. Será vital que las nuevas generaciones aprendan sobre las acciones correctas desde la cuna misma. Recuerdo que mi maestro me enseñó que Mahatma Gandhi, a la hora de realizar sus grandes propuestas, se acordó de aquello que hacía su madre a la hora de pedirle a los dioses: ayunos. Ese pequeño gesto educativo de su madre valió la liberación de todo un país unos años más tarde.

Argentina se encuentra frente a un gran cambio político, lo cual no quiere decir que quienes gobernaron hasta acá dejarán de tener poder e influencias.

En este nuevo gobierno, uno será el presidente oficial y varios los no-oficiales; demasiados jefes y poco soldados.

Nuestro país seguirá bajo la influencia de Mercurio como lo ha hecho desde el año 2011, pero veremos a Júpiter incorporarse a estos efluvios astrales. Tripular nuestro país no será nada fácil, y más considerando que quienes perderán no serán buenos perdedores.

Le tengo fe a Júpiter, que desde una buena posición estará ayudando para que la Argentina poco a poco resurja entre las cenizas, pero eso no sucederá si quienes deben gobernar están más ocupados en la pelea y la resistencia que en aprovechar las buenas oportunidades astrales.

Estamos frente a un cambio de paradigma, de eso no me cabe duda alguna, pero la cuestión es si este cambio podremos hacerlo en estado de paz social; y digo esto porque desde las sombras más de uno priorizará sus colores políticos e intereses personales por sobre el bienestar de la sociedad toda. Astrológicamente, cada vez que Júpiter nos encontró divididos hizo estragos en nuestro país, pero cuando nos encontró unidos hizo de la Argentina un país muy rico. Júpiter premia a quien lo merece. Podemos dar un verdadero giro en materia económica si el gobierno y la oposición trabajan conjuntamente; divididos podemos esperar el caos.

Pero, ¡ojo!, esto no será de un día para el otro; convertir a la Argentina en un país competitivo llevará al menos diez años hasta que Shukra (Venus) tome una nueva posición.

Por todo esto, me animo a afirmar que el primer año de gobierno será decisivo —astrológicamente hablando— para medir la continuidad y la duración del oficialismo de turno.

En materia internacional será un gran año para unirse también con países hermanos y no tan hermanos, ya que hay buenas posibilidades de llegar a acuerdos y tratados interesantes y productivos para el país.

Por último, les dejo una terapia sanadora para este Gurú

(Júpiter) que estará sobre el signo del toro: solo abracen un árbol, cierren sus ojos, pídanle por la limpieza energética, y simplemente respiren mientras perciben el amor y la sanación que les regalará.

¡Que Dios y Ganesh los llenen de paz, amor y felicidad!
Om Shanti
Deepak Ananda
JyotishAnanda (astrólogo hindú)
Profesor de Yoga y Yogaterapia

LOS ASTROS Y SUS INFLUENCIAS EN 2024 PARA LATINOAMÉRICA, ESTADOS UNIDOS DE AMÉRICA Y ESPAÑA

por Ana Isabel Veny Llabres

Se ingresará en un ciclo en el cual se fortalecerán las conexiones entre quienes habitan el planeta Tierra y habrá una mayor integración a nivel espiritual.

Los seres humanos tendremos la oportunidad de transitar por el sendero que conduce a una nueva armonía y nos conecta con nuestra verdadera esencia. Si bien será de forma gradual, en muchas personas habrá un despertar de la conciencia en relación con las dimensiones más sutiles. Esto promoverá en cada ser la reconexión con su parte más mística y los poderes que están latentes en cada uno de nosotros (telepatía, clarividencia, psicometría, etcétera). Se recibirán cada vez con mayor frecuencia informaciones provenientes de esos espacios más espirituales y ayudarán a elevar las vibraciones personales. Estamos en etapas de transición y ahora es muy necesario observar nuestro interior y darle valor a esa maravillosa luz que hay en nosotros. Esto siempre resulta fortalecedor y nos armoniza.

Los tránsitos planetarios nos permitirán acceder a nuevos escenarios de vida que resultarán más beneficiosos a nivel grupal. Se irán dejando atrás situaciones que generan inestabilidad y serán tiempos más favorables para que nuestro pasaje por este lugar de alta densidad sea agradable y podamos evolucionar en diferentes aspectos. Entre los habitantes del planeta se irán generando vínculos más firmes y de naturaleza espiritual. Es el tiempo de reconocer que nuestras emociones y pensamientos influyen en nuestro entorno y en quienes nos rodean. Debemos estar positivos y de esa forma trasmitir optimismo y esperanza en todo ambiente. Si nos armonizamos en lo físico, emocional y mental, podremos atraer hacia nosotros buenas energías y estar más protegidos. De esa manera se elevarán las vibraciones y la estabilidad a nivel general estará presente.

Si nos relacionamos unos con otros desde nuestro corazón,

donde residen las energías del amor, en esta dimensión habrá una nueva paz y concordia.

Los reinos de la naturaleza (animal, vegetal y mineral) continuarán solicitando nuevos cuidados y mucha atención para permanecer equilibrados. Preservemos nuestros recursos naturales que son muy valiosos y necesarios. Siempre será beneficioso reservar un tiempo para nosotros mismos en el que podamos meditar y revitalizarnos con la energía solar (elemento fuego) y depurarnos con la respiración pránica (elemento aire). También es importante que nos relacionemos con la tierra y el agua. Estar en contacto con los cuatro elementos de la naturaleza es muy revitalizador. Esto también nos prepara para recibir los mensajes de nuestros guías espirituales desde planos invisibles, que sirven para orientarnos en muchos aspectos. Seremos cada vez más conscientes de la importancia de las relaciones humanas, y de esa forma se podrán acortar distancias con quienes nos acompañan en nuestro pasaje por esta dimensión. En los planos más elevados todos estamos conectados de alguna forma, y sobre todo desde esa bella y resplandeciente luz que subyace en nuestro centro interior.

Nota: Las predicciones realizadas se basan en la fecha de independencia de los países que involucran por lo general el año en cuestión a partir de su nueva revolución solar y un tramo del año siguiente, completando así doce meses.

Resumen de las influencias astrales en 2024: En este ciclo, los astros de mayor incidencia sobre los distintos colectivos sociales irán accediendo a nuevas ubicaciones en el zodíaco. Esto conducirá a transformaciones importantes que incidirán de forma positiva en aquellos sectores de la sociedad expuestos a diferentes altibajos. Con el transcurrir del tiempo se podrá comprobar esta buena influencia astrológica.

ARGENTINA

FECHA DE REFERENCIA: 09/07/1816 - SIGNO SOLAR: CÁNCER - Muy susceptible, solidario y reservado.

ELEMENTO AGUA: Conduce a un gran interés por la mística, lo relacionado con el arte y las tradiciones.

Pronósticos anuales

Este ciclo se iniciará con los buenos aspectos que ya estaban presentes el año anterior. El planeta Júpiter desde su ubicación en Tauro, siempre deseoso de lograr una nueva expansión en muchas direcciones, continuará en buen aspecto con el Sol del país ubicado en Cáncer. Esto tendrá una buena incidencia en cuanto al comercio exterior y el sector de exportaciones irá recuperando su dinámica. En este sentido habrá nuevas proyecciones que conducirán a beneficios. A nivel general y con el paso de los meses, la economía accederá a estructuras más firmes. Esto estará respaldado por la buena conexión entre Saturno (seguridades) y el Sol (planificaciones). Se contará con una buena administración en cuanto a los diferentes recursos existentes, lo que conducirá a una mayor estabilidad. Si bien se estarán atravesando procesos en muchos aspectos, de forma gradual el consumo interno accederá a gráficas más estables. Habrá interés por las canastas básicas de alimentos y por lograr su recuperación. Los sectores industriales tomarán un nuevo impulso y obtendrán buenos resultados. Las inversiones que se realicen en este período resultarán más efectivas. En el segundo semestre del año se constatarán avances en cuanto a beneficios sociales que favorecerán a quienes más los necesiten. Se contará con nuevos planes educativos que conducirán a renovaciones en distintos aspectos. Mercurio (conocimiento) estará ubicado en Leo, lo cual promoverá cambios al respecto. En el mercado laboral de forma paulatina habrá más equilibrio y se reducirán las tasas de desempleo. En sectores de informática habrá muchas novedades y adelantos. Con el buen aspecto que logran Júpiter (expansión) y Plutón (transformación), se impulsarán muchos proyectos en distintas áreas. Las finanzas estarán en niveles más aceptables.

Comentarios generales

Se podrán implementar nuevos sistemas que favorezcan lo relacionado con las áreas agrícolas y sus principales cosechas (trigo, maíz, caña de azúcar, entre otras). Será un tiempo de innovaciones al respecto. En cuanto a su clima, seguirá siendo muy diversificado de acuerdo con sus diferentes regiones y conservará sus gráficas habituales. Promediando este ciclo, en sus sectores turísticos habrá una actividad más intensa y llegarán nuevos visitantes a sus parajes naturales y de gran belleza. Los proyectos relativos al cuidado de sus ecosistemas irán adelante. Siempre será conveniente realizar un monitoreo de sus principales volcanes y acentuar la vigilancia en cuanto a sismos. En el deporte, se perfeccionarán técnicas a efectos de conservar posiciones y con buenos resultados.

Resumen de las influencias astrales en 2024: Será un ciclo que de forma progresiva conducirá a beneficios en distintas áreas de su sociedad e irá resolviendo los asuntos de mayor relevancia. Las proyecciones en este sentido resultarán más efectivas y habrá adelantos.

BOLIVIA

FECHA DE REFERENCIA: 06/08/1825 - SIGNO SOLAR: LEO - Es muy independiente, dinámico y valeroso.

ELEMENTO FUEGO: Genera optimismo, mucha audacia y franqueza.

Su panorama anual

En gran parte del año, se deberán sostener esfuerzos a efectos de que las finanzas del país continúen estables. El aspecto disonante entre Júpiter, siempre deseoso de expansionarse, y el Sol, que alude a proyecciones, sugiere obrar con mucho realismo en cuanto a nuevas inversiones. La conexión entre Urano y el Sol aconseja realizar emprendimientos al respecto con moderación para obtener un buen resultado. Se cuenta con la buena posición de Mercurio en el signo de Virgo, su propio domicilio, lo cual es muy auspicioso e incide bien en los asuntos relativos al comercio. Gradualmente su macroeconomía irá logrando mejores gráficas, y en cuanto a las exportaciones de sus principales productos, habrá una nueva dinámica. El mercado laboral irá ofreciendo nuevas oportunidades de empleo, lo cual será muy alentador. Se contará con buenos recursos para renovar los sistemas educativos, y eso conducirá a importantes adelantos.

En el área de las comunicaciones habrá buenas innovaciones y se podrá modernizar lo conectado a sistemas informáticos que ofrecerán muchos beneficios. Los planes de índole social tendientes a favorecer a los sectores más carenciados en cuanto a salud, vivienda y otras áreas resultarán muy efectivos. En los últimos meses de este ciclo, habrá una nueva estabilidad a nivel general y mucha certeza en cuanto a las gestiones económicas. Se contará con la conjunción de Marte y Júpiter que siempre conduce a la acción en cuanto a distintas planificaciones, pero se deberá obrar con precaución debido a la disonancia con Saturno (seguridades).

Con los proyectos de vital importancia se avanzará muy bien. Lo relacionado con las investigaciones científicas tomará un nuevo impulso en esta etapa.

Informaciones de interés

En relación con su agricultura se accederá a nuevas técnicas para aumentar su producción en distintos rubros y así continuar estable en sus mercados tradicionales. Será posible obtener buenas cosechas de maíz, frijoles, quinua, etcétera, y lograr beneficios. El cuidado hacia su medio ambiente, así como lo relativo a la deforestación tomará más relevancia y habrá buenos planes al respecto. Los proyectos tendientes a la obtención de energía eólica y los relativos a energía hidroeléctrica conducirán a resultados aceptables. El clima en algunas regiones se presentará cálido mientras que en otras zonas será más ventoso y con bajas temperaturas.

Con sus buenos destinos turísticos, continuará recibiendo muchos visitantes. Sus tradiciones y costumbres ancestrales seguirán vigentes. En lo deportivo se aplicarán nuevas técnicas que resultarán más efectivas.

Resumen de las influencias astrales en 2024: Con el transcurrir de los meses, se irán fortaleciendo muchas de las áreas que sostienen los principales intereses del país. La inversión de esfuerzos no será en vano y conducirá a buenos logros.

BRASIL

FECHA DE REFERENCIA: 07/09/1822 - SIGNO SOLAR: VIRGO - Inclinado al orden, muy perfeccionista y analítico.

ELEMENTO TIERRA: Conduce a obrar con realismo, mucha prudencia y practicidad.

Los anuncios de sus astros para su nuevo ciclo

En el país más extenso de Sudamérica se producirán cambios muy significativos que conducirán a una mayor estabilidad. Esto hace alusión en particular a sus principales finanzas, fuentes de trabajo y actividades comerciales. Se unirán voluntades para resolver los asuntos que generan preocupación en áreas de su sociedad. Es una de las economías de mayor relevancia en el continente, y paulatinamente irá recuperando sus buenos niveles. En gran parte de este ciclo, se contará con una buena influencia planetaria para acceder a mejores ubicaciones en relación con sus principales productos de exportación. Lo antedicho surge del contacto que se genera entre el benéfico Júpiter (siempre en busca de expansión) y Mercurio (el gran planificador). El Sol, representativo de quienes toman decisiones y en buen aspecto con los planetas mencionados, garantiza avances para impulsar distintas iniciativas que generen nuevos escenarios y ofrezcan un mayor bienestar. Se podrán superar de esa forma los desafíos provenientes de etapas anteriores. Se accederá a nuevas tecnologías que serán de gran utilidad. En cuanto a obras de vialidad y para lograr un mejor funcionamiento, estarán presentes los programas que conducirán a buenas infraestructuras. Con el paso del tiempo se comprobará su efectividad. Sus actividades industriales recuperarán sus buenos ritmos con los consiguientes beneficios. En los últimos meses del año, sus exportaciones se incrementarán y habrá rentabilidad para los diferentes rubros que participan de ellas. En informática y sectores académicos, se harán buenas actualizaciones. A fin de conservar lo logrado en el primer tramo de este período, se deberán sostener esfuerzos y obrar con mucho orden. Los programas tendientes a favorecer a las clases sociales más vulnerables estarán presentes en las agendas.

<u>Informaciones diversas</u>

Habrá nuevos planes para la protección del medio ambiente y sobre todo para las regiones que más lo necesitan. Su flora y su fauna continuarán solicitando atención. Para las especies expuestas a mayores riesgos, se implementarán sistemas de cuidado muy efectivos. Sus zonas paradisíacas y su clima tan agradable, continuarán atrayendo a turistas ávidos por disfrutarlas. La creatividad estará presente en sus diversas y originales artesanías. En el sector agrícola, a pesar de diferentes desafíos, se accederá a los métodos adecuados para mejorar su producción en cuanto a sus principales cultivos (soja, frutas, café, entre muchos otros). En el deporte y por buenos entrenamientos, continuará conservando posiciones.

<u>Resumen de las influencias astrales en 2024</u>: Será un tiempo de muchas transformaciones en distintas áreas de su sociedad, que resolverá aquello que genera estancamientos y conducirá a resultados más alentadores. Habrá un gran interés por renovar escenarios y acceder a beneficios.

CENTROAMÉRICA

La región centroamericana está compuesta por: Belice, Costa Rica, El Salvador, Guatemala, Honduras, Nicaragua y Panamá. Con sus bellos parajes naturales y su diversidad cultural, son países de una gran actividad turística.

BELICE

Habrá muchos adelantos en sectores que sostienen la economía del país y se podrán resolver desafíos provenientes de ciclos anteriores. En el sector agrícola y con sus exportaciones tradicionales, se obtendrán resultados alentadores. Con sus cálidas temperaturas y diversas actividades turísticas, seguirá recibiendo a quienes están deseosos de visitar sus regiones. Se avanzará en cuanto a programas que ofrezcan beneficios sociales y en relación con el medio ambiente. Será un año de mayor expansión y renovaciones en diversas áreas que beneficiarán a sus habitantes.

COSTA RICA

Con sus principales productos de exportación (industriales, agrícolas y muchos otros) el país accederá a nuevas ubicaciones que resultarán muy favorables. Los programas destinados a resolver distintas necesidades sociales de forma gradual ofrecerán resultados que brindarán conformidad. Será un ciclo de buenas inversiones que favorecerá temas relativos al mercado laboral. Se podrán destinar recursos para la protección del medio ambiente y su biodiversidad. Sus bellas zonas tropicales seguirán atrayendo turistas. Se avanzará en muchos aspectos y habrá más estabilidad.

EL SALVADOR

Dentro de sus diferentes espacios sociales, este ciclo irá moderando las desigualdades, lo que aportará muchos beneficios. El comercio a gran escala tomará más relevancia y se podrán superar en este sentido algunos altibajos observados en años anteriores. Las canastas básicas de forma gradual accederán a niveles más aceptables y podrán cubrir las distintas necesidades familiares. En cuanto a planes educativos y a informática, será un tiempo que conducirá a buenos resultados. Se irá resolviendo lo que genera inestabilidad en diferentes áreas de su sociedad y de forma efectiva.

GUATEMALA

Para acceder a una nueva productividad en las áreas agrícolas, se podrá renovar técnicas de cultivo que resultarán muy eficaces. En distintos mercados conservará buenas posiciones. Los programas tendientes a proteger diversos recursos en sus zonas naturales serán muy efectivos. Las inversiones que se necesitan para que su macroeconomía se conserve estable estarán presentes y se podrá generar nuevas fuentes de empleo. En las áreas de la enseñanza habrá muchos adelantos. El país avanzará hacia sus principales objetivos y será un ciclo que brindará nuevas seguridades.

HONDURAS

Para encauzar las situaciones que en distintas áreas de su sociedad han generado incertidumbre e inestabilidad, el país accederá a nuevos recursos. En el mercado laboral, de forma progresiva se irán renovando escenarios, lo cual resultará beneficioso. Sus gráficas en cuanto a las exportaciones se conservarán en niveles aceptables. Será posible llevar a la práctica los proyectos que estén relacionados con nuevas tecnologías y obtener beneficios. Lo relativo a sus tradiciones ancestrales estará presente. Será una época que solicitará sostener esfuerzos que resultarán muy efectivos.

NICARAGUA

En esta nueva etapa, el país podrá acceder a una mayor expansión económica que ofrecerá seguridad, y se irán resolviendo los asuntos que aún generan preocupación. En el área de la salud, habrá avances en cuanto a nuevas investigaciones y programas que beneficiarán a sus habitantes. Lo relacionado con el comercio exterior tomará un nuevo impulso y en sus diferentes mercados conservará buenas ubicaciones. En cuanto a energías renovables (solar, eólica, etcétera) se continuará avanzando. Para su sociedad, y en los asuntos de más relevancia habrá adelantos significativos.

PANAMÁ

Para mejorar la calidad de vida de sus pobladores, en este ciclo se podrán llevar a la práctica diversas inversiones en aquellas áreas que más lo requieren. Se irá accediendo a una economía que ofrecerá seguridad y se podrán generar nuevas fuentes de trabajo. En los sectores educativos habrá innovaciones que conducirán a un buen resultado. Con sus principales cultivos se podrán renovar técnicas y obtener más beneficios. En cuanto a las actividades turísticas habrá mucha dinámica. Durante este año y con los proyectos de mayor interés, los avances estarán presentes.

Generalidades: En las regiones de Centroamérica se contará con buenas planificaciones para el cuidado de sus zonas naturales, tan preciadas. Para sus campeonatos deportivos, habrá una buena preparación que conducirá a nuevos lucimientos.

Resumen de las influencias astrales en 2024: En muchos países Centroamericanos, se producirá una nueva expansión en diversos aspectos que irá dejando atrás lo que genera inestabilidad. De forma gradual, se accederá a un nuevo equilibrio en beneficio de sus habitantes.

CHILE

FECHA DE REFERENCIA: 18/09/1810-SIGNO SOLAR: VIRGO - Es muy perfeccionista, racional y reservado.

ELEMENTO TIERRA: Otorga mucha tenacidad e inclina a ser muy detallista.

Análisis de sus configuraciones anuales

En este ciclo se irá encauzando muy bien lo relativo a las finanzas del país. Habrá nuevos emprendimientos al respecto que podrán revertir las situaciones que generan inestabilidad. Se accederá a buenos acuerdos comerciales que favorecerán en gran forma a su economía. Los planetas Júpiter y Mercurio estarán en sintonía e incidirán bien en ese sentido. El buen aspecto entre Saturno y la Luna favorecerá lo relativo a programas sociales. Las medidas que se adopten al respecto resultarán muy convenientes. Las canastas básicas familiares quedarán expuestas a nuevos ajustes que aportarán beneficios. Será un año de buenos avances en el mercado laboral y se irán dejando atrás muchas inseguridades. En su sector de exportaciones y en diversos rubros habrá un nuevo dinamismo que resultará beneficioso. En lo agrícola, con sus productos tradicionales (frutícolas, cereales, verduras, entre otros), se obtendrán los resultados esperados. Con su producción en el sector vitivinícola conservará sus buenos niveles y prestigio. A lo largo de esta etapa se podrán constatar avances en las áreas educativas. Se contará con buenas técnicas de aprendizaje y programas que serán sumamente efectivos. En los meses finales de este nuevo tiempo, se observa la oposición existente entre Saturno, que conduce al orden, y Mercurio, siempre innovador en cuanto a nuevas planificaciones. En este sentido será muy conveniente obrar de forma moderada y con mucho análisis. Por otra parte, Urano (siempre creativo) y el Sol virginiano del país continuarán en buen aspecto; esto indica que no cesarán los esfuerzos para avanzar en distintas direcciones y resolver los asuntos de mayor relevancia. Habrá avances en relación con nuevas tecnologías y serán muy auspiciosos para distintos rubros.

Comentarios generales

Para la protección de sus zonas naturales y la conservación de su biodiversidad, será un año de buenas proyecciones. De esa forma será posible cuidar sus recursos forestales e hídricos, entre otros. Monitorear sus volcanes para anticiparse a nuevos sucesos relacionados con su actividad siempre será conveniente. Con sus bellas regiones y diversas opciones para realizar actividades turísticas, habrá mucha afluencia de visitantes extranjeros. En lo cultural y artístico habrá innovaciones que renovarán sus estilos y conducirán a buenos resultados. En distintos rubros deportivos se emplearán nuevas técnicas a efectos de lograr adelantos.

Resumen de las influencias astrales en 2024: Se accederá a nuevos escenarios que brindarán una perspectiva más auspiciosa y gradualmente se resolverá lo que genera contrariedades. Será un año de renovaciones y emprendimientos que conducirán a buenos resultados.

COLOMBIA

FECHA DE REFERENCIA: 20/07/1810 - SIGNO SOLAR: CÁNCER - Es muy emocional, intuitivo y gentil.

ELEMENTO AGUA: Inclina a la creatividad de diversas formas y a las actividades artísticas.

Su nuevo panorama astrológico

Al ingresar en este nuevo tiempo, se continuará avanzando con los proyectos de mayor interés tendientes a resolver en el

LOS ASTROS Y SUS INFLUENCIAS EN 2024

país las situaciones que más preocupan. En el mediano plazo se irá accediendo a escenarios más alentadores para su economía, aunque sostener esfuerzos será muy necesario. Habrá nuevos beneficios para las clases sociales que solicitan más atención en diversos aspectos. Se deberá tener en cuenta la conexión discordante entre Saturno y Marte, que recomienda obrar siempre con mucho análisis en cuanto a iniciativas. Del mismo modo, Júpiter y Mercurio, conectados a las áreas comerciales, sugieren obrar con practicidad a fin de obtener en ese sentido buenos resultados. Urano, siempre muy creativo e innovador, está en buena sintonía con el Sol, lo cual es un gran apoyo para ir encontrando soluciones en las áreas que más lo solicitan. Las acciones tendientes a reducir sus desigualdades sociales esta vez resultarán más efectivas. Para quienes aspiren a buenas ubicaciones en distintos rubros de actividad, en el mercado laboral se contará con programas de capacitación muy eficaces. En lo agrícola y con sus exportaciones tradicionales (café, plátanos, aceites, entre otras) se avanzará muy bien. En este sentido se accederá a una nueva estabilidad y sus gráficas en cuanto a producción estarán en buenos niveles. En relación con proyectos de vivienda será un año de muchas innovaciones. Al finalizar este ciclo se observa el buen aspecto que logra Saturno (concreciones) con el Sol (directivas). Esto conducirá a decisiones acertadas en relación con los principales desafíos existentes en las áreas de mayor relevancia. Si bien lo relativo a inversiones que beneficien a distintos sectores de su sociedad quedará sujeto a procesos, será altamente efectivo. En sus programas académicos habrá importantes transformaciones que conducirán a resultados muy satisfactorios. Se podrá constatar una mayor solidez en cuanto a sus finanzas.

Informaciones en rubros de interés
Será un ciclo de avances tecnológicos que permitirán afrontar bien lo relativo a las variantes climáticas. Para obtener buenas cosechas, su agricultura accederá a métodos muy eficaces. Sus infraestructuras turísticas se irán modernizando cada vez más, gracias a nuevos recursos. En sus parajes naturales y distintas ciudades habrá una buena afluencia de visitantes. Monitorear

sus zonas volcánicas siempre resultará muy conveniente y sobre todo en los lugares de mayor actividad. Sus tradiciones ancestrales con todos sus valiosos contenidos estarán presentes. En el sector deportivo, se podrán implementar sistemas de entrenamiento que ofrecerán buenos resultados.

Resumen de las influencias astrales en 2024: El país finalizará este ciclo concretando los proyectos de mayor relevancia, que ofrecerán nuevas seguridades. De forma gradual, se podrá revertir lo que genera preocupaciones.

ECUADOR

FECHA DE REFERENCIA: 10/08/1830 - SIGNO SOLAR: LEO - Muy voluntarioso, protector y perseverante.

ELEMENTO FUEGO: Concede mucho dinamismo, efusividad y un gran entusiasmo.

Los pronósticos anuales de sus astros

En los primeros meses de esta nueva etapa, resultará conveniente intensificar esfuerzos en relación con los proyectos asociados a los sectores que sostienen la economía del país. La buena conexión entre Marte y Urano conducirá a muchas innovaciones y no cesará el afán por generar una mayor productividad. Entre el Sol ubicado en el signo de Leo y Júpiter en Tauro se observa una discordancia que solicita obrar de forma mesurada y analítica en cuanto a nuevas planificaciones. Las relaciones comerciales cuentan con una perspectiva más alentadora y habrá buenas novedades. Los proyectos en salud, tendientes a mejorar la calidad de vida de sus pobladores, continuarán vigentes y con buenos resultados. Se contará con recursos para brindar nuevas protecciones a los sectores más vulnerables de su sociedad. Con el fin de conservar en buen estado sus estructuras viales se realizarán nuevas inversiones. Las destinadas a sus áreas educativas serán muy eficaces y promoverán muchos avances. Para sus trabajadores en distintas áreas de actividad habrá más estabilidad y buenas posibilidades de progreso. Las tasas de desempleo se irán reduciendo y se dejarán atrás los altibajos de períodos anteriores. El poder adquisitivo en los hogares se ubicará en niveles más satisfactorios e incidirá bien para lograr un mayor bienestar. Con su producción de granos, hortalizas y frutas entre otros cultivos, el país continuará reafirmando posiciones, y con sus exportaciones irá adelante. Finalizando este ciclo, se avanzará con los proyectos de mayor relevancia y de forma gradual quedarán superados diferentes contratiempos. El buen aspecto que se genera entre la conjunción formada por Marte y Júpiter en Géminis con el Sol ubicado en Leo respaldan lo antedicho.

Informaciones generales

Las actividades relativas a la investigación del espacio exterior tomarán más impulso. Con sus zonas arqueológicas tan atractivas y agradables temperaturas, las actividades turísticas estarán muy presentes. En los distintos rubros del arte (pintura, música, teatro, por ejemplo) habrá mucha creatividad y lucimientos. Para la preservación de sus bosques y áreas naturales tan valiosas, se contará con más recursos y buenas iniciativas. En el deporte habrá un gran afán por alcanzar nuevas posiciones. Se participará en distintas competencias con una buena preparación y técnicas de juego muy eficaces.

Resumen de las influencias astrales en 2024: Para los sectores de su sociedad que solicitan una mayor atención, de manera progresiva se accederá a soluciones que generen una nueva estabilidad. A medida que transcurra esta etapa se podrán constatar avances en muchos aspectos.

ESPAÑA

FECHA DE REFERENCIA: 11/12/1474 - SIGNO SOLAR: SAGITARIO - Muy aventurero, extrovertido y entusiasta.

ELEMENTO FUEGO: Otorga mucho vigor físico y una gran valentía.

Análisis astrológico para los próximos tiempos

En su nueva revolución solar, se observa la conjunción formada por el Sol ubicado en Sagitario con el planeta Marte. Esta conexión astrológica otorgará nuevos impulsos para llevar adelante diversas iniciativas y proyectos que aporten beneficios a su sociedad en muchas direcciones. Si bien se deberá obrar de forma prudente en relación con las finanzas del país, de manera paulatina se irá resolviendo lo que genera inestabilidad. Aún persistirá la discordancia entre Neptuno y el Sol, por lo cual será necesario obrar con cautela. Su mercado laboral en este ciclo cuenta con perspectivas más alentadoras y con el correr de los meses se constatarán avances. Será una etapa de inversión de capitales que promoverá nuevas fuentes de trabajo. En los sectores de relevancia (industriales, agrícolas, de servicios, entre otros) habrá nuevas proyecciones y una recuperación en cuanto al ritmo de sus actividades que otorgará buenos resultados. Con el fin de generar cambios que conduzcan a nuevos escenarios, no se desistirá de los emprendimientos ya previstos. Con sus clásicos productos de exportación (vinos, aceites, granos y demás) podrá ubicarse en nuevos mercados y obtener más prestigio. Júpiter en buen aspecto con Saturno ofrecerá seguridad al respecto. En las áreas agrícolas, para obtener mejores cosechas se podrán modernizar las técnicas. En los hogares se contará con un poder adquisitivo más aceptable y con el correr de los meses habrá avances en ese sentido. Los proyectos de vivienda continuarán vigentes y serán de gran ayuda para gran parte de su sociedad. En el área de la salud habrá buenos planes para afrontar mejor distintos imponderables. Esto permitirá además brindar asistencia a quienes se encuentren dentro de los grupos más vulnerables. Mercurio y Júpiter estarán amigables y permitirán una mayor expansión en los sectores educativos. Se contará con programas que resultarán de gran utilidad.

Comentarios relativos a diversas áreas

Su sector turístico accederá a una buena rentabilidad y se recibirán visitantes desde diversas latitudes. En cuanto a su clima, en algunas regiones los vientos pueden ser más intensos, y en otras habrá una mayor tendencia a las altas temperaturas. Para la conservación de sus áreas silvestres y su biodiversidad, se contará con nuevos planes que irán adelante. Las investigaciones en ciencia y arqueología serán muy efectivas. Si bien este ciclo en el deporte solicitará buenos entrenamientos y renovar algunas estrategias de juego, habrá muchos lucimientos.

Resumen de las influencias astrales en 2024: El país cuenta con un panorama astrológico más alentador y a medida que transcurra el tiempo se irán concretando distintas aspiraciones. La inversión de esfuerzos en diferentes aspectos será muy válida.

ESTADOS UNIDOS DE AMÉRICA

FECHA DE REFERENCIA: 04/07/1776 - SIGNO SOLAR: CÁNCER - Reservado, muy sensible e imaginativo.

ELEMENTO AGUA: Inclina a la mística, al arte y a la solidaridad.

Pronósticos para su nuevo ciclo

En el primer semestre del año y de acuerdo con su carta anual, encontramos buenos aspectos astrológicos entre el planeta Saturno (seguridades), Júpiter (relacionado con las finanzas) y el Sol del país (directivas). Esto incidirá bien en aquellos sectores que promueven el crecimiento económico (industriales, tecnológicos, por ejemplo) y será una etapa de avances al respecto. A esto se suma la conjunción entre Mercurio y el Sol, que conduce a nuevas proyecciones. La disonancia entre Urano y Marte recomienda realizar siempre buenos análisis y evitar apresuramientos. Los hogares contarán con más recursos para afrontar distintas necesidades y se irán moderando los altibajos de ciclos anteriores. Las exportaciones en cuanto a sus productos agrícolas (diversos granos, frutas, verduras, entre otros) continuarán en buenas posiciones. Con las actividades comerciales se accederá a escenarios más auspiciosos. Las investigaciones en el área de la salud conducirán a importantes descubrimientos y en beneficio de sus habitantes. Sus sistemas de aprendizaje con sus metodologías siempre originales continuarán siendo muy efectivos.

A medida que transcurran los meses se irá reduciendo el desempleo. Las inversiones que se realicen con el fin de mejorar las infraestructuras relativas a vialidad conducirán a buenos resultados. En muchos aspectos habrá adelantos en cuanto a los suministros de agua potable, energía eléctrica, por ejemplo. Llegando a los últimos meses del año, se sostendrán esfuerzos con la finalidad de continuar avanzando en los proyectos de mayor interés. Así lo ratifica la buena conexión entre Saturno (siempre muy racional) y Marte (energía en acción). En el área de las telecomunicaciones todo será más novedoso. En sus sectores empresariales habrá una mayor dinámica que aportará nuevos beneficios.

Informaciones en diversos sectores
Prestar atención a sus zonas volcánicas siempre resultará beneficioso y de esa forma se podrán tomar precauciones. Los proyectos con el fin de proteger sus parajes naturales y distintos ecosistemas, conducirán a resultados muy alentadores. Será un año muy prometedor en cuanto a su gran diversidad de opciones turísticas. En el deporte, habrá figuras que se lucirán por sus talentos originales y su gran destreza. Por toda inversión de esfuerzos en las prácticas deportivas se obtendrán buenos puntajes. Lo relacionado con energías renovables continuará muy vigente.

Resumen de las influencias astrales en 2024: Se contará con una buena perspectiva para generar una mayor productividad a nivel general. Será un tiempo de mayor estabilidad en muchos sentidos, que beneficiará a quienes allí habitan.

MÉXICO

FECHA DE REFERENCIA: 16/09/1810 - SIGNO SOLAR: VIRGO - Es muy intelectual, organizado y voluntarioso.
ELEMENTO TIERRA: Conduce a modalidades analíticas, pacientes y muy discretas.

Sus astros en el nuevo ciclo anual
Para el país, será un año de mayor expansión en muchas direcciones, aunque de forma moderada. Las inversiones con el fin de lograr una mayor estabilidad económica estarán presentes. Lo antedicho se apoya en el buen aspecto que logra el Sol

ubicado en Virgo con la conjunción conformada por Júpiter y Urano en Tauro. Las proyecciones en ese sentido estarán acertadas y conducirán a nuevas seguridades. Habrá mucha inventiva y perseverancia que ayudarán a concretar diversos objetivos. Continuarán en una buena conexión el planeta Plutón, de las grandes transformaciones, con el Sol (planificaciones) y esto permitirá acceder en distintas áreas a nuevos escenarios. Siempre será conveniente obrar de forma analítica, ya que aún estará vigente la oposición entre Neptuno (demasiado idealista) y el Sol virginiano.

En los hogares, a medida que transcurra el tiempo, se accederá a un nuevo poder adquisitivo. De forma gradual, el consumo interno alcanzará niveles más aceptables.

Para la creación de nuevos empleos, se contará con más recursos y se podrá resolver lo que genera inseguridad en ese sentido. En sus sectores industriales no faltarán los proyectos que conduzcan a una nueva dinámica que permita recuperar sus buenas posiciones. En cuanto a los servicios relacionados con el área de la salud y sectores de aprendizaje, entre otros, esta vez ofrecerán más beneficios.

Sus gráficas de exportación estarán más equilibradas y se podrán realizar nuevos acuerdos comerciales que serán beneficiosos. Lo relacionado con sus sistemas cibernéticos se irá modernizando cada vez más y tomará un nuevo impulso.

Comentarios generales

Sus siembras y cosechas estarán sujetas a métodos que ofrecerán un buen resultado. Con su gran diversidad de cultivos (granos, frutas, verduras, entre otros) continuará escalando posiciones. Por sus valores históricos, una gastronomía original y diversos parajes naturales, en sus sectores turísticos habrá una buena dinámica. Las investigaciones de índole arqueológica estarán presentes y aportarán buenas informaciones. Las tradiciones y costumbres dentro de sus distintos grupos étnicos continuarán vigentes y conservando su magia ancestral. Sus deportes esta vez exigirán mucha preparación, aunque en distintos campeonatos habrá un buen desempeño.

Resumen de las influencias astrales en 2024: Las perspectivas de crecimiento en muchos aspectos son más alentadoras. Ahora se podrá transitar por senderos más firmes y resolver los asuntos de mayor prioridad.

PARAGUAY

FECHA DE REFERENCIA: 14/05/1811 - SIGNO SOLAR: TAURO - Muy realista, concentrado e introvertido.
ELEMENTO TIERRA: Inclina a obrar con sensatez, determinación y suspicacia.

Los mensajes que envían sus astros
En esta nueva etapa y de forma gradual se accederá a una nueva estabilidad macroeconómica. Será un año de buenas inversiones que beneficiará la mano de obra en distintos rubros de actividad. El Sol en su carta anual se relaciona muy bien con Plutón, que siempre conduce a transformaciones, por lo que muchos proyectos podrán concretarse.

En cuanto al comercio exterior y con sus principales productos de exportación permanecerá firme en sus mercados habituales. Así lo confirma la conjunción de Júpiter, relacionado con los acuerdos comerciales, con el Sol, que hace referencia a las aspiraciones en ese sentido. Con su producción agrícola de caña de azúcar, maíz, yerba mate, entre otras, y por sus buenos métodos de cultivo, reafirmará posiciones. La conexión que se genera entre Mercurio y Plutón recomienda analizar siempre al detalle lo concerniente a iniciativas en las áreas de mayor relevancia. De todas formas, el planeta Saturno, que alude a las seguridades, estaría apoyando en ese sentido muchos planes tendientes a generar nuevos escenarios y resolver lo que produce inestabilidad.

En relación con sistemas informáticos y nuevas tecnologías, será un ciclo de buenas innovaciones que otorgará beneficios a diversos sectores que impulsan la economía del país.

Con el paso de los meses, se irá accediendo a buenas canastas básicas en beneficio de sus habitantes. Nuevas infraestructuras se integrarán a sus servicios de salud y resultarán muy efectivas.

Pronósticos en diversas áreas

Lo relacionado con energías renovables seguirá accediendo a buenas posiciones, sobre todo en lo concerniente al sector eléctrico. Será un año en el cual las artes teatrales tomarán relevancia, igual que su cinematografía y actividades musicales. De su cultura indígena seguirán vigentes muchas de sus tradiciones relativas a su gastronomía, espiritualidad, música ancestral, entre otras. En lo turístico no faltarán visitantes interesados en recorrer sus bonitas zonas de naturaleza.

A nivel deportivo, se implementarán nuevas técnicas de juego que serán efectivas. En diferentes áreas, habrá muchos lucimientos de sus figuras representativas.

Resumen de las influencias astrales en 2024: Si bien distintos sectores de su sociedad solicitarán una continua atención, se contará con más recursos para acceder a buenas soluciones. Será un ciclo de cambios que aportarán una nueva seguridad.

PERÚ

FECHA DE REFERENCIA: 28/07/1821 - SIGNO SOLAR: LEO - Es muy carismático, creativo y posee buena autoestima.

ELEMENTO FUEGO: Siempre conduce a la acción, otorga audacia y extroversión.

Observando sus nuevas configuraciones planetarias

En el primer semestre del año, es muy válido mencionar el buen vínculo existente entre los planetas Saturno (estabilidad) y Júpiter (bonanza). Esto promovería una mayor expansión en los sectores de vital importancia para el progreso del país. Sería de forma paulatina, pero se reafirmarían estructuras en ese sentido. Además, el planeta Júpiter se encuentra en buena sintonía con Marte, que siempre va a la acción.

Por lo antedicho, es de esperar un nuevo impulso en sus actividades financieras. Para los sectores más vulnerables de su sociedad, se podrán llevar a la práctica los proyectos conectados a sus servicios sociales. De todas formas, a nivel general se deberá tomar en cuenta el aspecto discordante entre Urano, siempre apresurado por efectuar innovaciones, y Mercurio, asociado a nuevas proyecciones. Esto solicitará analizar muy bien lo relativo a inversiones en diversas áreas con el fin de lograr los resultados esperados. A lo largo de este período, sus gráficas de exportación accederán a niveles más satisfactorios en relación con los años anteriores. En el segundo tramo de este ciclo lo relativo a sistemas de comunicación y planes educativos solicitará renovaciones y formatos que se adapten a nuevas realidades.

La ubicación de Mercurio en Virgo es beneficiosa ya que aportará realismo a la hora de tomar decisiones, aunque se deberán moderar impaciencias por la fricción con Urano (demasiado impulsivo). Continuarán en buen aspecto Marte y Júpiter, por lo que no cesarán los esfuerzos para alcanzar distintos objetivos en beneficio de su comunidad.

Informaciones de interés

Habrá importantes adelantos en investigaciones oceánicas, astronómicas y espaciales. Para la protección de su medio ambiente en distintas áreas será una etapa que ofrecerá mejores posibilidades. Sus diversos parajes místicos continuarán generando un gran interés turístico. Con los volcanes que permanecen activos siempre será beneficioso realizar buenos monitoreos. En sus sectores deportivos, el país cuenta con un buen panorama. Sobre todo promediando el año, se irán reafirmando posiciones, y los métodos de juego conducirán a buenos avances.

Resumen de las influencias astrales en 2024: Será un tiempo de proyecciones que solicitarán perseverancia, una gran constancia pero se contará con apoyo estelar. A mediano plazo, se irán cristalizando diferentes objetivos que ofrecerán beneficios a nivel general.

URUGUAY

FECHA DE REFERENCIA: 25/08/1825 - SIGNO SOLAR: VIRGO - Es muy detallista, precavido e introvertido.

ELEMENTO TIERRA: Conduce a la reflexión, la perseverancia y las modalidades tranquilas.

Sus nuevos escenarios anuales según sus astros

Observando su revolución solar, en el primer semestre del año habrá mucha actividad en los sectores que sostienen la macroeconomía, que conducirá con el correr de los meses a una mayor estabilidad general. Uruguay, como país agro exportador, podrá reafirmar posiciones y con su producción accederá a un mejor resultado. Sus principales cosechas contarán con gráficas más estables y ofrecerán beneficios. Entre ellas, cabe destacar el cultivo de caña de azúcar, maíz y cebada, por ejemplo; será un tiempo más provechoso. Para generar nuevos puestos de trabajo se contará con más recursos. La demanda de mano de obra, más importante, favorecerá a muchos sectores de su sociedad. En sus industrias y empresas de servicios habrá nuevas proyecciones y rentabilidad. La calidad de vida en los hogares accederá a niveles más aceptables. La buena conexión entre los planetas Júpiter y Mercurio conducirá a una nueva expansión en las áreas de mayor productividad. Asimismo, el aspecto armónico entre Plutón y Marte producirá muchos cambios que resolverán lo que actualmente genera inestabilidad. Sin embargo, es importante destacar la oposición que se genera entre Saturno, planeta de ritmos lentos y asociado a las seguridades, con el Sol del país. Esto solicita mucha prudencia a la hora de definir los asuntos más relevantes y realizar evaluaciones a efectos de que no se generen retrocesos. Hacia finales de esta etapa, se constatarán avances en relación con sus acuerdos comerciales y planes de protección social. Las inversiones, sean en vialidad, energías renovables o tecnología, resultarán más efectivas.

Comentarios generales

En meteorología, se accederá a nuevas técnicas para el estudio del clima, que resultarán eficaces.

Para la protección de sus diversos recursos naturales, se contará con nuevos proyectos. De esa forma se podrá preservar mejor lo relativo a sus suelos, fauna y flora.

Habrá nuevas investigaciones en geofísica relativas a sismos que resultarán de gran utilidad. Será un año de buenas perspectivas en cuanto a sus actividades turísticas. En distintos campeonatos deportivos habrá buenos desempeños que conducirán a puntajes satisfactorios.

Resumen de las influencias astrales en 2024: En este nuevo tiempo, se irán encauzando mejor los asuntos de mayor prioridad. Con el transcurrir de los meses se resolverán distintas contrariedades en beneficio de sus moradores.

VENEZUELA

FECHA DE REFERENCIA: 19/04/1810 - SIGNO SOLAR: ARIES - Muy aventurero, enérgico e individualista.

ELEMENTO FUEGO: Genera entusiasmo, una gran voluntad y autoconfianza.

Analizando las influencias de sus astros

Si bien aún se deberán resolver diferentes desafíos de tiempos anteriores, no se descartan avances en los sectores que aportan beneficios para su economía. Será una etapa de nuevas inversiones que, con el paso del tiempo, incidirán bien en cuanto a reducir las tasas de desempleo. Para los programas de asistencia social, de forma gradual se contará con mejores recursos que beneficiarán a quienes más lo necesitan. En este ciclo, alternarán épocas en las cuales tomarán impulso las principales planificaciones y otras que solicitarán conductas muy moderadas a efectos de obtener buenos resultados. Lo antedicho se respalda en la conjunción conformada por Marte, Saturno y Neptuno. Por tal motivo, siempre será necesario obrar con mucho realismo y practicidad. No cesará el afán por lograr una nueva expansión en muchos aspectos, ya que Júpiter se encuentra muy afín con el Sol ubicado en Aries y con Plutón, planeta de las transformaciones. Para la colocación de sus diferentes productos de exportación, se accederá a buenos mercados internacionales y a una nueva logística que será muy efectiva. Los sistemas educativos de primer orden quedarán sujetos a cambios que gradualmente conducirán a un panorama más alentador y se podrán modernizar muchas técnicas al respecto. Del mismo modo, en ingeniería de sistemas es de esperar que ocurran nuevos avances que resultarán de gran utilidad en diversos rubros. Las actividades industriales irán accediendo a un nuevo ritmo que conducirá a una mayor estabilidad.

Pronósticos en diversos sectores

En sus rubros artesanales habrá mucha creatividad, así como en las obras teatrales y también en lo musical. Tomará más relevancia lo relativo a las tradiciones de sus comunidades indígenas. Su clima en distintas regiones continuará dentro de sus parámetros habituales. Para la protección de sus principales cultivos, entre ellos arroz, café, cebada, se contará con mejores recursos. En las prácticas deportivas, se emplearán buenas técnicas de entrenamiento que serán efectivas y conducirán a resultados muy aceptables.

Resumen de las influencias astrales en 2024: Si bien este tiempo solicitará sostener esfuerzos en muchos aspectos, de forma progresiva se podrán alcanzar diferentes objetivos en diversas áreas.

Predicciones preventivas para la Rata
basadas en la intuición, el I CHING y el bazi

La rata celebrará la llegada del año del dragón vestida de gala. Al fin podrá encauzar años perdidos en situaciones desgastantes para su vida personal, profesional, familiar y anímica.

Como un tren bala saldrá de la madriguera, y será la aliada incondicional del rey del cielo en la tierra para promover nuevos emprendimientos con gente del mundo.

Ordenará sus prioridades: deudas que quedaron pendientes en sociedades, pymes, ONG y en el barro de la política.

Su espíritu curioso necesitará renovación de *look*; invertirá en imagen, en tomar cursos de modelaje, idioma chino, arte, ciencia aplicada a innovación en la inteligencia artificial.

La solidaridad será parte de una nueva faceta del roedor en cada situación en que la vida la ponga a prueba.

El dragón le dará mensajes de unión para ayudar a quienes no encuentren el camino, para hacer puentes entre gente excluida y mecenas que ayuden a niños, jóvenes y ancianos a desarrollar condiciones dignas de trabajo.

Su imaginación florecerá; creará grupos de ayuda humanitaria en regiones aisladas del país, será proveedor de alimentos, materiales de construcción e indumentaria.

Su servicio a la comunidad será permanente, sin fines de lucro, sin que saque tajada de cada caja que tendrá a su cargo.

En la familia habrá reconciliaciones, encuentros con parientes lejanos, herencias y posibles inversiones en empresas de energía renovable.

Podrá emanciparse de una pareja, de su familia, de un trabajo que le sacó la energía vital, y empezar una nueva vida.

El entusiasmo deberá ser regulado por terapias de autoayuda: yoga, meditación dinámica, taichí, *fitness*, deporte, juegos que movilicen sus neuronas: ajedrez, *bridge*, *scrabel*, rompecabezas y crucigramas.

El arte de la rata será acompañar el nuevo tiempo con los cambios bruscos que trae. Su energía creativa deberá ser regulada con chequeos médicos, sesiones de yoga, tambores, danza y canto en momentos en los que sienta que la demanda humana supera su equilibrio emocional.

El triángulo rata, mono, dragón estará en alto rendimiento y productividad.

Su estrategia para estar al servicio de los más indefensos y limitados, para desarrollar su talento será clave en la comunidad de los hombres.

Aparecerán fantasmas del pasado; cuentas pendientes en promesas del año electoral que deberá saldar para sentirse libre de amenazas que puedan perjudicar a su familia.

El dragón marcará un antes y un después en su vida.

Superará traumas, espejismos, relaciones tóxicas para poner el mojón en su lugar en el mundo.

Cambios sistémicos, la construcción de una relación sin reglas condicionantes renovarán su energía, y traerá en adopción nuevos seres a la madriguera.

Año clave para su renacimiento holístico, su capacidad intelectual, el desarrollo en pymes, SRL, propuestas en su pueblo, ciudad o país para hacer leyes que colaboren para que la gente mejore, sin trampas y con inclusión social. La rata será clave para organizar el rumbo del año del dragón en la tierra.

A disfrutar un año bisagra rumbo a una nueva humanidad.

L. S. D.

El I CHING les aconseja:
8 Pi / La solidaridad (El mantenerse unido)

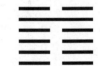

EL DICTAMEN
La solidaridad trae ventura.
Indaga al oráculo una vez más,
ve si tienes elevación, duración y perseverancia;
si es así no habrá defecto.
Los inseguros se allegan poco a poco.
El que llega tarde tiene desventura.

Es cuestión de unirse a otros, a fin de complementarse y de estimularse mutuamente mediante una solidaria adhesión. Para semejante solidaridad, es preciso que exista un centro en torno al cual puedan congregarse los demás. El llegar a ser centro para la solidaridad de los hombres es asunto grave que implica gran responsabilidad. Requiere, en el fuero interno, grandeza, consecuencia y vigor. Examínese, pues, a sí mismo, quien desee reunir en su torno a otros, con el fin de cerciorarse si se halla a la altura de la situación; pues quien pretenda reunir a otros sin estar munido del sello que da una verdadera vocación, ocasionará una confusión mayor que si no hubiera tenido lugar unión alguna.

Pero donde existe un verdadero foco de unión, allí los inseguros, aquellos que al comienzo vacilan, van acercándose paulatinamente, por sí mismos. Quienes llegan tarde sufrirán los perjuicios que ellos mismos se causan. También en el caso de la solidaridad se trata de caer en la cuenta de cuál es el buen momento, el tiempo justo. Los vínculos se establecen y se fortalecen de acuerdo con determinadas leyes internas. Los consolidan experiencias vividas en común, y el que llega tarde y ya no puede participar de esas fundamentales experiencias conjuntas, tendrá que sufrir, en su condición de rezagado, las consecuencias de encontrar la puerta cerrada.

Ahora bien, quien ha reconocido la necesidad de la cohesión y no siente dentro de sí la fuerza suficiente para actuar él como centro de la solidaridad, tiene el deber de unirse a otra comunidad organizada.

LA IMAGEN
Sobre la tierra hay agua: la imagen de la solidaridad.
Así los reyes de tiempos antiguos otorgaban en feudo
los diferentes Estados y mantenían trato amistoso con los príncipes vasallos.

El agua sobre la tierra rellena todas las cavidades y se adhiere firmemente. La organización social de la antigüedad se fundaba en este principio de solidaridad entre los dependientes y los soberanos. Las aguas confluyen por sí solas, porque las mismas leyes rigen el agua en todas sus partes. Así también la sociedad humana ha de mantenerse unida gracias a una comunidad de intereses por la cual cada uno ha de sentirse miembro de un todo.

PREDICCIONES PREVENTIVAS PARA LA RATA

El poder central de un organismo social debe procurar que cada miembro encuentre su real interés en la solidaridad, como era el caso en la relación paternalista entre el Gran Rey y los príncipes vasallos de la antigüedad china.

El tránsito de la Rata durante el año del Dragón

PREDICCIÓN GENERAL

El dragón será una brújula para el roedor, por lo que podrá encontrar los mejores granos, los rincones más acogedores, y ser popular entre personas con buena posición económica y social. Es un año lleno de oportunidades que vendrán disfrazadas de problemas o escollos, pero su capacidad para comprender bien todos los aspectos de la comunicación le ayudará a superarlo todo y reconstruir lazos rotos con familiares y amigos. También pueden mejorar sus condiciones laborales y materiales, y será de suma importancia ahorrar, pagar deudas, limpiar en profundidad la casa, la mente y el corazón y superar así momentos menos afortunados en el futuro lejano.

Enero

Este mes sigue bajo las órdenes del conejo, por lo que la rata continuará entre la alegría y la intensidad residual del año del conejo y la necesidad de comenzar a brillar profesional o intelectualmente, algo que se concretará en el año del dragón, que aún no comienza. Las ratas jóvenes sentirán el llamado de sus talentos y vocaciones, y las nacidas en el siglo pasado comenzarán a recibir los frutos de su esfuerzo de años o décadas. Solo necesita tener cuidado con gente envidiosa, para eso debe armarse de una buena dosis de paciencia y diplomacia, y ser honesta.

Febrero

La primera mitad del mes del tigre, a la rata le costará mucho realizar actividades fuera de casa, así que las cosas en el trabajo o la escuela podrían complicarse debido a obstáculos fuera de su control. Durante esas dos semanas, lo mejor para hacer las cosas más fáciles será dedicarse a cuidar la salud y realizar algún tipo de ejercicio de bajo impacto. Si puede, le convendrá practicar natación y largas caminatas en la naturaleza. La segunda mitad del mes será agitada; vendrán cambios importantes relacionados con la crianza y el trabajo, por lo que deberá estar un poco más organizada que de costumbre.

Marzo

El conejo trae incidentes que podrían ser molestos, sobre todo porque se deberán a acciones de terceros que le afectarán de manera indirecta, por ejemplo, accidentes de tránsito o que lo involucren en problemas familiares o de amigos distanciados. Por el lado amable, este mes presenta posibilidades para reinventar su vida sentimental o prender una chispa *sexy* a sus relaciones actuales, formales o informales. Solo le recomendamos no buscar viejos amores, ya que el mes podría encender la llama del amor pasado, y también viejos resentimientos que le arruinarían el año.

Abril

La popularidad con sus superiores, jefes o maestros crecerá al mismo tiempo que las responsabilidades en el trabajo, escuela o negocio, lo cual atraerá competencia con sus colegas y rivales, quienes le tendrán envidia. Entonces deberá organizar muy bien las prioridades para no quedar sujeto a los caprichos de personas e instituciones que querrán exprimirle todos sus talentos. Es decir que el mes del dragón en el año del dragón tendrá a la rata tan ocupada que le quedará poco tiempo para ella misma, y es posible que eso deje lastimadas las relaciones y su salud mental, cuidado.

Mayo

El mes será menos complicado durante las primeras dos semanas; nada que no pueda manejar, pero después, cualquier descuido podría afectar su integridad física, así que habrá que tener cuidado al caminar o conducir. También en aspectos sociales podría atraer roces con compañeros de trabajo o escuela, cosa que viene ocurriendo desde los dos meses anteriores, por lo que recomendamos leer con anticipación abril, mayo y junio en conjunto y crear estrategias. Necesitará, en todo caso, hacer uso de su capacidad para la diplomacia, los juegos de palabras elaborados y su raciocinio.

Junio
El mes del caballo será de crecimiento, que se expresará de distintas maneras, pero al final habrá satisfacciones duraderas. Para las ratas de 1960 las primeras dos semanas podrían convertirse en un torbellino de emociones capaces de provocar una distimia de cuidado. Las demás ratas serán menos vulnerables durante ese tiempo, pero en la segunda mitad del mes, la influencia del caballo tomará fuerza, provocando problemas de salud para las ratas de 1936 y 1996. Las ratas de 1972 podrían tener oportunidades seguidas de pleitos, y las demás tendrán que sobrellevar obstáculos constantes.

Julio
Este mes la pondrá a trabajar, a veces en condiciones poco gratificantes o injustas; eso podría afectar a todas las ratas, incluso a las que ya están retiradas o en período sabático, como las de 1936. En particular las ratas nacidas en 1996 y 2008 podrían, además, tener roces con las autoridades, maestros y padres debido a diferencias generacionales. Las segundas dos semanas del año serán las más complicadas, en especial para las personas nacidas en países y estados fundados en años rata o cabra, por lo que viajar fuera sería una opción, aunque aguantar y ser prudentes será también viable.

Agosto
Este mes el mono y el dragón provocan una conjunción de energías que atrae agua, que es la energía fija de la rata, esto eleva la energía agua de la primera mitad del mes. Para evitar que se reviente la represa, todas las ratas necesitan activar el cuerpo físico por medio de la danza, las artes marciales, correr o

caminar, incluso la rata más resistente, la de 1984, no podrá poner excusas. Es importante para las ratas nacidas en noviembre y diciembre que tomen esto en consideración, ya que también podrían tener algún contagio que les comprometa la salud y el estado de ánimo.

Septiembre
Después de las intensidades energéticas de meses anteriores, el año del dragón tratará mejor a la rata. Mejorará la salud, su estado de ánimo y podrá llenarse de actividades. Este mes en particular será excelente ya que tiene tres combinaciones que atraen prosperidad, simpatía, amor y reconciliaciones, en especial con asuntos que tengan que ver con la familia materna y situaciones escolares o académicas. En su agenda llena de responsabilidades la rata podrá también encontrar un gran espacio para trabajar en su *sex appeal*, comenzar relaciones, cambiar de imagen y conquistar el mundo.

Octubre
El mes del perro calmará las aguas para las ratas porque la energía tierra les ayudará a dormir y meditar mejor, pero atraerá mucha intensidad a otros signos del zodíaco. Para ello será esencial que mantenga buenas relaciones con colegas y amigos, en particular sus compadres de tríada china: dragón y mono, quienes podrían necesitar la guía y sabiduría de la rata. Las siguientes semanas le servirán para reflexionar de manera comprometida en lo que realmente desea para equilibrar el presente y para obtener distintas perspectivas de lo que le espera en el futuro.

Noviembre
El chancho del mes en combinación con el dragón y la energía transitable de madera podrían provocar a la rata curiosidad y necesidad de meterse en cotilleos. Esa tentación será pasajera y en ocasiones, divertida; aun así es recomendable que ponga atención a los secretos que le serán confiados y que sea sumamente discreta porque otros signos del zodíaco podrían estar más propensos a actos violentos y, de pasada, a la rata le podrían

echar la culpa por algo que no ha hecho. Las ratas de 2008 serán las más vulnerables. Mejor que cada quien se rasque con sus uñas, y que pierda el miedo a la soledad.

Diciembre
El mes propio será intenso en los temas de crecimiento interno, pero no traerá sorpresas desafortunadas, por lo que la rata podrá estar tranquila lo que resta del año y sin problemas de qué preocuparse. Es posible que obtenga recompensas, reconocimientos e incluso dinero gracias a su trabajo acumulado desde hace muchos meses. Su energía continuará estable, pero en vez de conseguirse más trabajo, es recomendable que tome unos días para planificar el siguiente año, ya que la serpiente le traerá retos importantes y es mejor que llegue a ese tiempo sintiéndose segura y orgullosa de sí misma.

Predicciones para la Rata y su energía

RATA DE MADERA (1924-1984)
Durante el año del dragón, esta rata duplicará su energía, ganancias, estímulos, espíritu altruista y viajero.

Sentirá deseos de emancipación; compartió un tiempo con la familia ensamblada y necesitará buscar nueva madriguera.

Será protagonista de escándalos, romances mediáticos, y necesitará ordenar su parte frívola para no caer en trampas que atrasarían su meteórica carrera.

Deberá asesorarse legalmente, ser cauta a la hora de firmar contratos y escuchar los mensajes del dragón en la tierra.

Sentirá el retorno de la pasión, del eros, de la magia, y pensará dos veces si prefiere enraizar o tener una relación "de tiempo y lugar compartido".

Descollará en una obra de teatro, película o *performance* que será reconocida a nivel mundial.

Su corazón estará latiendo fuerte, renovará energía y encauzará años de depresión.

Rata de Fuego (1936-1996)

Celebrará como en China la llegada de su aliado, cómplice y socio, el dragón de madera, y encenderá su vocación nuevamente.

Con más conciencia y sentido común, pondrá en orden papeles, herencias, cambios de lugares, pymes, empresas.

Será elegida como representante de cambios en estructuras momificadas: leyes en el Congreso, ley de alquileres, reformas en las prisiones, derechos en parejas con convivencia, y aportará una nueva luz en el camino.

Su sentido solidario unirá gente de todas las comunidades: intercambio cultural, emprendimientos con salida laboral para excluidos, marginales, y una nueva forma de defensa personal en tiempos caóticos.

Tendrá lucidez, romperá con leyes atávicas integrando nuevas formas de convivencia desde lo esencial a lo macro.

Año de revolución desde el ADN hasta los chakras.

Rata de Tierra (1948-2008)

Año de renovación desde adentro hacia fuera.

Podrá organizar su agenda con prioridades que despejarán años de vacas flacas.

Su energía será clave en la organización social y económica de la comunidad, pueblo o región.

Invertirá nuevamente confiando en socios, con leyes transparentes que marcarán el nuevo rumbo de su empresa.

Se radicará en un lugar añorado: mar, montaña, isla, con técnicas sustentables, huerta orgánica, energía eólica, solar, y sentirá que llegó el tiempo del despegue para una nueva vida.

El dragón la ayudará a crecer siempre que acepte las leyes celestiales en la tierra.

Rata de Metal (1960-2020)

Llegará con defensas bajas al año del dragón, que le brindará la oportunidad de resetear su vida de la "a" a la "z".

Cambio de madriguera, temporada nómada recorriendo el país, visitando amigos y planeando nuevos rumbos en sus decisiones de vida.

Empezará por el *look*, el feng shui, la compra de un lugar en común con socios, pareja o amigos; allí podrá plasmar su sueño de la huerta, la plantación de lavanda o de nueces, y eso le facilitará sentir que tiene un horizonte de eventos.

Su constancia en la vida profesional le traerá ganancias; será jefe de una pyme, empresa, o dará cursos y seminarios de su especialidad siendo autónoma.

Podrá compartir más tiempo con el zoo; surgirán viajes, estadías en lugares de tiempo compartido, nuevas aventuras de trabajo y oficio que estaban encriptadas.

Su energía será expansiva, como el sol, la luna y las estrellas de la galaxia.

RATA DE AGUA (1912-1972)
Durante este año buscará un *spa* en islas desconocidas para resucitar.

Las hazañas del año del conejo la dejaron vacía, agotada, sin brújula para orientar su vida.

Recurrirá a su aliado, el dragón, que le cobrará peaje por un tiempo de ambición desmedida, postergación de planes esenciales, y mala administración de recursos.

Su energía renacerá en agosto; deberá escuchar sus voces interiores y diseñar un GPS para su vida.

Estará más preparada para aceptar sus límites físicos y emocionales y conquistar su reino privado.

En la constelación familiar habrá deudas afectivas y económicas que deberá saldar. Busque ayuda terapéutica, haga diseño humano, registros akáshicos para darle una nueva estructura a su vida.

L. S. D.

Entre la morera que amarillea
una lechuza grita. Ratas escurridizas
buscan sus madrigueras. Medianoche.
Un viejo campo de batalla.
La luna brilla, fría, sobre los huesos mondos.

Du Fu - *Viajando hacia el Norte*

Predicciones preventivas para el Búfalo
basadas en la intuición, el I CHING y el bazi

Queridos búfalos, ¿cómo quedaron después del "sucundum" del año del conejo de agua?

Algunos con cambios a la vista: en una etapa nómada, de desapego hacia su trabajo, familia, responsabilidades en puestos jerárquicos, para vivir en una casa rodante, una carpa, lugares ofrendados por amigos, en grupos en los que comparten experiencias espirituales, cultivos de huerta, vid, yerba mate, arroz, caña de azúcar y nuevas especies de legumbres, aromáticas y té.

El constante y disciplinado búfalo romperá con tabúes, relaciones tóxicas y desilusiones para reducir al mínimo su economía y vivir con lo esencial.

En la familia habrá despedidas y nacimientos.

Tendrá que organizar un plan para repartir su tiempo en cuidar a sus familiares y aceptar trabajos temporales que le permitan continuar con su compromiso frente al mundo y sus urgencias: cambio climático, ONG de ayuda a excluidos, inmigrantes, huérfanos, de lucha contra la trata de personas. Y, como Margarita Barrientos, tener presencia y aportes en comedores.

El dragón le movilizará nuevas ideas, sacudirá estructuras, lo sacará del *statu quo*, que es parte de su naturaleza.

Una pasión, un flechazo, una nueva persona se le cruzará en el TAO.

Necesitará recuperar el erotismo, las noches con música romántica, velas y susurros con promesas de amor, EL TAO DEL AMOR Y DEL SEXO, sentir que levita y pasa temporadas en los Siete Cabritos o las Pléyades recuperando el romanticismo sin prender el celular durante una semana.

Su capacidad de asombro, la inocencia, el replanteo de nuevas formas de adaptación al nuevo tiempo lo mantendrán en modo aprendizaje constante.

Integrará nuevas formas de convivencia en cada etapa del año; podrá recuperar el orden interno para pasar un tiempo con gente de diferentes culturas, de las que aprenderá idiomas y arte culinario.

El año será un *chop suey* de quimeras y de hiperrealismo mágico. Necesitará reencontrarse con amigos del pasado, sanar heridas, hacer constelaciones familiares y volcar su experiencia en nuevos maestros que guíen un año en el que vivirá entre el inframundo y el supramundo.

La búsqueda interior dará sus frutos en años venideros. La modestia es la llave para integrarse al mundo y su diversidad.

Recuperará la autoestima, llevará adelante el intercambio de roles con más flexibilidad, sentido práctico y, además sin culpar a nadie.

Tendrá oportunidad de viajar por becas, dar seminarios, construir nuevos grupos de trabajo, brindando su experiencia y originalidad.

Le harán homenajes en diferentes lugares del mundo: su trayectoria será reconocida y descubierta después de largos años en las sombras.

Aprenderá a ceder espacio, no imponerse en lugares en los que nadie le pide su opinión y hay referentes que pueden ser parte de un gran equipo.

El mundo estará muy convulsionado, caótico, plagado de gente que buscará su protección y mecenazgo.

Sepa diferenciar entre lo real y lo invisible; la luz y la oscuridad, y no se deje influenciar por los piqueteros galácticos que son parte de los espejismos del año del dragón.

Atienda su salud holísticamente; no se automedique, y busque nuevas formas de compartir ejercicio físico, *trekking*, yoga, meditación dinámica con gente que pueda establecer relaciones cordiales.

Convivirá con su parte ermitaña y sociable en perfecto equilibrio.

L. S. D.

El I CHING les aconseja:
15. Ch'ien / La Modestia

EL DICTAMEN
La Modestia va creando el éxito.
El noble lleva a buen término.

La ley del Cielo vacía lo lleno y llena lo modesto: cuando el sol se halla en su punto más alto, debe declinar, de acuerdo con la ley del Cielo; y cuando se encuentra en lo más hondo bajo la tierra, se encamina hacia un nuevo ascenso. Conforme a la misma ley, la luna, una vez llena, comienza a decrecer, y estando vacía vuelve a aumentar. Esta ley celeste actúa también y tiene sus efectos en el sino de los hombres. La ley de la Tierra es modificar lo lleno y afluir hacia lo modesto: las altas montañas son derruidas por las aguas y los valles se rellenan. La ley de los poderes del sino es dañar lo lleno y dispensar la dicha a lo modesto. Y también los hombres odian lo lleno y aman lo modesto.

Los destinos se guían por leyes fijas que actúan y se cumplen con necesariedad. El hombre, empero, tiene en sus manos el recurso de configurar su destino, y su éxito en ello depende de si se expone mediante comportamiento al influjo de las fuerzas cargadas de bendición o de destrucción. Si el hombre está en elevada posición y se muestra modesto, resplandece con la luz de la sabiduría. Cuando está en baja posición y se muestra modesto, no puede ser pasado por alto. De este modo logra el noble llevar a término su obra sin vanagloriarse de lo hecho.

LA IMAGEN
En medio de la tierra hay una montaña:
la imagen de La Modestia.
Así disminuye el noble lo que está de más
y aumenta lo que está de menos.
Sopesa las cosas y las iguala.

La tierra, en cuyo interior se oculta una montaña, no ostenta su riqueza, pues la altura de la montaña sirve para compensación de las hondonadas y cavidades. Así se complementan lo alto y lo profundo, y el resultado es la llanura. Este es el símbolo de la modestia, que señala que aquello que ha requerido una prolongada acción y efecto, aparece como obvio y fácil. Así procede el noble cuando establece el orden sobre la tierra. Él compensa los opuestos sociales que son fuente de desunión, de falta de paz, y crea con ello condiciones justas y llanas.

El tránsito del Búfalo
durante el año del Dragón

PREDICCIÓN GENERAL

Los búfalos podrán escapar del corral impuesto por el año del conejo para pastar en campos sin químicos, libres y en paz. El dragón será benévolo, pero lo más importante no es eso, sino que los búfalos de todo el orbe podrán descansar más a menudo. Esto propiciará que, por primera vez en muchísimo tiempo, los bovinos puedan poner más atención a sí mismos. Pasarán inadvertidos, podrían incluso cambiar por completo de vida, como si estuvieran en un programa de protección a testigos; todo esto sin descuidar a la familia y con un buen puñado de amigos leales a su lado. El dragón le abrirá las puertas y lo protegerá, lo cual le permitirá cuidar de sí mismo, cosa que ya es más que necesaria luego de tanta postergación.

Enero

El año del conejo reinará durante enero y parte de febrero. El búfalo estará transitando por el mes propio, eso provocará que nuestro bovino se encuentre ansioso, más que nada en lo que se refiere a asuntos laborales, deudas añejas y tareas que quedaron incompletas. ¡Calma! A partir del mes que viene podrá resolver todo eso poco a poco, así que estas semanas deberá dedicarlas a cuidar lo que tiene a la mano: la casa, sus compañeros de corral y vida. Es un mes para tumbarse a descansar de verdad y, si puede, visitar médicos y terapeutas para ir limpiando de adentro hacia afuera.

Febrero

El mes del tigre siempre ha representado retos amorosos y emocionales para el búfalo, pero ahora viene combinado con el dragón. Las dos primeras semanas serán más sencillas, eso le dará un poco de espacio para planificar y proyectar los asuntos profesionales. Las últimas dos semanas podrían resultar un poco frustrantes debido a rencillas con la pareja o con quienquiera que esté viviendo. Esto se remediará hablando con calma, pidiendo ayuda a quien pueda intermediar en asuntos de pareja y contratando expertos en solucionar desperfectos domésticos en vez de componer todo él solo, como siempre.

Marzo

El signo del conejo que gobierna el mes se combina con la energía dragón, lo que provoca que el búfalo tenga la sensación de estar atrapado en donde no se siente a gusto o bienvenido. Incluso literalmente podría ocurrir que esté en situaciones en las que se sienta rechazado e inútil, cosa que siempre le ha parecido doloroso. Los búfalos adolescentes de 2009 en particular serán puestos a prueba en situaciones de interacción social, y es importante que recuerden que no tienen por qué ayudar a todo el mundo por el solo hecho de recibir aceptación. El *bullying* será el tema de peso incluso para búfalos que ya peinan canas.

Abril

El doble dragón atrae una gran cantidad de energía tierra, y con ello grandes oportunidades de reflexión profunda. Esto atraerá la necesidad de acceder a su ser más espiritual. Los búfalos jóvenes verán nacer su Yo Consciente, por lo tanto se les recomienda aplicar eso, que es trascendental, en el servicio social. Aquí, una advertencia para todos: es posible que los búfalos, sin importar el año de nacimiento, se sientan atraídos por personas carismáticas abusivas o ambiciosas, por lo que deberán entrenar sus capacidades de pensamiento crítico y no permitir ningún charlatán en sus vidas.

Mayo

El mes del gallo creará una energía que va a interactuar con las emociones del búfalo. Estará un poco triste durante la primera mitad del mes. Es posible que se sienta tentado a arrepentirse de decisiones tomadas el año pasado. Para animarse, a partir de la segunda mitad del mes se le recomienda ir a lugares alegres, o con viejos amigos que siempre han sabido cómo sacarle una buena carcajada. Los búfalos de 1937 y 1997 podrían tener problemas circulatorios que, de ser mal atendidos, llegarían a convertirse en algo crónico. Los demás estarán mejor de salud, pero igual deberán tener cuidado.

Junio
Las lecciones que les enseñará este mes serán novedosas para los búfalos de 2009, quienes posiblemente pasen por un mes intenso y un amor adolescente que podría dejarlos con el corazón magullado; será bueno que busquen refugio en consejeros y algo de terapia en vez de confiar en el criterio de sus condiscípulos, sobre todo si los pretendientes son del año del tigre. Los búfalos de otros años ya conocen ese camino y sabrán ponerse a resguardo; el único consejo sensato para lo que se presenta en estos días es que usen protección y traten de divertirse y descansar más.

Julio
Este mes será complicado porque los meses de la cabra tienden a ser así para los búfalos, pero la combinación de energías y la influencia del dragón harán que estos días el búfalo sea capaz de hacer realidad muchos de sus deseos, siempre y cuando sean decretados de forma constructiva y sin miedo. En especial los búfalos de 1949 y 2009 serán los más propensos a sufrir; si están demasiado ocupados en rumiar, sus mentes podrían recrear malas experiencias del pasado. Para mejorar este mes, es recomendable que se asocien con serpientes y gallos.

Agosto
Este será un mes agitado en lo social; los límites los impondrán ellos mismos, lo cual está muy bien para todos los bovinos, pero para los de 2009 toda esa diversión requiere una guía, y la supervisión de adultos responsables. El mono sabe cómo levantarle el ánimo al búfalo, por lo tanto, este mes puede recibir encuentros inesperados, amistades que se fueron alejando podrían volver a su vida. Encontrará buena fortuna y conexiones importantes en toda clase de eventos en los que haya música y alegría. Si se mantiene aislado podría perderse de mucho.

Septiembre

En el mes del gallo el búfalo brillará dentro y fuera de su lugar de trabajo. Se abrirán puertas que permanecían cerradas; sus ideas serán apreciadas e incluso las emociones más subjetivas podrían convertirse en bendiciones si el búfalo aprende a lidiar con ellas desde su vulnerabilidad en vez de resistirse. Hay veces que nuestro noble amigo no parece darse cuenta de sus virtudes, por lo que hará falta que ponga atención a lo que sus amigos gallo, serpiente, rata y chancho tienen que decirle; incluso el tigre podrá ayudarlo a descubrir todos sus dones.

Octubre

Este será un mes complejo para todo el zoo. El perro y el dragón chocan en cuestiones que tienen que ver con el dinero y la tierra. A diferencia de otros signos, los búfalos en general no tendrán problemas en cuanto a esos temas, aunque las búfalas podrían sufrir de mal de amores. Para no pasarla mal y arruinar el resto del año, les recomendamos meditar, dar largos paseos en compañía de amistades pacientes y buscar pasatiempos que impliquen ayudar a los demás. El servicio social será requerido para todo el mundo y el búfalo tiene una gran capacidad para la empatía.

Noviembre

El chancho bajará la energía tierra, que es la que provoca que los búfalos se sobrecarguen con obligaciones y obsesiones. La primera mitad del año atraerá paz y se atreverá a hacer cosas que normalmente le dan miedo. Esa capacidad para cometer osadías podría meter en problemas a los búfalos de 2009, pero no será difícil convencerlos de actuar con mesura. Los pequeños de 2021 experimentarán más curiosidad de lo normal, así que hay que guiarlos hacia actividades más seguras. Los búfalos adultos no necesitan más que inteligencia para discernir entre lo que les conviene y lo que no.

Diciembre

Este mes le ayudará mucho para despejar la mente; y la calidad de su sueño y su dieta será algo esencial si está tratando con su salud mental. Es posible que durante este mes se sienta mejor que en muchos años, y por eso podrá encontrar cualquier detalle incómodo antes de que se convierta en un problema. Curiosamente, el tema principal de la vida del búfalo es su trabajo, pero este año ha probado enfocarse más en su salud y su bienestar emocional, por lo que le recomendamos ver los meses anteriores y con ello podrá darse cuenta de que la vida es más que jalar de una yunta.

Predicciones para el Búfalo y su energía

Búfalo de Madera (1925-1985)

El búfalo llegará agotado al año del dragón, después de las responsabilidades extrafamiliares, profesionales, con la comuna que debió encauzar para mantener en orden sus deberes.

Sentirá necesidad de renovación: desde el *look*, el medio de locomoción, el feng shui del hogar y los hábitos frugales de su vida.

Invertirá en bienes raíces.

Será parte fundadora de sociedades, pymes, organismos de solidaridad como la Cruz Roja, Green Peace, comedores para niños, gente excluida del sistema, inmigrantes, y brindará apoyo a nuevas políticas de inclusión social.

En la familia habrá nacimientos, nuevos seres que adoptará, y crecerá su responsabilidad en protección espiritual, consejos y actividades recreativas.

El dragón intentará encandilarlo, pero podrá salir a tiempo de su hechizo.

Búfalo de Fuego (1937-1997)

Su energía, dinamismo, iniciativa para solucionar los problemas serán muy eficaces.

Deberá reformular su vida y la de su familia; tendrá que trabajar más para compartir con gente que caerá a su casa desde el "más allá", e integrarlos en una nueva convivencia.

Viajará por estudio, becas, amor, o porque quiere tener un año sabático. Conocerá gente de otras culturas y desarrollará nuevas técnicas y oficios de permacultura, integrando lo que es útil a su vida cotidiana.

La salud pedirá una revisión holística; el estrés y los vicios podrían jugarle un mal momento lejos de sus seres queridos.

Iniciará un seminario de filosofía, meditación o deporte que soñaba desde la infancia.

Una oportunidad inesperada en su profesión le abrirá puertas de crecimiento económico y nuevas relaciones laborales.

Búfalo de Tierra (1949-2009)

Este año hará un balance existencial y pondrá las prioridades en su vida.Tendrá que delegar responsabilidades, hacer orden en sus relaciones afectivas y familiares para no sobrecargarse de trabajo y ser el buey de carga.

La familia crecerá o tendrá la oportunidad de aceptar una relación de convivencia ensamblando las familias en un lugar en la naturaleza.

Sentirá ganas de viajar, dejar atrás la rutina, los horarios, resetear su vida despidiendo a seres queridos y soltando el ancla que lo detuvo para fluir con el TAO (camino).

Año de experiencias emocionales con gente nueva, apertura hacia otras culturas que enriquecerán su vida personal y profesional.

Búfalo de Metal (1961-2021)

Durante este año decidirá dónde quiere vivir, podrá invertir en nuevos lugares que serán abiertos, en la naturaleza, y realizará cambios radicales en sus hábitos y costumbres.

Conocerá a una persona que acompañará su destino: compartirán viajes, salidas, proyectos a corto y mediano plazo, y volverá a confiar en una relación sin ataduras y con disponibilidad para lo que extrañaba, como salir a comer, caminar y practicar el TAO DEL AMOR Y DEL SEXO.

Cambios sistémicos en la constelación familiar lo llevarán a replantearse su vida con más conciencia, libertad y desapego.

Año de cambios inesperados que podrá capitalizar con buenos resultados.

BÚFALO DE AGUA (1913-1973)

Durante este año decidirá enraizar en un nuevo lugar y traer al mundo dragones propios o adoptivos.

Sentirá que tiene más libertad, no estará atado a responsabilidades familiares y comenzará una etapa de estudio e investigación humanista, científica o relacionada a la ecología y al cambio climático.

Descubrirá una faceta artística, social, que será de gran aporte a la comunidad, y tendrá libertad para tomar decisiones para viajar solo sin boleto de retorno.

Su corazón volverá a latir fuerte y será un tiempo de reencuentro consigo mismo antes de enraizarse impulsivamente con alguien que no conoce.

El dragón lo llevará por universos paralelos, galaxias desconocidas, mundos intraterrenos, y lo invitará a dejar la realidad y sumergirse en un año de ciencia ficción.

Tendrá que construir relaciones saludables con hermanos, padres y socios por herencias, venta de inmuebles o inversiones que surgirán para acrecentar su patrimonio.

Año de revelaciones, para mejorar la salud e iniciar una etapa de delegar responsabilidades para disfrutar la vida.

L. S. D.

Entre verdes picos que apuntalan el cielo,
vives despreocupado, olvidando los años.
Apartando las nubes, busco la antigua senda.
Recostado en un árbol, escucho susurrar al arroyuelo.
Junto a flores cálidas se acuestan búfalos negros.
Bajo altos pinos duermen grullas blancas.
Con nuestras voces, el ocaso cae sobre el agua.
Solo, desciendo entre brumas heladas.

Li Bai - *Visita al maestro taoísta Yong en su eremita*

Predicciones preventivas para el Tigre
basadas en la intuición, el I CHING y el bazi

Hoy, a las 4 am, en hora regida por el tigre, partió Paula.

Fue una amiga de hace dos katunes que conocí por mis amigas colombianas y Andy, mi compañera en las rutas mayas.

Tigre de agua, pura sangre, tenía la energía del cambio, de las ideas veloces, del disfrute en los diversos lugares del mundo que visitó, de la generosidad ante cualquier pedido, desde llevarme a Ezeiza durante mucho tiempo, en mis viajes a New York, lugar que ella amaba y donde invirtió en espacios que compartía con su pareja y amigos. Allí pasaba gran parte del año y se inspiraba con su tercer ojo de cineasta y artista holística.

Tuvo la enfermedad fatal, la que sabemos es psicosomática y devora en poco tiempo una intensa vida.

Partió el día regido por la diosa Shivaduti, mensajera de Shiva, que tiene que ver con desplazamientos, viajes y amigos.

El I CHING es contundente con lo que vivirán los tigres en el año del dragón; la gran dupla que rige la astrología china.

El dragón es el rey del cielo que dicta al tigre los mensajes cósmicos para los humanos en Gaia.

Estando a doce días del solsticio de invierno, que en China es el tiempo de descanso de la naturaleza y el trueno aún está debajo de la tierra, los reyes no se movían de su región, los mercaderes y el pueblo tampoco, debido a que los caminos se encontraban cortados.

El año del dragón es un tiempo de cambios irreversibles para el tigre.

Dejará una vida rumbo a otra que aún está en transmutación.

Sabe que tiene una mochila muy pesada, llena de situaciones afectivas y familiares no resueltas, y que deberá reunir a los suyos para confesarles su malestar.

El año del dragón será para el retorno a su esencia. Dejará de lado lo que le quitó prana, fuerza, energía, y lo enfermó, para comprender que es tiempo de ser feliz. O al menos de intentarlo.

Su imaginación volará alto: reunirse con su tribu, comenzar un ciclo de dar y recibir en coincidencia con su corazón. Estar con gente que tiene sus ideas y creencias es parte del bienestar que deberá sintonizar con desapego.

La familia comenzó a elegir su vida sin consultarlo, y eso provocó muchas fisuras, alejamientos, tarjetas rojas de su parte.

El retorno del tigre significa recuperar su libertad, sus derechos, confianza en sus decisiones, que resultarán muy creativas para su profesión, empresa, pyme, ONG. Será líder de los movimientos humanistas, ecologistas, artísticos y espirituales de los próximos veinte años.

Renacerán el amor, la pasión, los tiempos de cacería y amor en la selva y sentirá que su físico está para una maratón hacia Santiago de Compostela.

El dragón, su aliado, socio y amigo, le exigirá más presencia, concentración y fe en todo lo que emprenda.

"Nada se pierde, todo se transforma".

Sabe que la vida dejó de ser una aventura impulsiva para resetearla con solidaridad, gratitud y reencuentros de sanación en los vínculos.

Año de despegue de lo kármico hacia el Samadhi.

L. S. D.

El I CHING les aconseja:
24. Fu / El Retorno (El Tiempo del Solsticio)

EL DICTAMEN
El Retorno. Éxito.
Salida y entrada sin falla.
Llegan amigos sin tacha.
Va y viene el camino.
Al séptimo día llega el retorno.
Es propicio tener adonde ir.

Luego de una época de derrumbe llega el tiempo del solsticio, de la vuelta. La fuerte luz que antes fuera expulsada vuelve a ingresar. Hay movimiento, y este movimiento no es forzado. El trigrama superior K'un se caracteriza por la entrega. Se trata, pues, de un movimiento natural de aparición espontánea. Por eso también resulta enteramente fácil la transformación de lo viejo. Lo viejo es eliminado, se introduce lo nuevo: ambas cosas corresponden al tiempo, y por lo tanto no causan perjuicios. Se forman asociaciones de personas que profesan ideas iguales. Y esa alianza se realiza con pleno conocimiento público; corresponde al tiempo, por lo tanto toda aspiración particular y egoísta queda excluida y tales asociaciones no implican falta alguna. El retorno tiene su fundamento en el curso de la naturaleza. El movimiento es circular, cíclico. El camino se cierra sobre sí mismo. No hace falta, pues, precipitarse en ningún sentido artificialmente. Todo llega por sí mismo tal como lo requiere el tiempo. Tal es el sentido de Cielo y Tierra.

Todos los movimientos se realizan en seis etapas. La séptima etapa trae luego el retorno. De este modo, al correr del séptimo mes después del solsticio de verano, a partir de lo cual el año desciende, llega el solsticio de invierno, y del mismo modo, una vez pasada la séptima hora doble siguiente a la puesta del sol, llega la salida del sol. Por esta causa el número siete es el número de la luz joven, que se genera por el hecho de que el número seis, que es el de la gran oscuridad, se incremente por el uno. De este modo se introduce el movimiento en la quietud, en la detención.

LA IMAGEN

El trueno en medio de la tierra: la imagen del Tiempo del Solsticio.

Así, durante el tiempo del retorno solar, los antiguos reyes clausuraban los pasos.

Mercaderes y forasteros no se trasladaban,

y el soberano no viajaba visitando las comarcas.

El solsticio de invierno se celebra en la China desde épocas remotas como período de descanso del año: una costumbre que se ha conservado hasta hoy, en el período de descanso de Año Nuevo. En el invierno la energía vital –simbolizada por Lo Suscitativo, el trueno– se encuentra todavía bajo tierra. El movimiento se halla en sus primeros comienzos. Por eso es necesario fortalecerlo mediante el reposo a fin de que no lo desgaste un consumo prematuro. Este principio fundamental, de hacer que la energía resurgente se fortifique mediante el descanso, rige con respecto a todas las circunstancias correlacionadas. La salud que retorna después de una enfermedad, el entendimiento que retorna después de una desunión: todo debe tratarse en sus primeros comienzos con protección y delicadeza, para que el retorno conduzca así a la floración.

El tránsito del Tigre durante el año del Dragón

PREDICCIÓN GENERAL

En la tradición china, el tigre representa la tierra y el dragón el cielo, esa imagen es popular en las escuelas de artes marciales modernas y en las tiendas de regalos chinos, pero cuando hablamos de energía pura, es decir, del tránsito de los nativos tigre por los años, meses, días y horas del dragón, la energía fija de tierra del dragón ofrece soporte a la energía fija madera del tigre, dando calma y recursos para sus ambiciones. Pero, este año la energía móvil o transitoria del dragón será de madera, así que la primera mitad del año el tigre andará de mal humor casi siempre. A partir de julio, su estado de ánimo y su disposición mejorarán, haciendo que este año pase a ser uno de los mejores de su vida.

Enero

El mes del búfalo en combinación con el conejo provocará sensaciones de incomodidad y ansiedad social, cosa que le parecerá rara a los demás, pero el tigre querrá aislarse y que no lo molesten, so pena de que suelte una mordida feroz si es que alguien se atreve a invadir su territorio. Esta advertencia es más para los que viven con el felino que para él mismo, pero no está de más recomendarle al tigre que utilice técnicas de meditación y que sea más diplomático al comunicarse. Esto le abrirá las puertas a espacios de sanación que le serán vitales durante los siguientes meses.

Febrero

El mes propio viene incendiario. Se combina a la perfección con el naciente año del dragón y atrae por fin pensamientos optimistas, ganas de competir y ganar; esperanza en el futuro y la tan ansiada energía física que parecía haberlo abandonado varios meses atrás. Durante esta fase, no importa la edad del tigre que lee estas líneas, es importante aprovechar la ráfaga de Qi benefactor para organizar todo lo que requiera su atención y adelantar trabajo; solo así podrá conseguir unos días de descanso en el futuro, aun en medio de las pequeñas y grandes tormentas que se puedan avecinar.

Marzo

El tigre es por naturaleza un ser que disfruta ganar, no así la competencia, pero es capaz de hacer lo que sea con tal de lograr sus metas. Eso atraerá algunas rivalidades incómodas y podría buscarse algunas enemistades. Es mejor que aproveche ese instinto depredador para comenzar alguna disciplina deportiva, lo cual será bueno para los tigres de 2010, ya que podrían perfeccionar alguna afición encontrada anteriormente o comenzar algo que los acompañará incluso profesionalmente para siempre. Los demás tigres estarán a tiempo de optimizar la salud y sentirse mejor con su propio cuerpo.

Abril

El doble dragón encontrará puntos débiles en todos los tigres, pero no hay nada que temer. El mes atraerá retos, la energía será fértil y apropiada para nuevos comienzos, cosa que les gustará especialmente a los tigres de 1986 y 1998, que encontrarán refrescante cualquier comienzo. Los tigres de 1950, 1962 y 1974 podrían padecer algunos problemas estomacales menores provocados por indulgencias de otros tiempos; eso les hará perder batallas y oportunidades, pero en cambio les traerá descanso forzoso. Hay que desintoxicar la mente primero, y la salud regresará sin falta.

Mayo

Este mes será complicado en todo lo que concierne al mundo y al zoo completo, así que muchos volverán su cabeza en busca de la ayuda que les pueda proporcionar el tigre, y no se equivocan, el felino tendrá más balanceado el Qi, acorde con tiempos turbulentos, y encontrará que a veces el Apocalipsis es divertido. Será capaz de desenredar tramas de telenovela coreana, estará ocupado dirigiendo a otros, pero al mismo tiempo podrá entretenerse y entretener a los demás. Esto será muy productivo para los tigres que se dediquen a la farándula, la política y el cuchicheo periodístico.

Junio

La primera mitad del mes, los tigres de la selva aprenderán a calmarse, ya sea por asuntos de salud o por interacciones sociales desfavorables. Este período de disciplina lo ayudará a mejorar su salud emocional, cosa añorada por tigres que ya peinan canas, pero para los de 1998 y 2010 será complicado, sobre todo si tienen alguna afición relacionada con juegos de video. Puede ser que necesiten ayuda emocional, actividades sociales, y que pongan más atención a los estudios o al trabajo, en el caso de los de 1998. La siguiente mitad del mes será beneficiosa para todos los tigres por igual.

Julio

La cabra viene con todos los mimos posibles y noticias agradables. La primera mitad del mes es posible que los tigres paguen deudas o que reciban algún dinero, ya sea por un golpe de suerte o porque algún negocio o trabajo les dé mejores utilidades. Será un buen mes para pedir ayuda, buscar un aumento de sueldo y apoyarse en amigos. El dragón en conjunto con la cabra atrae también mucha felicidad. Para lograr todo eso, los tigres deberán olvidar pérdidas pasadas, abrirse un poco y ver el mundo desde un punto de vista más espiritual, con empatía y amor.

Agosto

El mono combinado con el dragón vendrá como un río salvaje. Esta asociación provocará que el tigre se sienta apesadumbrado por algunas decisiones tomadas en el pasado, cosa que aún no molesta a los tigres adolescentes de 2010, pero este mes podrían generar verdaderas batallas en el patio de la escuela, por lo que les pedimos a los adultos que los escuchen y tomen las medidas adecuadas. Los demás tigres tendrán que aprender a medir las emociones y ponerlas en el debido espacio, ya sea contratando ayuda profesional, constelando o meditando, pero siempre con ayuda de otras personas.

Septiembre
Este será un mes inquieto. Como el resto del planeta estará ocupado en su propio drama, el tigre tendrá que aprender a elegir a quién ayudará y a quién no. Serán llamados a ocupar espacios de responsabilidad o de autoridad; incluso los pequeños de 2022 que ya aprendieron a decir lo que desean tendrán a sus padres y tutores sorprendidos con sus ocurrencias, las cuales llevarán mucha sabiduría en cada palabra. Tanto los tigres jóvenes como los que ya pintan rayas blancas deberán aprender a comandar con suavidad, ya que con las responsabilidades podrían venir también adversarios.

Octubre
El mes del perro choca con el año del dragón, se sabe; pero dentro de este choque el tigre puede ser de mucha ayuda ya que aprecia a ambos signos y habla sus respectivos idiomas. Intercederá entre contrincantes ajenos al felino, lo cual será muy útil entre los tigres que se dediquen a las leyes, los negocios y la política. Nacerán nuevos ideales entre los tigres de más edad y rebeldías desconocidas entre los tigres de 1998 en adelante. Para poder llevar en paz las relaciones con otras personas, todos los tigres tendrán que planificar muy bien cada movimiento antes de dar un paso adelante.

Noviembre
El mes del chancho en combinación con el año del dragón mantendrá al resto del zoo entretenido con alguna bobada en internet, pero el tigre sabrá leer entre líneas. Descubrirá con facilidad los

engaños, aprenderá a disfrutar de las frivolidades sin descuidar las relaciones personales o profesionales y su salud. Sin embargo, este mes será intenso, es posible que sufra algún cambio importante o alguna pérdida, por lo tanto, tendrá la gran oportunidad de crecer un poco más. Llevará el equipaje ligero en caso de que quiera salir a explorar la jungla y dejar atrás lo que ya no es importante.

Diciembre

El felino mejorará emocionalmente durante este mes, aún a pesar de que la rata traerá tareas fuera y dentro de casa. Las responsabilidades y el arduo trabajo de los meses anteriores no se detendrán en este mes, pero extrañamente los tigres estarán más que dispuestos a afrontar cualquier reto; florecerán ante las dificultades. Los tigres de 1974 dominarán territorios nuevos con una autoridad renovada, aunque por ello se sientan algo cautivos. Los tigres de 1950, 1962 y 1998 aprovecharán momentos de soledad para concretar proyectos, y el resto tendrá un fin de año rodeado de familiares y amigos.

Predicciones para el Tigre y su energía

TIGRE DE MADERA (1914-1974)

Al fin llegará el año del dragón, su patrocinador celestial, el rey del cielo, para que cumpla sus designios en la tierra.

Después de un sinuoso año del conejo, de sobrecargas laborales y responsabilidades familiares, podrá retornar a la selva con la libertad y la independencia que siempre lo caracterizaron.

Podrá reorganizarse desde su vida afectiva, tal vez con un casamiento formal y ayudando al zoo a participar de negocios familiares, compartiendo ideas y planes a mediano plazo.

Su espíritu rejuvenecerá; sentirá que tiene energía para donar a los más débiles, excluidos, a enfermos y niños en situación de orfandad.

Resucitará después de años complicados; vendrá el retorno a los amigos y a las fiestas, en las que siempre fue el *showman*, la diva, o el Mago de Oz.

TIGRE DE FUEGO (1926-1986)

Año de un salto cuántico en su vida.

Aparecerán sorpresas relacionadas con viajes, seminarios, becas en el exterior, que le brindarán ganancias y estatus.

Su corazón estará abierto a nuevas relaciones; sin compromiso formal, podrá practicar el poliamor.

Estará más atento a los pedidos de cooperación en la comunidad: ayuda en dispensarios, comedores, fundaciones para inmigrantes, ancianos, luchará contra la trata de personas, defenderá a la gente con amenaza de expropiación de tierras, y a los que sufren maltrato laboral.

Su eficiencia será reconocida en la comunidad, en la cual podrá tener momentos gratos con amigos del pasado que retornarán.

TIGRE DE TIERRA (1938-1998)

Festejará el año del dragón con los amigos vip, familiares, alumnos y gente que reclutó en sus andanzas por la selva.

Tendrá viento a favor para lo que se proponga: iniciar un nuevo emprendimiento, alguna pyme, un proyecto artístico, cultural, deportivo con gente que es parte de su trayectoria y tiene ideas de integración en campo-ciudad.

Su corazón tomará una decisión: dejar atrás el pasado, y empezar a apostar por una nueva familia.

Sentirá brotes de juventud; ganas de recuperar un *hobby*, oficio o estudio que dejó por obligación y convocar al zoo a una gran reunión para realizar una "tormenta de ideas".

Tal vez inicie el gran viaje, el del más allá, dejando en orden su patrimonio y deudas afectivas.

Tiempo de revelaciones, cambio de timón y un profundo balance existencial.

TIGRE DE METAL (1950-2010)

Llegará al año del dragón agradeciendo los tiempos en los que aprendió a aceptar sus límites físicos e intelectuales.

Sentirá compasión, solidaridad y ternura por quienes apostaron a sus ideas, decisiones personales, laborales, políticas y quedaron "en medio del Ganges".

• 322 •

Su horizonte es más modesto; cuidar lo cercano, a la familia propia y ensamblada, tener una huerta, una casa construida con energía renovable y ser aceptado con su carácter iracundo en la comunidad.

Es tiempo de desapego, ho'oponopono, de restaurar lo que quedó sin resolver y saldar karma.

El dragón le regalará un *bonus track*.

Tigre de Agua (1962-2022)
Llegará al año del dragón con tubo de oxígeno, un arsenal de primeros auxilios y pidiendo un merecido año sabático en la selva.

Los temas familiares lo agobiaron, pérdidas, enfermedades y cambios abruptos en su rutina lo alejaron de lo esencial. Hará un balance de lo que quedó a favor, reciclará su profesión, oficio, empleo, aceptando sus límites físicos y emocionales.

Su necesidad de aire, de un lugar en la naturaleza será el motor para cambiar su hábitat y enraizar junto al mar, el lago o la montaña.

Habrá despedidas, nacimientos y reencuentros en la constelación familiar.

Concretará un viaje postergado por la pandemia, la familia y por la adicción laboral.

L. S. D.

Oscuros árboles de las montañas del Norte y del Sur;
un feroz tigre, de día, merodea por la villa.
Al anochecer, desea comer;
dentro de las montañas no hay sonidos de los ciervos.
Año tras año, el tigre alimenta a sus hijos en el profundo valle;
el macho y la hembra no se siguen.
En el valle, cerca de su cueva, hay una aldea de montaña;
con frecuencia, él captura amarillos terneros de las casas.
Los jóvenes de las Cinco Colinas no se atreven a flecharlo;
en vano vienen al bosque a mirar sus huellas.

Zhang Ji - *Feroz tigre*

Predicciones preventivas para el Conejo
basadas en la intuición, el I CHING y el bazi

Queridos conejas, conejos, gatos y liebres:

Después del torbellino, tsunami, huracán, terremoto, maremoto que dejaron al zodíaco chino y a los reinos mineral, vegetal y animal, me pregunto, en un tibio mediodía, ¿cómo están?

Aún tienen una o más vidas; y es posible que hagan un pacto o un acuerdo con el dragón para tener *bonus track* en el mundo de los mortales.

El aprendizaje de su año es una vida en la comunidad de los hombres siendo guía, líder, parte fundamental del nuevo tiempo.

La creatividad se manifestará en su vocación, *hobby*, oficio, empresa, pyme, y dará trabajo a gente con la misma sintonía en la cosmovisión de la vida.

Dejará atrás excusas, quejas y pleitos para unir, convocar diplomáticamente a quienes están fuera del sistema: excluidos, enfermos, ancianos, marginales en situación de calle, y animales abandonados.

El mundo lo necesita; su experiencia, sus consejos, elegancia, buen gusto lo han convertido en un *influencer*.

Su cosmovisión del deber, el orden, la legalidad lo posesionan como líder en la comunidad, donde deberá escuchar todas las voces, las inquietudes de cada generación para solucionar sus problemas. El dragón le enviará mensajes telepáticos para que sienta que es su aliado en momentos en los que deberá actuar enérgicamente.

Compartirá momentos de zozobra al alejarse de su familia por razones profesionales o causas que son parte de su crecimiento económico y estatus.

Tendrá que despedir a seres queridos, aceptar la llegada de nacimientos inesperados en el círculo familiar.

Sus prioridades cambiarán: estará más involucrado socialmente y poniendo la atención en ayudar a los más excluidos en un mundo en extinción.

Estará solicitado en nuevos proyectos gubernamentales: intercambio de exportación e importación con China, India

y países de Asia lo harán viajar e integrar otras culturas para sus negocios y para el país.
Deberá atender su salud holísticamente.
Sentirá ganas de pasar una temporada en lugares de recuperación de adicciones, haciendo dieta o en un monasterio para recuperar el centro de su vida.
Le lloverán propuestas oscuras para desviarse del TAO.
Su corazón estará alterado: diferentes etapas en el año lo mantendrán en los tejados de zinc caliente, atraído por personas que podrían complicarle la existencia.
La solidaridad será necesaria en la comunidad por los acuciantes problemas de situaciones de calle, de enfermedades, de gente en condiciones de indigencia y pobreza.
Convocará a personas de buen nivel social para hacer donaciones, participar en ONG, en la salud, que deberá ser el tema central de su gestión.
Revivirá años de abundancia y de merma; subirá y bajará en un tobogán emocional, despertará el eros con el poliamor, y en lo posible no dejará rastros en la cuadra.
El dragón le hará vivir *Las mil y una noches*, *Nueve semanas y media*, *Un tranvía llamado deseo*, y capítulos de series de ciencia ficción como *Blade Runner*.
Haga medicina preventiva, yoga, taichí, *fitness*, *trekking* y natación.
Complemente su dieta con proteínas, vitaminas, magnesio, colágeno y pase días en un *spa* para salir rejuvenecido como el ave fénix.

L. S. D.

El I CHING les aconseja:
13. T'ung Jen / Comunidad con los Hombres

EL DICTAMEN
Comunidad con los hombres en lo libre: éxito.
Es propicio atravesar las grandes aguas.
Propicia es la perseverancia del noble.

La real comunidad entre los hombres ha de llevarse a cabo sobre la base de una participación cósmica. No son los fines particulares del yo, sino las metas de la humanidad lo que produce una duradera comunidad entre los hombres; por eso está dicho: comunidad con hombres en lo libre tiene éxito. Cuando predomina la unión de este tipo, pueden llevarse a cabo aun las tareas difíciles y peligrosas, como el cruce de las grandes aguas. Mas para poder encaminar la existencia de tal comunidad, hace falta un conductor perseverante y esclarecido, cuyas metas sean claras, evidentes y entusiasmadoras y a las que sepa convertir en realidad, con toda energía.

LA IMAGEN
Cielo junto con fuego:
la imagen de la Comunidad con los Hombres.
Así estructura el noble las tribus y discrimina las cosas.

El cielo posee la misma dirección de movimiento que el fuego, y, sin embargo, se distingue de este. Así como los cuerpos luminosos del cielo sirven para la partición y estructuración del tiempo, también la sociedad humana y todas las cosas que realmente forman conjuntos han de estar orgánicamente estructuradas. La comunidad no ha de ser una mezcla de individuos ni una mezcla de cosas —esto sería un caos y no comunidad—, sino que requiere una estructurada diversificación si es que ha de conducir al orden.

El tránsito del Conejo
durante el año del Dragón

PREDICCIÓN GENERAL
Después del año propio, el dragón le tiene preparadas unas vacaciones muy necesarias, pero dependerá de nuestro rey de la huerta que ese descanso merecido sea en un rincón paradisíaco o en su madriguera y no en el hospital. Necesitará tener cuidado con los excesos y los enojos durante los primeros seis meses del

año. Un minuto de ira podría arruinar diez años de crecimiento espiritual. La segunda mitad del año será más tranquila, aunque tal vez llena de anécdotas como para utilizar dos horas a la semana en terapia. Lo mejor es no hacer cosas arriesgadas y tener cuidado al seleccionar actividades y amistades nuevas.

Enero

Todavía es el año propio, por lo que deberá concluir todos los proyectos que comenzó antes, así que siguen los retos y cambios de vida. El búfalo que gobierna este mes atrae problemas amorosos que dejarán a los conejos con una molesta sensación de inseguridad. Hay que aprender a no temer a los conflictos, a plantarse bien sobre el suelo y, sobre todas las cosas, el conejo deberá aprender a decir ¡NO! cuando algo le incomoda o no le parece justo. Para ayudarse a facilitar el día a día, podrá recurrir a los consejos de sus amigos de los signos afines: tigre, dragón, chancho y cabra.

Febrero

Es posible que comience una racha de incidentes molestos en cuanto llegue el año del dragón; no hay mucho de qué preocuparse gracias a la intermediación de la energía del tigre que gobierna el mes. Se sentirá valiente, y esa osadía servirá para imponer los límites necesarios para mejorar su salud mental y para obtener una convivencia —en especial familiar— mucho más sana. Deberá aclarar ese cambio de humor a las personas que lo rodean y así evitar confusiones o incluso actitudes agresivas, esto será más importante para los conejos de 2011, que estarán poniendo a prueba a sus padres.

Marzo

Tanto el dragón del año como el signo propio que rige el mes pondrán al conejo a trabajar arduamente y con poco reconocimiento. Incluso aquellos que ya están jubilados y los que aún van a la escuela se encontrarán a menudo tan ocupados que tendrán poco o nada de tiempo para ellos mismos, lo cual podría provocar algún problema de salud relacionado con la presión sanguínea y la digestión. Todo ese trabajo provocará rencillas a causa de la envidia que despierta la ética de trabajo del conejo, por lo que se le sugiere tratar de trabajar en equipo, pero sin resolverles la tarea a otros.

Abril

El mes del doble dragón provoca en el conejo una combinación de energías que se llama "daño mutuo", eso hace que problemas o asuntos sin resolver que hayan ocurrido durante el año anterior repercutan en el presente mes, provocando cambios definitivos en su estilo de vida o en su domicilio; los únicos conejos que se salvan de esta situación son los de 2011, debido a su juventud, pero en cambio tendrán que afrontar represalias por parte de sus profesores a causa de travesuras de sus compañeros de clase mayores, del año del tigre, e incluso de algunos menores, del año del dragón.

Mayo

El mes será complicado para todo el zoo en aspectos de geopolítica y desastres naturales; atraerá toda clase de incidentes, desde molestos hasta peligrosos, y el conejo no podrá ejercer ningún control. Es común que el año que sigue al del signo propio se tome como un año de descanso, pero los conejos tendrán que analizar con calma los cambios sufridos. En especial los conejos masculinos, sin importar el año de nacimiento, deberán poner riendas a sus impulsos, sobre todo los casados o comprometidos, ya que hay posibilidades de sufrir mal de amores o de provocarlo a sus parejas.

Junio

El mes del caballo será un mes de satisfacciones que obtendrá sin esfuerzo. El conejo podrá realizar actos de bondad por dondequiera que vaya. Se sentirá solidario y empático, será buen amigo y confidente. Este es también un mes adecuado para hacer mantenimiento en su madriguera y podrá dar vuelo a su imaginación por medio del bricolaje. Si es un conejo moderno, podría generar videos virales en internet porque descubrirá trucos que le pueden hacer más fácil la vida a otros. También será un mes dado al arte y la estética, cosa que aprovecharían los conejos que se dedican a las artes visuales.

Julio

El mes de la cabra será muy productivo, además de que le dará una actitud más asertiva y firme. Los conejos de 2011 tendrán la oportunidad de modelar su personalidad, de manera que serán menos influenciables por chicos de otras edades, algo que recordarán el resto de su vida. Los conejos de 1975 podrían tener roces con sus colegas y competidores, pero no es nada serio. Los de 1939, 1951 y 1963 necesitarán ayuda por parte de cabras y perros, ya que su capacidad de comunicación con gente joven, doctores y cuidadores será difícil, y en algunos casos se pondrán en duda sus capacidades.

Agosto

Todo este mes, los conejos, desde los pequeños de 2011 hasta los longevos de 1939, buscarán satisfacer necesidades emocionales con comida chatarra. Esto afectará a toda la madriguera por igual, por lo que se les recomienda ejercicio de mediano impacto siempre que se pueda, mesura al comer y al andar en la calle, ya que también hay peligro de accidentes, torceduras e incluso fracturas. Además, es un mes complicado porque atraerá ansiedad o miedo a perder oportunidades en los casos particulares de conejos dedicados a trabajos demasiado exigentes.

Septiembre

La combinación con el signo del mes del gallo provoca algo llamado "choque mutuo", esto se incrementa debido a que el gallo y el dragón son buenos amigos, así que el conejo pasa, energéticamente, a segundo plano, y queda preocupado o triste, como si su mejor amigo lo hubiera traicionado. En algunos casos, como los conejos de 1951 y 2011, es posible que sí se den rupturas dolorosas, pero para los de 1975 es más probable que el choque con el gallo/dragón sea de índole física, por lo que les hace falta ser menos impulsivos. Los demás conejos solo necesitarán actuar con mayor diplomacia.

Octubre

Este mes podrá ser apropiado para el esparcimiento o para aprovechar el tiempo libre para ponerse al día con el trabajo o regularizar los asuntos referentes a cualquier trámite burocrático o pago de deudas. Sin embargo, hay que tener cuidado con cualquier electrodoméstico, con computadoras y objetos que puedan incendiarse. Esta advertencia va especialmente para los conejos de 2011, que podrían provocar un accidente por jugar con fuego. La energía fuego estará alta y podría afectar el sistema circulatorio de los conejos de 1951, 1975, 1987, y más si son conejos fumadores o sedentarios.

Noviembre

La primera mitad del mes continuará con las tendencias incendiarias del mes anterior, de tal manera que hay que mantener con disciplina cualquier proceso o tratamiento iniciado anteriormente, sin embargo, la influencia del mes chancho ayudará a que mejore mucho la salud mental, y con eso atraerá entusiasmo e inteligencia. El diligente conejito querrá limpiar la madriguera, embellecer los espacios que lo rodean. Si no pudo concluir con proyectos artísticos o estéticos de meses pasados, durante estas dos semanas podrá ponerse al día y abrir espacios agradables para él y toda su familia.

Diciembre

Mientras toda la gente a su alrededor comenzará a afanarse en tareas relativas a las fiestas de fin de año, el conejo podrá reír de los incidentes buenos o no tan buenos que le ha regalado el dragón hasta ahora. Este es un mes en que el amor tocará la puerta de conejos solteros de cualquier año de nacimiento, solo hay que echarle un ojo al conejo preadolescente de 2011. Los demás conejos pueden dar rienda suelta a sus deseos, siempre y cuando usen protección y dejen los malabares de circo para los expertos, ya que aún hay un poco de peligro de caídas de aquí al 10 de febrero.

Predicciones para el Conejo y su energía

CONEJO DE MADERA (1915-1975)

Este año será de doble suerte, recuperación de los siete cuerpos y de expansión en su vida profesional.

Su capacidad de trabajo tendrá recompensas locales, nacionales y en el extranjero.

Afianzará su profesión, obteniendo becas para dar seminarios y cursos en su especialidad.

Sentirá que el dragón lo guiará en la comunidad de los hombres aportando su creatividad.

En la familia habrá situaciones inesperadas: divorcio, enfermedad, cambio de roles que deberá profundizar en constelaciones familiares, terapia, arte núbico para no desaparecer en momentos críticos.

En la balanza será un tiempo de reformulación existencial.

CONEJO DE FUEGO (1927-1987)

Después de la odisea de su año, deberá tomar distancia de lo que vivió para resetear su vida.

Cambios inesperados lo sorprenderán en sus planes; el año del dragón lo necesita con tiempo para colaborar en la comunidad con su oficio, profesión, asesoramiento e ideas para los proyectos desde artesanales a científicos.

Tendrá un golpe de suerte o azar que lo transformará en una inversión en bienes raíces, bonos o viajes por estudio a otros países.

Compartirá momentos agridulces con el zoo; habrá rebeliones, reclamo de facturas y cambio de roles en la situación patrimonial, en herencias y donaciones.

La vida social lo reactivará y será el centro de atención por su *charme* y *glamour*.

CONEJO DE TIERRA (1939-1999)

Año de recuperación en su salud holística.

Atravesó el Ganges con impedimentos para llegar a la otra orilla.

Sus planes serán cautos, simples, moderados hasta recuperar, a mitad de año, la energía vital para soñar con cambios en su vida afectiva, laboral y familiar.

El dragón será su patrocinador incondicional, su amigo con mensajes telepáticos y quien lo guiará para organizar emprendimientos, pymes, cambios sistémicos en la salud, la educación y la energía eólica, solar e hídrica en la comunidad.

Sus ideas creativas serán seguidas por gente que quedó excluida, niños sin hogar y profesionales que deberán insertarse en el nuevo paradigma.

Descubrirá su importante faceta organizativa, ayudará a resolver temas trabados hace años y sentirá que inicia un nuevo ciclo para reformular sus prioridades: vocación, familia y trabajo que lo entusiasme.

Conejo de Metal (1951-2011)

Después de hacer alineación y balanceo de su vida podrá enfocarse en proyectos postergados, en los que la vocación y experiencia estarán al servicio de la comunidad de los hombres.

Aceptará mudarse, vivir en otra ciudad, región, país y colaborar en las bases de la comunidad con su experiencia valiosa y sus consejos.

Un amigo lo invitará a descubrir, en un viaje, otra cultura, intercambiar experiencias y tener desapego con la rutina.

Una relación afectiva cambiará de modalidad: de años de convivencia pasará a tiempo compartido, a nuevas personas que serán estímulo en el formato poliamor o de relaciones más libres y sin compromisos.

Viajará por becas, proyectos relacionados con el arte, la ecología, la defensa del medio ambiente y los cambios en la sustentabilidad de la vivienda.

Tendrá ofertas para crecer en su profesión, oficio; deberá estar alerta si decide dedicar su tiempo a ser parte de un proyecto colectivo o prefiere ser un alma solitaria que aparece y desaparece como por arte de magia.

El dragón lo llevará a hacer un viaje galáctico sin parapente ni hangar.

Conejo de Agua (1963-2023)

Su año fue un antes y un después en su vida.

Cursó las materias pendientes en lo familiar, profesional y en su pasión por el cambio en el país.

Las batallas lo dejaron vulnerable, débil y con ganas de volver al origen de sus utopías.

Necesitará contención familiar, de amigos, pareja, para no deprimirse o pasar temporadas en las que nadie lo ubique en la Tierra o en Plutón.

Promediando el año del dragón recuperará el buen humor, las ganas de reinsertarse en la comunidad con consejos e ideas renovadoras.

Su corazón estará latiendo fuerte: un flechazo, amor inesperado en viajes, en su área de trabajo o estudio transformará su cosmovisión.

Tiempo de resetear desde el ADN hasta el presente, con las asignaturas pendientes.

Su sensibilidad será un aporte necesario en tiempos caóticos y de nuevos paradigmas.

L. S. D.

Solo, vagando por las montañas, encuentro una ermita abandonada.

Los muros se han desmoronado,

y no queda más que un sendero de zorras y conejos.

Junto a un viejo bosquecillo de bambúes, el pozo seco.

Las telarañas cubren un libro de poemas, olvidado bajo la ventana.

El piso lleno de polvo, la escalera completamente

oculta por la impetuosa hierba de otoño.

Los chirridos de los grillos, molestos por mi inesperada visita.

Miro hacia arriba y veo el sol en el ocaso.

Insoportable soledad.

Daigu-Ryokan

Predicciones preventivas para el Dragón basadas en la intuición, el I CHING y el bazi

Queridos dragones, se han tomado su tiempo para aparecer, su año iniciará el 10 de febrero de 2024. El zoo está con hambre y sed de una nueva energía que nos sacuda el kundalini y nos resucite del reinado del conejo, que dejó a la humanidad en estado de transmutación rumbo a un nuevo año.

En el mundo, especialmente en China, recibirán al dragón con votos de fe para rememorar los años emblemáticos del dragón. Se espera un *baby boom*, pues consideran a estos nativos sus hijos del cielo, con los poderes más venerados en China: belleza, riqueza, longevidad y armonía.

El dragón de madera marca el inicio de ciento ochenta años de transformaciones en el planeta.

Y es el primero en recuperar la energía ascendente para diseñar, resetear la condición humana.

La responsabilidad es inmensa; ustedes saben que tienen las condiciones para guiar a los mortales en la Tierra.

Recuperar el rumbo de una humanidad que se derrumbó por no seguir las leyes cósmicas será la tarea que les depara su reinado.

Deberán empezar por ustedes: intenten saldar deudas kármicas, familiares, laborales, en las sociedades, en la comunidad donde habitan, entre vecinos, comerciantes, gente que apostó a su dirigencia con resultados claros o renuncias históricas.

Revisar a fondo su conciencia será el trabajo arduo que les espera.

La dispersión que los caracteriza, el querer estar en todas partes por ubicuidad, controlando "el lado oscuro de la luna" llegó a su fin.

El aquí y ahora es el compromiso real, palpable, con la entrega de sus siete cuerpos, de su reloj de arena y el de Cronos, que dará a su familia, empresa, estudio, y plasmará en su vida afectiva.

No desaparecerá por arte de magia.

Sentirá que debe aterrizar y traer mensajes claros, coherentes y contundentes al zoo.

· 334 ·

PREDICCIONES PREVENTIVAS PARA EL DRAGÓN

Su corazón tendrá claridad para tomar decisiones que postergó años luz.

Romperá con pactos, alianzas, sociedades que no lo valoraron y se animará a emprender un proyecto de "allá lejos y hace tiempo" con coraje y sin influencias que lo posterguen.

La pisada, la forma de realizar el cambio es la clave para que su año sea un éxito o... un fracaso.

Su ánimo oscilará entre las nubes, tormentas, ciclones y las auroras boreales, que serán su morada antes de anunciarse en la tierra.

El sobrepeso de responsabilidades acumuladas deberá aliviarse: su salud holística está en juego, y la de sus seres amados.

Cambios en su organismo detonarán: más ansiedad, insomnio, dolores musculares, complicaciones en el sistema digestivo y en los ojos.

Es recomendable que practique la medicina preventiva: acupuntura, moxobustión, chi kung, taichí, caminar cada día un poco más y renunciar a la vida sedentaria.

Podrá liberarse de relaciones culposas, tóxicas, si bucea en su alma sin filtro.

La vida se puso seria para los joviales dragones que tienen recursos para distraerse o evadirse cuando se sienten acorralados.

La justicia terrenal no lo encarcelará, pero la divina lo llevará donde sus escamas y alas se congelarán, no podrán moverse.

La renovación será holística: dieta, *trekking*, natación, modelaje, y coincidirá con viajes dentro del país, en los que aplicará su técnica de reciclarse a través de grupos de estudio o de investigación, antropológicos, arqueológicos, y de incursiones a lugares sagrados.

Hará las paces consigo mismo. Tendrá citas con la luna llena y sus rituales, solsticios y equinoccios.

Estará dispuesto a pasar una temporada de convivencia en grupos de constelaciones familiares, meditación dinámica, arte núbico.

Podrá dejar escritas sus memorias, organizar herencias, aceptar el paso del tiempo para renunciar a sus poderes divinos y ser parte de un plan integral para atravesar épocas turbulentas en la humanidad.

Es importante que se apuntale con amigos, terapeutas, asesores en su profesión, maestría, y que acepte límites.

Su año es un examen de espejo hacia el otro, "in lakech", soy otro tú.

Deberá dejar la vanidad, el ego, el orgullo, la soberbia en un arco iris para que se evaporen.

Reconstruir sus zonas erróneas, su hartazgo de ser protagonista para dar paso a las nuevas generaciones, a su pareja, a la meritocracia y al yoga del desprendimiento.

El viaje ya comenzó. Suerte.

L. S. D.

El i ching les aconseja:
57. Sun / Lo Suave (Lo Penetrante, El Viento)

EL DICTAMEN
Lo suave. Éxito por lo pequeño.
Es propicio tener a dónde ir.
Es propicio ver al gran hombre.

La insistente penetración engendra efectos paulatinos y poco aparentes. No es cuestión de obrar recurriendo a métodos violatorios, sino al ejercicio de una ininterrumpida influencia. Tales efectos llaman menos la atención que aquellos que se obtienen mediante la acción sorpresiva, pero son más persistentes y cabales. A fin de poder obrar de este modo es preciso tener una meta definida; pues únicamente por el hecho de que el insistente influjo actúe siempre en una misma dirección puede lograrse algún objetivo.

Lo pequeño es capaz de lograr algo únicamente cuando se subordina a un hombre que posee la facultad de instaurar el orden.

LA IMAGEN
Vientos que se siguen uno a otro:
la imagen de lo suavemente penetrante.
Así el noble difunde sus mandamientos
y da cumplimiento a sus asuntos.

Lo insistentemente penetrante del viento se basa en su acción incesante. Por ella se hace tan poderoso. Recurre al tiempo como medio para su acción. Así también el pensamiento del soberano debe penetrar en el alma del pueblo. También esto requiere la acción de un constante influjo por medio de la ilustración y el mandamiento. Tan solo cuando el mandamiento ha penetrado en el alma del pueblo se hace posible una actuación correspondiente. Una acción no preparada no hace más que amedrentar a la gente y su efecto es de rechazo.

El tránsito del Dragón durante su propio año

PREDICCIÓN GENERAL

En la cosmogonía china, hay saltos de experiencia cada doce años, este efecto se llama *Běn Mìng Nián* 本 命 年, que significa "en esta vida" o "año propio": 12, 24, 36, 48, 60, 72, 84. Las experiencias entre esas edades varían, sin embargo, todos los dragones vivirán cambios de vida drásticos, y adquisición de prestigio, pero con una sensación de soledad muy dura y la necesidad de competir contra sí mismos, romper sus propias marcas, alcanzar el límite. El año del dragón será un momento que se sentirá eterno; si aprende a trabajar en equipo y a confiar en la gente que lo ama será más fácil vivirlo. Bienvenidos al año propio, dragones del mundo, traten de ser más amables con ustedes mismos.

Enero

El mes del búfalo llevará la influencia del año conejo en su lomo, cosa que le vendrá bien al dragón, porque tendrá treinta días para organizar los siguientes meses. De esa manera podrá separar lo importante, lo que tiene que resolver sí o sí, y lo urgente, que es lo que podría robarle tiempo y dinero. Al final de cuentas, los años propios siempre son complicados, pero si el dragón logra organizar su tiempo y sus recursos, podría pasar un año menos enredado. Mientras tanto, el mundo estará revuelto; solo tiene que aprender a priorizar su persona, ya habrá tiempo para atender las necesidades del prójimo.

Febrero

Este mes será como una clase de escuela en la que tiene que enseñar sus proyectos, le guste o no a gente en posiciones de poder más elevadas, incluso celebridades de todos los niveles en las artes o la política. De pronto sentirá como si lo hubieran dejado caer en medio de un circo de tres pistas en donde todos los reflectores apuntan hacia él. Por primera vez no tendrá ni un discurso digno de su fama; hasta los pequeños de 2012 se sentirán invadidos. Para prevenir demasiado roce en sociedad, le recomendamos hacerse de un séquito con monos y ratas, que disfrutarán mucho la atención.

Marzo

El mes del conejo será accidentado para todo el zoo, y tal parecerá que el dragón será el más susceptible de sufrir percances, por lo que se le recomienda no manejar vehículos, no ponerse en riesgo practicando deportes extremos y, mucho menos, meterse en negocios de ninguna índole. Tampoco será un mes para prestar o pedir prestado. Este no es el año para meterse en asuntos en los que no tiene ninguna certeza social ni económica, por lo que deberá cuidar la billetera y la boca. Los dragones de 2012 podrían ser engañados, por lo que tienen que comenzar a fortalecer con más ahínco su pensamiento crítico.

Abril

Es de buena fortuna nacer con doble dragón (mes y año), por lo tanto, los dragoncitos que nazcan en este mes gozarán de una adolescencia privilegiada, tendrán un físico notable y un cerebro brillante. Sin embargo, para los dragones que ya saben hablar, es muy posible que este mes se complique debido a múltiples obligaciones sociales que se les presentarán. Para las mujeres dragón todo este mes podría presentar problemas debido a envidias y malentendidos con colegas y amigas más jóvenes. Los dragones de 1964 tendrán que enfrentar asuntos muy añejos sin resolver y los de 1940 deberán poner mucha atención en su salud física.

Mayo

Este mes la serpiente no tendrá clemencia. El mundo sentirá el efecto de la combinación de energías, por lo que el dragón se convertirá en un espejo que reflejará todo lo que ocurra en el planeta. Para aguantar esa situación, nuestro quimérico amigo tiene que prevenir cada paso que dé, sobre todo porque la gente estará mirando y todo ese escrutinio lo pondrá aún más nervioso. Querrá cubrirse de amuletos, unirse a sectas en busca de un gurú que le diga qué hacer, pero la gente está esperando que él ponga el ejemplo: "No grito, no corro, no empujo" tendría que ser su mantra durante estos días.

Junio

El del caballo tampoco será un mes pacífico, de hecho, los dragones longevos que vivan en lugares en los que hace mucho calor en este mes del año tendrán que cuidar la salud, beber agua y evitar multitudes o actividades extenuantes si están expuestos al sol. Todos los dragones serán propensos a accidentes de tránsito, así que hay que extremar precauciones, especialmente los días 2, 4, 5, 8, 10 y 21, también deben evitar salir a la carretera, sobre todo si el dragón conduce. Fuera de ese detalle escabroso, el resto del mes tendrá sus momentos alegres. Será bueno para dragones comediantes, *influencers*, guionistas o escritores.

Julio

En el mes de la cabra comienza una etapa de tres meses en la que los dragones del orbe que estén en condiciones de acceder a un lugar adecuado para retirarse de la vista del público o de su vida social, puedan hacerlo. Al dejar de lado obligaciones extenuantes podrían dedicar tiempo a sus propios objetivos y pasatiempos. Este regalo kármico les permitirá evitar problemas durante la fase más complicada, que será en octubre y noviembre. Si no forman parte de este grupo de privilegiados, este mes ofrece grandes oportunidades para obtener ayuda, aumentos o reconocimientos monetarios por parte de amigos y familiares.

Agosto

El mes del mono vendrá a mimar y curar al dragón. Le permitirá tener tiempo libre, que es lo que más añora, motivos para estar tranquilo y alegre, en especial los días 4, 16 y 28, en los que tendrá claridad de pensamientos y su astucia lo ayudará a resolver cualquier problema. Tendrá tanto tiempo libre que no sabrá qué hacer con él, por lo que podría caer en indulgencias que afectarían su salud y su bolsillo. Sabiendo esto, hay que usar la virtud de la prudencia para realizar hasta la tarea más banal. Es posible que a sus oídos lleguen chismes sin importancia, cuidado.

Septiembre

Este será un mes que traerá golpes de suerte, encuentros agradables con gente nueva y la oportunidad de renovar su imagen. El mes del gallo se relaciona con la energía del año propio atrayendo nuevos amores o renovando pasiones con viejos amantes. El único dragón que se encontrará algo agitado y no muy cómodo con esto es el de 2012, que posiblemente estará llegando a la pubertad y en el camino a su desarrollo pueda sentir inquietudes que requerirán información, madurez y paciencia por parte de maestros y tutores, ya que su curiosidad podría confundirlo.

Octubre

El dragón no comprende al perro, que es regente del mes, parece que hablaran el mismo idioma, pero con distinto dialecto. Este mes se comportará como si todo el mundo de pronto hablara en clave y los dragones, desde los chicos de 2012 hasta los carismáticos nacidos en el siglo xx, querrán volver a su escondite secreto, pero obligaciones familiares y laborales los pondrán bajo el reflector. Se sugiere usar una agenda, psicología para organizar sus actividades y para poner los pensamientos obsesivos en su lugar. Los bebés que nazcan este mes tendrán buen carácter, pero serán algo ingenuos.

Noviembre

Este es el mes en que buena parte de la población dragón cambiará de vida para siempre. El chancho, energéticamente hablando, no trae mala voluntad, pero la energía agua en combinación con las energías de tierra y madera atrae una verdadera revuelta. Hay amor, compromiso, proyectos fantásticos que no creía para sí mismo y que ahora se le presentan en bandeja de plata, pero cuidado, cualquier compromiso adquirido durante el año propio podría representar una carga demasiado pesada para más adelante, por lo que se le sugiere mesura y un carácter menos aprehensivo.

Diciembre

El mes de la rata ayudará al dragón a recobrar su capacidad de comunicación con otros signos; si perdió contacto o hubo alguna rencilla en tiempos pasados, este mes podrán darse reconciliaciones o tener continuación tratos laborales; sin embargo, no es recomendable hacer compromisos demasiado fuertes o legales sino hasta terminar el año propio. Este mes, hay que dejarlo para la sanación interna. Si es inevitable formalizar algún trato, hay que buscar el consejo de su amigo gallo. A dos meses de que termine el año propio, es mejor dejarse llevar sin resistencia.

Predicciones para el Dragón y su energía

DRAGÓN DE MADERA (1964-2024)

El 10-2-2024 el dragón de madera recibirá su TAI SUI, año celestial, con una fiesta inolvidable.

Pasaron sesenta años desde que nació y retornó a su energía, y como dicen los chinos "se parió a sí mismo".

Finalmente cumplirá su sueño; cruzará el océano y conocerá otro continente.

Y los que ya lo conocen, y tienen millas de vuelo, enraizarán en un nuevo hangar para poner en práctica su experiencia multifacética.

Es cierto que tendrá que hacer el balance de la vida para sentirse libre de equipaje.

Su corazón estará libre, en paz, sin ancla que lo retenga en el camino hacia su esencia.

En la familia habrá cambios favorables: crecerán hijos, nietos, soltará dependencia económica con sus mecenas, patrocinadores, su expareja, para consolidar un proyecto que soñó durante mucho tiempo.

Ser Superman y la Mujer Maravilla ya no será buen negocio para usted.

Podrá exponer sus debilidades, vicios, y mostrarse humano.

Será un tiempo de revisión en cada relación: socios, amigos, examores y, si aún tiene estabilidad emocional, quizás encuentre a su compañero de camino.

El secreto de su año es un autoexamen ante la realidad que deberá enfrentar.

Aceptar que la juventud fue un envión para lo posible, y que hay planes que aún no se concretaron, que la soledad le da miedo, que tiene mucho horizonte de aprendizaje en técnicas de especialización en su profesión u oficio, y que la recompensa llegará por situaciones inesperadas.

Fluya en el espacio sideral y aterrice cuando la vida le pida una pausa con su botiquín de primeros auxilios.

Dragón de Fuego (1916-1976)

Llegará a su año con asignaturas saldadas en lo familiar y pendientes en sus sueños y utopías.

El año será favorable si "pisa bien en el momento adecuado"; estar atento a sus deseos, cambios, proyectos es parte de la estrategia que deberá diseñar.

Los negocios, empresas, pymes tendrán viento a favor; no delegue si siente que no apareció la persona indicada para representarlo.

En la pareja habrá crisis; algunas decisiones que ayuden a la convivencia serán propicias: cuartos separados, tal vez dos lugares donde poder reencontrarse sin discusiones ni peleas y donde reseteen la relación sin contaminar al zoo.

Nuevos desafíos profesionales que deberá meditar para no caer en trampas de terceros, y aceptar los limites físicos, espirituales y de gestión para no claudicar.

PREDICCIONES PREVENTIVAS PARA EL DRAGÓN

Dragón de Tierra (1928-1988)

Comenzará el año desbordado, con sobrepeso en sus siete cuerpos y en su corazón.

El agobio deberá ser diluido, evaporado con técnicas de autoayuda, terapias alternativas, contención familiar y viajes a lugares en los cuales la naturaleza lo acompañe.

Es un tiempo de reformulación existencial.

Cada paso que dé tendrá que estar acompañado por decisiones claras y contundentes.

Su salud necesitará medicina china, ayurvédica, holística.

Los cambios bruscos, las partidas, nacimientos, separaciones en la constelación familiar repercutirán en su salud mental.

Es necesario que sepa administrar su tiempo libre y encauzar seminarios, cursos de idiomas, capacitación tecnológica, o ser parte de ayuda humana en comedores, geriátricos, asilos de inmigrantes, gente en situación de calle, e ir adonde su corazón lo llame.

Año de vuelo lento, equilibrado y reparador.

Llegarán nuevos amigos y sorpresas de regalos inesperados.

Dragón de Metal (1940-2000)

Comenzará su año haciendo un balance profundo de sus prioridades.

Tendrá que encauzar su vocación, oficio, estudio y profesión con seriedad para obtener becas y estímulos económicos que le posibilitarán la visa a otros países, en los que estará cotizado en yuans.

El estímulo será de adentro hacia afuera.

Incursionará en la inteligencia artificial, en proyectos colectivos contra el cambio climático, para la recuperación de los mares, fauna y flora del planeta, y planes de energía renovable y prevención de enfermedades terminales.

Su corazón estará abierto a nuevas relaciones que no le impidan crecer y viajar sin condicionamientos; recuperar el abrazo de sus seres queridos y confiar en una etapa de estabilidad emocional para echar raíces y construir su hogar con permacultura.

Dragón de Agua (1952-2012)

Año de cambios en su vida personal.

Nuevos amigos o compañeros de estudio le brindarán una oferta para ser capitán de un equipo en la escuela, una universidad o en el club de su barrio.

Sentirá ganas de viajar, de conocer otras culturas, hacer intercambio estudiantil, modificar de hábitat, ser parte de un movimiento de lucha por la ecología, los cambios sistémicos en la sociedad civil, aportando su experiencia.

Podrá compartir sus habilidades en cursos de cocina, artes visuales, computación, y delegar responsabilidades en su equipo.

Un descubrimiento arqueológico, en la ciencia o en la constelación familiar aliviará sus dudas, pesadillas y situaciones que le cambiarán el humor según el vaivén de un péndulo.

Será un año de despegue en sus decisiones que lo ayudarán a ser más libre e independiente.

L. S. D.

El largo camino se remonta a lo indefinido,
vagabundeando converjo a lo desconocido.
Postrado sobre la indumentaria extendida
describo mi imparcialidad asumida.
En dragón blanco y roja ave fénix
busco la ráfaga del viento y vuelo al eterno firmamento.

Qu Yuan

Predicciones preventivas para la Serpiente basadas en el I CHING, la intuición y el bazi

La luna llena de anoche fue fuerte y sabemos que cualquier situación delicada que nos sorprenda exalta nuestro ánimo y cambia el ritmo cardíaco; tenemos que inhalar y exhalar.

Así comenzará la serpiente el año del dragón, su hermano kármico. Después de logros clave en el año del conejo, el ofidio sentirá que cambia la piel nuevamente.

Su conciencia tendrá zonas oscuras, pues "el fin justifica los medios", y sabe que lo que negoció con sus socios tiene consecuencias de un costo muy grande para su círculo íntimo, su familia, sus íntimos enemigos, y quienes dependieron de su control remoto.

Reconciliarse consigo misma será la misión en el año del dragón.

Su necesidad de encauzar la vida, los años perdidos por causas no resueltas, y los conflictos en su vida afectiva y familiar la convirtieron en una persona de difícil acceso y con síntomas paranoicos.

El retorno a su ámbito, oficio, y el asesoramiento a gente que se inicia en nuevos proyectos le darán un nuevo aire, un estímulo a su pasado hermético y destructivo.

Intuye que debe tener más delicadeza, abrir el tercer ojo, la percepción para moverse con sigilo y contundencia.

El tiempo de la juventud, con errores y aciertos, ya pasó.

Nuevas oportunidades que surgirán inesperadamente le brindarán la posibilidad de un pasaporte hacia otro país, donde tendrá ganas de resetear su vida, iniciar un estudio, construir una casa o aceptar ser huésped de amigos del pasado.

Será un año de transición, de cambios internos en su ADN, de tomar distancia y desapegarse de su pasado.

Su salud deberá ser atendida con especialistas o con medicina holística.

Los síntomas de abruptos cambios emocionales, de hábitat, quiebre en relaciones afectivas y familiares alterarán su aparato respiratorio y digestivo.

Es un año bisagra, para indexar cuentas pendientes, recuperar el foco para no atrasarse en sus objetivos, que tendrán rachas de buena suerte y momentos de incertidumbre.

Las serpientes sabias pondrán a favor la experiencia para no repetirla; las soberbias, necias y vengativas seguirán dando vueltas en el Samsara.

La oportunidad del cambio las invita a reflexionar.

L. S. D.

El I CHING les aconseja:
63. Chi Chi / Después de la consumación

EL DICTAMEN
Éxito en lo pequeño. Es propicia la perseverancia.
Al principio ventura, al cabo confusiones.

La transición que va del tiempo viejo al tiempo nuevo ya ha sido llevada a cabo. En principio ya todo está en regla y solo en los pormenores puede obtenerse algún éxito. Pero para ello hace falta observar la actitud que corresponde. Todo sigue su marcha como por sí mismo. Esto seduce fácilmente a un relajamiento de la tensión y a dejar su curso a las cosas, sin que uno se preocupe mucho de los diversos aspectos. Tal indiferencia, empero, es raíz de todos los males. De ella surgen necesariamente fenómenos de decadencia. Se enuncia aquí la regla que suele predominar en la historia. Pero esta regla no constituye una ley inexorable. Quien la comprenda será capaz de eludir sus efectos mediante una incesante perseverancia y cautela.

LA IMAGEN
El agua está por encima del fuego:
La imagen del estado Después de la Consumación.
Así el noble reflexiona sobre la desgracia
y por anticipado se arma contra ella.

Cuando el agua, en la marmita, cuelga sobre el fuego, ambos elementos están en mutua relación y debido a este hecho se genera energía. No obstante, la tensión que así se produce impone adoptar precauciones. Si el agua se desborda se extingue el fuego y se pierde su función energética. Cuando el calor es excesivo, el agua se transforma en vapor y se pierde en el aire. Los elementos que en este caso están en relación recíproca y engendran así la energía, por su naturaleza guardan entre sí una recíproca hostilidad. Únicamente una extrema cautela puede evitar el daño. Así también en la vida hay circunstancias en que todas las fuerzas se equilibran y obran de consuno, y por lo tanto todo parecería estar en perfecto orden. Tan solo el sabio reconoce en tales épocas los momentos de peligro y sabe dominarlos mediante precauciones tomadas a tiempo.

El tránsito de la Serpiente durante el año del Dragón

PREDICCIÓN GENERAL
Los nativos de los signos dragón y serpiente están destinados a romper la rueda del Samsara al terminar la presente encarnación, pero las experiencias kármicas del dragón difieren mucho de las de la serpiente y cuando uno de estos dos signos transita por el año del otro, surgen oportunidades para enfocarse exactamente en esas experiencias particulares que pueden ayudar a evolucionar. Cada mes presentará una experiencia a superar que irá aligerando la carga, ya que al llegar al año propio sucederá una deconstrucción dramática. Con las lecciones aprobadas, las serpientes podrán mudar de piel sin dejar ni un pedazo del pasado atorado en las escamas, y con un mejor trato emocional.

Enero
Todavía no es el momento de emprender el vuelo a lomos de dragón, cualquier osadía podría meterla en problemas, porque este mes la serpiente ganará notoriedad, y en algunos casos infamia. Las serpientes más vulnerables serán las que hayan nacido en noviembre, sin importar el año, aunque las de 1953 y 2013 podrían sufrir algún tipo de aislamiento o escarnio social,

por actos injustos en los que no están involucradas en forma directa. Las serpientes que se dedican al periodismo, la política y la burocracia podrían obtener información escabrosa. ¡Cuidado!

Febrero

El mes del tigre hará que la serpiente vaya de la alegría a los problemas y de los problemas a la intensidad emocional. Ninguna serpiente quedará indiferente ni tendrá tiempo para descansar o dedicarse al ocio. Eso hará que estén con el ánimo inflamable y todos sabemos qué ocurre con una serpiente enfadada; deberá cuidar lo que salga de su boca. Este mes se cura con una buena dosis de diplomacia. Sin embargo, cierto nivel de insolencia podría ayudar a las serpientes de 1965, ya que hace tiempo que necesitan imponer sus límites y no permitir que se siga abusando de su tiempo y paciencia.

Marzo

La primera mitad del mes conejo, el ofidio tendrá energía, estará alegre y con una mejor disposición. Tendrá grandes reencuentros, amistades que se habían perdido reaparecerán para darle esperanza en el futuro. La segunda mitad será complicada en cuanto a lo amoroso, sobre todo para las serpientes femeninas y LGTB+. En el caso de las serpientes de 2013, las hormonas comenzarán a causar estragos, en especial para las nacidas en los trópicos. Hay que ser muy atentos y ayudar a las serpientes bebé a construir una autoestima flexible, pero inquebrantable.

Abril

El mes de doble dragón no la dejará indiferente. Comenzará con buenas noticias, dosis de alegría y buen humor, en especial entre las 11 y las 13 horas. Es posible que las serpientes de 1941, 1953, 1965 y 1977 reciban información que les regresará la paz al cuerpo; sin embargo, deberán mantener oculta esa información hasta que sea el momento adecuado para revelarla o utilizarla. Las serpientes de 1989 tendrán la oportunidad de acercarse a la filosofía porque la energía tierra subirá mucho, pero junto con eso, es importante que no se obsesionen con la ignorancia de los demás.

Mayo

El mes propio será desordenado, necesitará disciplina y paciencia, de otro modo se enredará consigo misma cada vez que quiera resolver algún problema emergente. Las serpientes de 1953 y 2013 podrían tener problemas digestivos que, si no se atienden, llegarían a convertirse en algo crónico o serio más tarde. Las de 1977 podrían comenzar a tener problemas con su salud circulatoria y en algunos casos, con su sentido del humor. A las demás serpientes les vendría bien meditar, y dar caminatas rodeadas de naturaleza para encontrar de nuevo su balance.

Junio

Este es uno de los momentos más kármicos de todo el año. La serpiente tendrá que poner a prueba la fidelidad con su pareja, de tenerla, y deberá valorarse a sí misma, no aguantar malos tratos e injusticias en el trabajo o la escuela. Se presentarán momentos extremos en los que podría quedar expuesta a las flechas de Cupido, pero no nos referimos al amor, sino a un impulso apasionado que podría no ser correspondido. Necesitará apoyo de sus amigos, en especial la serpiente de 2013, que estará muy vulnerable y podría sufrir de *bullying* por ser como es.

Julio

La tendencia del mes de la cabra seguirá en la misma tónica del mes anterior, pero en esta ocasión, la serpiente tendría la gran ventaja de poder obtener ayuda para resolver el día a día, sin embargo, deberá estar consciente de que necesita esa ayuda, que no vendrá por sí sola. Hay veces en que la serpiente se paraliza, aunque sienta que está en movimiento. Si su mente está intranquila, podrá apoyarse en el criterio del búfalo y el empecinamiento del gallo, sobre todo si no tiene buenas relaciones de pareja o laborales, algo especialmente doloroso para las serpientes de 1989.

Agosto

Este mes mono la buena fortuna vendrá en oleadas. Su capacidad de comunicación irá mejorando conforme pasen los días.

Podrá recuperar relaciones perdidas en los últimos años y meses. Esta capacidad para comunicarse podría provocar también que la gente le confiese sus problemas, cosa buena para serpientes que manejen información confidencial, como médicos y psicólogos, pero, a diferencia de situaciones parecidas que ocurrieron en enero, la serpiente podrá administrar y revelar por fin esa información de manera que sus confidentes serán beneficiados.

Septiembre

La serpiente se convertirá en un amuleto viviente este mes, la gente la buscará de nuevo. Podría aprender alguna técnica de sanación o primeros auxilios. El gallo viene con una combinación de energías agua y metal que contribuirá con su capacidad de concentración y la comprensión de temas de ciencias duras, que serán de más ayuda para las serpientes de 2001 y 2013, aunque sea para complementar sus capacidades para artes y humanidades. Las demás serpientes podrían aventurarse en algún negocio, pero deberán evitar multiniveles y pirámides.

Octubre

El perro choca con el dragón, entonces la serpiente deberá tener cuidado en cuestiones amorosas y no quedar atrapada la batalla de opuestos energéticos. Si bien el mejor mes para que las serpientes se comprometan o se casen es octubre, este año será mejor dejarlo para después, porque la serpiente podría conocer a alguien nuevo en los siguientes días, y eso podría meterla en problemas; ella es monógama por naturaleza, pero se sentirá atraída por más personas, cuidado. La comunicación que ha ido afinando a lo largo del año le será de mucha ayuda en estos días.

Noviembre

Este mes siempre presenta retos a la serpiente, pero esta vez tendrá que superar pruebas que la agotarán. La energía del chancho es compatible con la energía del dragón, y esta alianza provocará problemas de salud a las serpientes de 1941, 1953 y 1965; que necesitarán tener cuidado con golpes de calor provocados por crisis climáticas y con una mala hidratación. Las demás serpientes tendrán mejor salud, pero el origen de sus problemas estará relacionado también con el clima impredecible del lugar en donde viven. Necesitarán crear planes de contingencia con familiares y vecinos.

Diciembre

La primera mitad del mes, las serpientes de 1977 estarán en su elemento y serán las que mejor aprovecharán esas dos semanas de energía fuego. Las demás serpientes también estarán a gusto, considerando las contingencias del mes anterior y sus secuelas. Pero a partir del 17 de diciembre, la gente que la rodea entrará en una fase de desorden y es poco probable que las serpientes puedan contar con ayuda o cooperación. No es un buen mes para disfrutar de las fiestas debido a que la gente estará muy ocupada en sus asuntos. Por lo menos la salud irá mejorando, y tal vez cuente con dos o tres amigos.

Predicciones para la Serpiente y su energía

SERPIENTE DE MADERA (1905-1965)

Después del *rock and roll* del año del conejo, la serpiente necesitará una pausa para cambiar la piel al sol, en soledad, y recuperar el rumbo en el año del dragón.

Cruzará las grandes aguas; estará alerta por cambios sistémicos en la madriguera, recuperará el equilibrio emocional tan alterado y comenzará una etapa de orden desde una nueva dieta, ejercicio físico, yoga, taichí, chi kung, algún retoque de cirugía para reaparecer al comienzo de su año, 2025, como un ejemplo de juventud y belleza.

Su ánimo estará mejor, saldrá poco y verá a su círculo íntimo de amigos. Preferirá estar alejado de los negocios, la política, los conventillos y las guerras por seguir en el poder.

Mantendrá perfil bajo, será interlocutora del nuevo tiempo y pondrá su experiencia para dar seminarios, participar en ONG, fundaciones para ayudar a inmigrantes, ancianos y niños sin hogar, y contra la trata de personas.

Resolverá temas pendientes en lo legal: herencias, juicios e hipotecas, y visualizará un horizonte más despejado para renacer con sabiduría.

SERPIENTE DE FUEGO (1917-1977)

Después de un año de haberse reintegrado al mundo laboral, social y de competencia deportiva sentirá que tiene nuevos proyectos y utopías para compartir con su hermano kármico, el dragón.

Necesitará soltar el ancla que le impide viajar, conocer otros mundos y aceptar ofertas que estimulen su creatividad.

Su corazón estará dividido; un tiempo de soledad para ordenar la pasión y la razón serán propicios.

Su manera de vivir será mas ascética, frugal, hará cuentas y no despilfarrará dinero.

Retornará a un lugar que le marcó la vida. Sentirá el deseo de imaginar una vida en la naturaleza, trabajando por 5G, y transmitiendo su conocimiento al resto del mundo.

Episodios familiares cambiarán sus planes; buscará ayuda, encauzará un *hobby* o estudio que había postergado pues sentirá inspiración y el retorno del eros.

Año de preparación interna y externa para resetear su vida.

SERPIENTE DE TIERRA (1929-1989)

El año del conejo la dejó exhausta.

Tuvo que enfrentar cambios de rol dentro de la familia, conseguir trabajo extra y poco redituable, dormir poco, algo que la pone de mal humor y le saca energía para estar con el tercer ojo abierto para enroscar alguna presa para llevar a la madriguera.

El estrés ocasionó cambios en su salud física, psíquica y espiritual.

Un golpe de suerte promediando el año del dragón le dará vitalidad para encauzar sus planes a mediano plazo.

Estará más solicitada en la familia, necesitará tiempo para sus estudios, seminarios y cursos de capacitación en su especialidad.

Las ganancias llegarán en su año, siempre que no descuide su constancia, tenacidad y ambición para lograr sus objetivos.

PREDICCIONES PREVENTIVAS PARA LA SERPIENTE

Tendrá, junto a vecinos, la oportunidad de participar en la defensa del medio ambiente, el combate contra la droga, la trata de personas, las situaciones de injusticia en su pueblo, ciudad o país.

Conquistará nuevos territorios para enraizar con el zoo en un lugar que soñó en la infancia.

Año de balance, reconstrucción de su vida y nuevos logros.

Serpiente de Metal (1941-2001)

Llegará con viento a favor al año del dragón; hizo los deberes, cumplió con promesas, y sentirá que será un año semisabático para disfrutar.

El mundo estará en ebullición, caos, situaciones inesperadas de cambio climático que la mantendrán alerta y con ganas de resguardarse bajo las piedras.

Compartirá un nuevo ciclo en otra región; se adaptará a la cultura, la gente y entablará alianzas creativas gracias a su experiencia.

Buscará nuevos estímulos a sus proyectos conectándose con gente del mundo, dando clases virtuales de idiomas, cocina, feng shui, tantra y medicina china.

Su capacidad física encontrará patrocinadores y gente que le ofrecerán participar en nuevos equipos de fútbol, básquet, rugby, *rally*, competencia de carreras en moto o bicicleta.

Sentirá deseos de unión con su pareja o con amigos nuevos.

Es posible que forme una familia ensamblada y disfrute de tardes de filosofía, té, y novedades en Netflix o plataformas de la nueva era.

El dragón la invitará a un viaje interestelar para renovar sus ideas.

Serpiente de Agua (1953-2003)

Durante el año del dragón la serpiente removerá su salud holística para un período de sanación y soledad después de pasar por la guerra de las galaxias.

Repasará su vida junto al zoo; elegirá sus prioridades y adoptará nuevas mascotas para compartir su vida.

Surgirán propuestas para ocupar nuevos lugares en alguna ONG, o en centros de asistencia al inmigrante, ayuda en hogares de ancianos y huérfanos.

Su corazón blindado por años de soledad, enfermedad y malas compañías comenzará a deshelarse para abrazar nuevas causas humanistas.

Retornará a "su lugar en el mundo"; comenzará una etapa de cambios sistémicos, de sanación en la constelación familiar y laboral que cerrará un ciclo en su vida.

Las partes de su cuerpo que debe cuidar son los riñones, el páncreas, el abdomen y el aparato digestivo.

Tendrá que evitar los excesos de comida, de alcohol, no consumir anfetaminas; y sí reunirse con amigos, jugar a las cartas, al *paddle*, golf, ajedrez o participar en concursos en los que se destaque por su formación académica o su talento para embaucar a su adversario.

El dragón le tomará examen y la dejará "clean" de karma.

L. S. D.

Esto es mejor
que girar en redondo
encerrado en un patio.
Ya lo dijo Confucio:
Las cosas pasan como el agua de un río
y nunca vuelven a pasar.
Tiemblan al viento las velas de las naves.
Las montañas de la Tortuga y de la Serpiente
permanecen ahí quietas.
Ahí se va a realizar nuestro plan gigantesco:
De Norte a Sur, un puente
tornará los obstáculos del cielo
en un camino abierto.

Anónimo

Predicciones preventivas para el Caballo basadas en la intuición, el I CHING y el bazi

Queridos caballos, yeguas, potrillos, mundo equino terrenal y visceral:

En una mañana que anuncia el invierno en Las Rabonas, Traslasierra, donde vivo y escribo, con cuatro grados bajo cero, la ropa escarchada, la helada sobre el pasto que se está poniendo mustio, siento que después de un año del conejo de máximo estrés, celebrarán la llegada del dragón con una reunión con sus seres queridos, los que están y los invisibles que extrañan, con quienes saben que pueden conectarse con su sinfonía de relinchos.

La liberación es la recompensa de años de responsabilidades familiares que los dejaron sin jinete que los cabalgue en medio de la tempestad.

Su pelaje deberá ser cepillado nuevamente, los mimos que no tuvieron en años anteriores renacerán con el zoo, que también sentirá ganas de compartir más tiempo de ocio, vacaciones, fiestas y salidas culturales con su amigo, siempre dispuesto a disfrutar de la vida.

Ordenará temas legales: herencias, juicios, compromisos de deudas a mediano plazo, y el dragón estará a su lado, guiándolo en todo momento y lugar.

A pesar de lo que le cuesta crecer –la coquetería y el paso del tiempo son temas que lo atormentan– podrá aceptar que está más sabio, y entusiasmado ante el abanico de posibilidades que tiene para elegir.

Disfrutará con la llegada de hijos y nietos propios o de la familia ensamblada.

Recuperará el buen humor, el *glamour*, la conexión con la vida social y cultural que tanto necesita.

Su espíritu estará liberado de ataduras de la constelación familiar; romperá con tabúes, gente tóxica y manipulaciones de terceros.

Soñará con una vida en la naturaleza, hará feng shui en su establo, recuperará el sentido de la vida en comunidad y soltará prejuicios para nuevas formas de convivencia.

El amor lo arrollará sin darle tiempo a pensar; sus miedos y prejuicios se evaporarán como pompas de jabón.

Tendrá una propuesta para participar de un programa de radio, TV, o de Instagram que le abrirá un portal al exterior.

Pasará una temporada fuera del país y conocerá gente de otras culturas, que lo guiará hacia un camino más espiritual, de autodisciplina y servicio social.

Año del retorno del eros, la inspiración y los nuevos amigos que participarán en sus emprendimientos.

Podrá recuperar el sueño, los *hobbies*, las charlas en tiempo infinito con amigos que le darán una mirada del mundo en transición que será clave para su nueva etapa.

La salud deberá tratarse holísticamente.

Ante cambios sistémicos, nuevos virus, infecciones, contagios, deberá adoptar una actitud preventiva para tener constancia en sus cabalgatas al paso, al trote y al galope.

La familia pesará sobre sus decisiones; cambios en el hábitat, en bienes raíces lo pondrán en alerta para decidir cuál es su lugar en el mundo.

Año de cambios en su vida interior y exterior. Su pareja, amiga, consejera será parte del nuevo rumbo que tomará su vida.

Celebrará cada cumpleaños, casamiento, bautismo con alegría, recuperando su autoestima y "cien años de soledad".

L. S. D.

El I CHING **les aconseja:**
40. Hsieh / La Liberación

EL DICTAMEN
La Liberación. Es propicio el Sudoeste.
Si ya no queda nada adonde uno debiera ir,
es venturoso el regreso.
Si todavía hay algo adonde uno debiera ir,
entonces es venturosa la prontitud.

Se trata de una época en la cual comienzan a disolverse, a disiparse tensiones y complicaciones. En tales momentos es preciso retirarse cuanto antes hacia las condiciones comunes o normales: he aquí el significado del Sudoeste. Tales épocas de viraje son muy importantes. Semejante a una lluvia liberadora que afloja y disuelve la tensión de la atmósfera haciendo estallar brotes y pimpollos, también un tiempo de liberación de cargas oprimentes obtiene efectos salvadores y estimuladores que se manifiestan en la vida. Pero hay por cierto algo muy importante al respecto: en tales épocas es necesario que nadie intente exagerar el valor del triunfo. Es cuestión de no avanzar más allá de lo indispensable. Retornar al orden de la vida no bien alcanzada la liberación, he ahí lo que aporta ventura. Cuando aún quedan restos por elaborar es cuestión de hacerlo lo más pronto posible, a fin de que todo quede bien aclarado y no se presenten demoras o dilaciones.

LA IMAGEN
Trueno y lluvia se levantan:
la imagen de la Liberación.
Así el noble perdona las faltas y exime de culpa.

La acción de la tormenta purifica la atmósfera. Así procede también el noble con respecto a las faltas y los pecados de los hombres que provocan estados de tensión. Mediante su claridad promueve él la liberación. Sin embargo, cuando las transgresiones surgen a la luz del día, no se detiene para insistir en ellas; sencillamente pasa por alto las faltas, las transgresiones involuntarias, tal como va perdiéndose el sonido reverberante del trueno, y perdona la culpa, las transgresiones deliberadas, al igual que el agua que limpia todas las cosas y quita toda suciedad.

El tránsito del Caballo durante el año del Dragón

PREDICCIÓN GENERAL

En el libro *Camino a Occidente*[2], el Monje Tang Sanzang –que llevó los textos fundacionales del budismo hasta China–

---

[2] Título original 西遊記 *Wu Cheng'en* c. siglo VII d.C. Impreso en 1592 d. C.

montaba a Yulong, un caballo que en realidad era el tercer hijo de Ao Run, Rey Dragón del mar Occidental, quien, para resarcir sus errores, se ofreció a llevar al monje tomando forma equina. Este año, el caballo volverá a su forma y vida originales, siempre y cuando siga las enseñanzas de Yulong: fuerza de voluntad y claridad mental. Necesitará terapia y ejercicio, no para trabajar en su cuerpo y mente, sino para mimar y dejar descansar su alma, recuperar el amor por la vida y salir renovado a trotar, porque el dragón lo llevará por un viaje iniciático camino a su evolución. Las predicciones del año del dragón para el caballo se leen de atrás para adelante, para que hagan el efecto de protegerlos y darles una guía.

Enero

El caballo llegará a este punto del año del conejo, que aún no termina, sintiendo que al menos ha logrado sobrevivir un año más encerrado en el establo sin perder la ilusión de volver a la pradera. Los caballos son sociables, por lo tanto, no hay mayor tortura que encerrarlos, pero este mes, fuera de uno que otro vaivén de amor y desamor, el equino sentirá que tiene ante sí algo nuevo. El mes no presenta mayores retos, alianzas, debido a eso, el caballo se sentirá como una página en blanco. Este es el momento perfecto para comenzar a reescribir su propia historia y trazar el camino más conveniente.

Febrero

El tigre ayudará al caballo a ganar elocuencia, cosa que podría servirle para poner en claro perfectamente qué es lo que quiere hacer, sobre todo si tiene pareja, hijos, si cohabita con más gente o trabaja en equipo. Será obligado a tomar una posición de liderazgo que, aunque es incómoda, deberá asumir para no perder lo mucho o poco que ha logrado. El tigre adora al caballo y lo apoyará en cualquier cosa que se proponga, así que este mes tendrá entusiasmo, fuerza y coraje para conseguirlo todo. Esperemos que guarde algo de tiempo también para dedicarse a descansar y cuidar la salud.

Marzo

El conejo viene a pagarle una deuda que quedó pendiente durante el año pasado, puede ser que obtenga dinero merecido por trabajos que hizo antes sin paga o reconocimiento, o que su salud mejore gracias a un tratamiento novedoso. También será un mes que podrá dedicar a cambiar su imagen de modo positivo, o iniciar una rutina deportiva que será satisfactoria. Reforzará lazos emotivos y eróticos con la pareja actual o, si está soltero, conocerá personas fascinantes que no solo se convertirían en potenciales compañeros de trabajo, sino que por ahí podría estar escondido un nuevo amor.

Abril

Este mes no será tan emocionante como el mes anterior, pero le ofrecerá un avance de lo que será el resto del año, para lo cual le recomendamos que haga un diario de sueños y que, por medio de una agenda, vaya anotando lo que le irá ocurriendo durante el día a día, de esa manera podrá ver las secuencias de buena y mala fortuna con anticipación y podrá sanar, mejorar y dejarse llevar por el dragón sin sentirse agotado y sin perder amistades, salud o dinero en el camino. Los principales retos y escollos emocionales y hasta profesionales ocurrirán los días gallo y cerdo: 10, 12, 22 y 24.

Mayo

Este mes irá entre lo frívolo y lo urgente, con la misma velocidad que ocurre un accidente tras una noche de juerga en el bar. Cuidado. La serpiente por lo general entretiene al caballo con motivos lúdicos, rumores sin importancia, gastos hormiga y mucha comedia de situaciones, pero la combinación del mes con el año no será propicia y el caballo podría verse envuelto en colisiones no provocadas por él. Atención al conducir, o mejor aún, que no se atreva a tomar el volante, es mejor tomar un colectivo, caminar e ir con pies de plomo, porque incluso caminando podría toparse con piedras y hoyos y tener un resbalón con consecuencias.

Junio

Nuevamente el caballo estará en posiciones de liderazgo y, para no confundirse o agotarse antes de terminar proyectos y satisfacer ambiciones propias o ajenas, deberá ser más empático y prolijo. Sus aliados tendrán planes propios y lo mejor que puede hacer es entender que debe aprender a ser fiel primero a su salud física y después a todos aquellos que le son leales y que lo aman; no a sus jefes, o al dinero, que podría hacerle perder su centro. Los caballos de 2002 y 2014 podrían tener problemas de relaciones, sobre todo con serpientes y cabras; cuidado.

Julio

Este mes la cabra lo ayudará a mejorar la cantidad y calidad de prana vital. Por medio de sueños se revelará el camino hacia momentos de felicidad y paz. Se sentirá creativo, por lo que los caballos que nacieron en el siglo pasado podrían retomar una vieja pasión o una disciplina abandonada debido al vaivén de la vida loca. Se le recomienda ignorar el escándalo exterior, los problemas ajenos y hasta las noticias para enfrascarse en cultivar su mente y espíritu. Podrá dedicarse a la horticultura, las artes marciales o a componer pistas de música electrónica.

Agosto

Si el caballo hizo caso a las revelaciones del mes anterior, es posible que el mes del mono lo lleve a pasturas más verdes. La combinación de energías le da buenas herramientas de comunicación y capacidad para seducir a quien sea, cosa que podría elevar la carrera de caballos dedicados a la mercadotecnia, *influencers* de internet, escritores y guionistas. Para los caballos de 2014 esto podría significar una mejora en la escuela, por lo que pedimos a sus padres y tutores que, en vez de ayudarlos con lo que les cuesta trabajo, los motiven a mejorar los dones que ya tienen.

Septiembre

Los caballos hombres y quienes se identifiquen con la polaridad *yang* que quieran casarse podrán hacerlo pues la energía del planeta los ayudará a tener una larga vida en pareja y bajo una mejor calidad de energía. Sin embargo, para las mujeres caballo y quienes se identifiquen más con la polaridad *yin*, es posible que aún con la ayuda del gallo las tentaciones sean más fuertes que la lealtad, porque este mes será perfecto para revelar secretos. La combinación gallo-dragón será mejor aprovechada si los caballos de polaridad *yin* dedican toda esa energía en desarrollar más su capacidad para la empatía y el servicio social.

Octubre

Este mes, la energía del perro choca con la del dragón, llevando a muchos por caminos accidentados. A los caballos de 1990, 2002 y 2014 les va a importar poco; y fuera de problemas económicos menores, la energía del perro los ayudará a mejorar las relaciones familiares y amistosas. Sin embargo, los caballos longevos podrían ganarse algunas enemistades debido a arrebatos de soberbia y hasta de violencia. Los caballos de cualquier edad nacidos en diciembre también estarán vulnerables a estas energías, por lo que se les pide paciencia, ya que podrían arruinar todo lo logrado por un minuto de ira.

Noviembre

Definitivamente este no es el mes apropiado para hacer nada que no sea reparar los errores del mes anterior. El año del dragón es un año karmático para todos, pero el caballo tiene la oportunidad de evolucionar por medio de la gratitud, la bondad y la mesura, no es un año para perseguir ambiciones; este mes, el chancho se encargará de ponerle las pezuñas en la tierra o de dejarlo metido en el chiquero a merced de la energía del dragón que, combinada con la energía de los días gallo (5, 17 y 29), pondrá a prueba su capacidad para evolucionar y tirar lo que evita su crecimiento.

Diciembre

Este mes de fiestas decembrinas será doloroso al hacer el recuento de lo perdido, pero le trae claridad y limpieza; hasta los potros de 2014 comprenderán sus claroscuros. Como indiqué, las predicciones del año del dragón para el caballo se leen de atrás para adelante, para que estas hagan el efecto de protegerlos y dar una guía. Si el equino que lee esto ha llegado hasta este punto del texto, felicidades, porque los últimos tres meses del año 2024 son telúricos y a partir de la lectura de este mes de la rata, podrá volver al principio del capítulo y sacudirse los demonios antes de que se atrevan a usarlo de montura.

Predicciones para el Caballo y su energía

CABALLO DE MADERA (1954-2014)
Celebrará la llegada del año del dragón con calma, lucidez, al paso; el año del conejo fue un laboratorio para evaluar su salud holística: las somatizaciones por la constelación familiar dejaron secuelas que cambiaron su misión, visión del mundo y planes.

Podrá compartir con amigos y seres queridos parte de sus deseos a corto y largo plazo. Recuperará el buen humor, el incentivo para abarcar menos de lo que puede y a hacer mutis por el foro cuando tenga gente que lo reemplace y lo libere de trabajos que le saquen energía.

Reformulará sus prioridades; invertirá en viajes para visitar amigos, parientes, maestros y colegas, que lo recibirán con los brazos abiertos.

Sabe que el dragón estimulará su sentido positivo con mensajes, sorpresas, cambio de establo y expansión en su carrera intelectual o deportiva.

Removerá lo viejo y dejará entrar lo nuevo.

CABALLO DE FUEGO (1906-1966)
Llegará al año del dragón con la última reserva de energía que le queda después del agitado e imprevisible año del conejo.

Sentirá liberación de un tiempo de encierro, de deberes familiares que lo desgastaron y le produjeron un viaje interior.

Sentirá deseos de libertad, renovación desde el *look* hasta el feng shui de su casa.

Estará muy estimulado por nuevos amigos, participará de ONG, cooperativas, encuentros con gente de otros países y

PREDICCIONES PREVENTIVAS PARA EL CABALLO

culturas, con quienes compartirá seminarios, estudios, investigaciones científicas y encuentros deportivos.

La pasión renacerá: tal vez decida formalizar una relación, traer dragones al mundo o adoptar a los que ama.

Necesitará asesorarse legalmente en temas de herencias, SRL, empresas, pyme, porque los vampiros estarán al acecho.

Aceptará la independencia de hijos, nietos y hermanos para empezar una nueva vida lejos del establo y con sabiduría.

Año de cambios profundos en su vida.

Caballo de Tierra (1918-1978)

El año del dragón será una consecuencia del año del conejo, en el cual tendrá que encauzar lo que termina en su vida y lo que quiere resetear.

Su salud deberá hacer alineación y balanceo; estará más abierto a nuevas formas de sanación: medicina china, ayurveda, cambiar hábitos de alimentación no saludables por una dieta de proteínas, fibras y calcio.

Sentirá que después del galope del año del conejo volverá a andar al paso; midiendo los factores en pro y en contra de cada propuesta que aparecerá para iniciar una nueva etapa.

Su carácter estará mas impulsivo, enérgico, rebelde.

Es un año de cambios sistémicos: reformulación en la pareja, en la educación de los hijos y en nuevas técnicas en el deporte, en la ciencia y en el arte.

La liberación llegará al delegar su patrimonio en los que lo guían y conducen.

Busque salidas al mar, a las sierras y a la montaña para reciclar su energía.

Caballo de Metal (1930-1990)

Comenzará el año celebrando la llegada del dragón, que le brindará un abanico de oportunidades para progresar en sus estudios, carrera, oficio y pymes.

Integrará la inteligencia artificial, el idioma chino, nuevas técnicas para la industria, el campo y los emprendimientos científicos.

Sentirá que tiene un horizonte despejado para poner en práctica su talento y prestigio.

Viajará a visitar a su familia, construirá su establo con permacultura y energía renovable, será líder en la comunidad de los hombres.

El dragón lo observará desde el cielo: si cambia su GPS sin asesorarse podría perder un año lleno de nuevas posibilidades.

La salud deberá estar atendida: caminatas, cabalgatas, yoga, taichí, chi kung, natación y hacer el amor serán parte de su estabilidad emocional.

Se sacará la sortija en la calesita.

Caballo de Agua (1942-2002)

El año del dragón lo mantendrá entre la ilusión y el mundo real, dejando que su intuición guíe sus deseos.

La autodisciplina será clave para seguir en el TAO (camino).

Los cambios de roles en la constelación familiar lo sorprenderán; deberá mantener el equilibrio emocional para unir al zoo.

Tendrá una oportunidad para radicarse en el exterior con una beca, estudio o proyecto laboral.

Vendrá un tiempo de crecimiento y apertura mental que necesitará para encontrar su vocación y reunir a amigos en su empresa.

Un año de nuevos amigos, citas en lugares paradisíacos, altruismo en la comunidad y renacimiento desde el ADN hasta un nuevo pelaje que lo convertirá en un líder mundial.

Su prioridad será establecer un lugar para reencontrarse con la tribu del nuevo tiempo y compartir experiencias.

L. S. D.

Las olas crecientes vienen rodando, rodando;
en el lugar de pesca la nieve viene volando.
Hombres con monturas elogian su amplio conjunto de
batallas:
Los caballos blindados regresan triunfantes.

Mao Zedong - *Cuarteto de siete palabras (Viendo mareas)*

Predicciones preventivas para la Cabra basadas en la intuición, el I CHING y el bazi

Bienvenidos las cabras, los chivos, los cabrones, las ovejas al año del dragón.

El conejo activó su quietud, no los dejó en paz pastando en las praderas; aceleró procesos que estaban estancados y les abrió los ojos para que se preparasen en una nueva visión del mundo que ya llegó.

Despedidas y nacimientos en la familia, con amigos del alma, un tiempo de convivencia con médicos sin fronteras, ayuda solidaria en Ucrania, ONG, centros de rehabilitación postraumáticos, entre otras tareas sanadoras, convierten a la cabra en alguien que sabe estar en el momento oportuno, en el lugar adecuado.

Su disponibilidad, buen corazón y espíritu samaritano serán muy valorados en un año de transmutación mundial.

La cabra siempre vivió y se adaptó a lo que el destino le deparaba: un corral donde sentirse cómoda con sus gustos mínimos de confort o un palacio donde reinaba como el Sha de Persia antes de que lo derrocaran.

Sabe que "el tiempo es veloz, la vida esencial"; que debe poner cada situación en contexto para no sufrir por la leche derramada.

Tiene talento, buen gusto, ideas originales, aceptación por su constancia, solidaridad, habilidad en tareas manuales, domésticas y artísticas.

Su predisposición a compartir lo propio y lo ajeno es natural; desconoce lo que es la propiedad privada, el asalto a la heladera del dueño de casa, y a veces hay que ponerle límites que son incómodos en la convivencia.

Su hipersensibilidad se fortalecerá en el año del dragón.

Sentirá que por dentro está más firme, clara, aguerrida para enfrentar "lo inesperado", y sabe que su situación social y económica es variable y que con quejas no conseguirá nada.

Saldrá a la luz una cabra potente, con espíritu combativo si defiende a su rebaño, pero abierta a todo tipo de situaciones en las que priorizará la paz a la confrontación.

El dragón admira y quiere a la cabra como aliada para las grandes causas. Y aunque conoce sus límites emocionales, a veces le propone tareas que la exceden, a raíz de las cuales somatiza con enfermedades crónicas, depresión, hipertiroidismo, problemas en la dentadura y en los huesos.

A esta criatura sensible hay que saber decirle los problemas con dulzura y claridad.

Pasará un tiempo viajando, aceptando invitaciones de amigos, exparejas o de los socios del club donde comparte deporte, juego de cartas y lindas reuniones.

Su capacidad de acumular recuerdos, vivencias, su talento de chef, como Francis Mallmann, harán que viaje por el mundo y tenga invitaciones de gente local, reyes, artistas célebres que la integrarán como parte de su familia y tribu.

El dragón le brindará pasaporte a otras regiones del mundo con oportunidades que surgirán de un día para otro. Es recomendable que estudie idiomas, sepa técnicas de la nueva tecnología y pruebe algún oficio que le quedó pendiente de la infancia.

Desplegará alas, como el rey del cielo, pisará fuerte en la pradera, valle o montaña, estará inspirada para mejorar su voz y cantar en peñas, teatros, estadios formando parte de bandas, conciertos o grupos de teatro.

Renacerán el buen humor, la alegría, las ganas de enraizar en un nuevo territorio con proyectos de permacultura, huerta, energía renovable: eólica, solar, hídrica.

Cambiará el feng shui de su casa y podrá despertar a una nueva vida.

L. S. D.

El I CHING les aconseja:
14. Ta Yu / La Posesión de lo Grande

EL DICTAMEN
La Posesión de lo Grande: Elevado Logro.

Los dos signos primarios indican que la fuerza y la claridad se unen. La Posesión de lo Grande está predeterminada por el destino y en correspondencia con el tiempo. ¿Cómo es posible que ese débil trazo tenga la fuerza suficiente como para retener y poseer a los trazos fuertes? Lo es gracias a su desinteresada modestia. Es este un tiempo propicio. Hay fortaleza en lo interior, y claridad y cultura en lo exterior. La fuerza se manifiesta con finura y autodominio. Esto confiere elevado logro y riqueza.

LA IMAGEN
El Fuego en lo alto del Cielo:
la imagen de La Posesión de lo Grande.
Así el noble frena el mal y fomenta el bien,
obedeciendo con ello la buena voluntad del Cielo.

El sol en lo alto del cielo que alumbra todo lo terrenal es el símbolo de la posesión en gran escala. Mas semejante posesión ha de ser correctamente administrada. El sol saca a la luz del día lo malo y lo bueno. El hombre debe combatir y refrenar el mal y fomentar y favorecer el bien. Únicamente de este modo corresponde uno a la buena voluntad de Dios que solo quiere el bien y no el mal.

El tránsito de la Cabra
durante el año del Dragón

PREDICCIÓN GENERAL
El dragón viene con todo tipo de experiencias para la cabra porque la energía de ambos signos es similar. Sin embargo, la energía subyacente agua en el dragón y la energía subyacente madera de la cabra se buscan mutuamente, esto provocará que la cabra se sienta unas veces alimentada y otras veces indigestada. Tendrá que aprender a poner manos a la obra en vez de contentarse con los pastos que crecen afuera del corral, porque si lucha por su independencia podrá saborear los brotes más tiernos que se encuentran solo en las montañas más escarpadas. Este año podrá distinguir amigos de enemigos, amantes de traidores y benefactores de ladrones. Sería bueno hacer equipo con contadores y abogados.

Enero

Mes complicado y al mismo tiempo seguro adentro de la madriguera del conejo, así que lo conflictivo no será grave. Podrá organizar el año que viene siempre y cuando no se tome de modo personal ninguna afrenta y evite la frustración retomando alguna pasión o pasatiempo durante su tiempo libre. Es un mes en que los conflictos se presentarán principalmente en el trabajo, donde solo quien tenga buenas relaciones laborales con su jefe podrá salir bien librado, por lo que únicamente las cabras que estén retiradas o tengan un negocio y no dependan de escalafón alguno podrán salir intactas.

Febrero

El tigre que rige el mes detiene la energía del dragón como un árbol que controla la tierra con sus raíces. La cabra adora la energía del tigre porque calma su mente y atrae felicidad. Durante este mes podrá descansar y enamorarse de alguna actividad artística o incluso científica que la ayude a renovar la fe en sí misma y en quienes la rodean. Le molestan el abuso y la injusticia, y este mes podría aumentar ese tipo de energías, por lo tanto, muchas veces se convertirá en paladín de tigres, perros y, aunque parezca imposible, búfalos, gallos y serpientes, con quienes podría reconciliarse.

Marzo

El mes de conejo choca con la energía del año dragón, lo cual trae eventos violentos y accidentes por todo el mundo. El zoo entero estará vulnerable en cualquier momento, pero las cabras saben cómo mantenerse en tierra elevada para protegerse y proteger a su corral, por lo tanto, la gente recurrirá a su ayuda y ella contará con recursos, al menos por un tiempo gracias a que hay trabajo, pero debe tener cuidado, porque el mes también atrae descalabros económicos en todo el orbe y ella podría quedar endeudada o, en el caso de la cabra de 2003, podría afectar la economía de su familia.

Abril

El doble dragón multiplicará la condición física, económica y emocional de la cabra, así que, si la cabra se encuentra con el I-SHOKU-JU, que significa casa, vestimenta y comida, no habrá mayores problemas, pero considerando lo ocurrido en meses anteriores, es probable que tenga que pagar deudas y por ello le toque trabajar en condiciones poco favorables. Se le recomienda asociarse con sus amigos chancho y conejo, comenzar algún negocio de ventas pequeño en línea que no le quite mucho tiempo, incluso las cabras de 2015 podrían vender galletas de exploradoras, pequeñas pinturas u objetos de artesanía.

Mayo

La energía que combina el mes de mayo con su regente, la serpiente, crea un efecto que se llama "filo tentando a la cabra" y aunque nos afecta a todos, la cabra será más vulnerable a sus consecuencias. Todos los caprinos tratarán de catalizar la energía creativa y destructora que pudiese afectar a su querida familia de sangre y a la familia elegida. Se involucrará en discusiones sin sentido en redes sociales y tratará de resolver conflictos en la casa, el trabajo y los boliches. En general, si la cabra se dedica a la abogacía, tendrá mucho trabajo bien pago, pero si no es así, podría meterse en aprietos. Deberá prestar atención para evitar esto último.

Junio

Este mes, sentirá oleadas de alegría que le regresará el prana que antes podría haberle faltado, pero las cabras de 1943, 1955, 1991 y 2015, que son poco resistentes a las energías fuego y metal, podrían tener problemas de salud por infecciones o afecciones crónicas que involucren a los sistemas respiratorio y circulatorio. No estarán solas, recibirán ayuda de aquellos a quienes ellas han ayudado previamente, pero no hay como la salud para mantenerse en balance y con la tranquilidad de que todo será pasajero, algo que para las cabras de 1991 y 2015 será más difícil de entender.

Julio

El mes propio será para recobrar fuerza y creatividad ya que ha estado ocupada en arreglar el mundo, afuera, y ha descuidado su jardín interno, su autoestima y su salud. Para detener en seco cualquier indicio de tristeza, podría poner literalmente los pies sobre la tierra, caminando descalza, lo cual le ayudará a reciclar la energía, mejorando de pasada su circulación. También puede dedicarle una hora o dos, aunque sea tres veces a la semana o en un taller de unos cuantos días, a la horticultura, la permacultura o la alfarería, actividades que la conecten con la tierra y la naturaleza. Este consejo y guía va para las cabras de cualquier año.

Agosto

La cabra estará entretenida en diversos acontecimientos amorosos o sociales, los cuales podrían atraer dos o tres problemas molestos, e incluso algunos accidentes. Durante este mes, necesitará ir por el mundo como si estuviera andando en bicicleta: con la frente en alto y los ojos al frente, sin distraerse. Para las cabras masculinas o las que se identifican con la polaridad *yang*, el reto que presenta el mes del mono será el de saber discernir entre el amor verdadero y el compañerismo que puede o no surgir de sus impulsos erótico-afectivos, de modo que asuma sus responsabilidades con otros sin sentir que por ello se pierde el gozo.

Septiembre

Este mes será complejo pues implica resolver conflictos en el trabajo y con la familia. Ocurrirán varias cosas que, aunque no le sucederán directamente, afectarán el modo en el que distribuirá el tiempo productivo y el tiempo libre a lo largo de las siguientes semanas, dejándole únicamente los días 12 y 24 para dedicarlos a sí misma, y eso es muy poco tiempo. Si siente que la carga resulta excesiva, podrá pedir ayuda a los signos tigre, mono y caballo, quienes tendrán mucha más energía que ella, por lo tanto, le propondrán soluciones ingeniosas para resolver sus conflictos.

Octubre

Este mes será relativamente neutro, perfecto para crear un efecto sanador y tranquilizante si le dedica un tiempo al deporte, baile o alguna actividad que ponga su cuerpo en movimiento. Esto ayudará mucho a las cabritas de 2003 y 2015, quienes aún están aprendiendo a tolerar la frustración. Toda esta calma podría provocar una especie de vacío en el corazón de las cabras que no quieran ayudarse a potenciar el efecto de las energías madera/tierra/fuego de este mes y podrían recurrir a escapismos por medio de vicios pequeños y grandes que después las dejarían adictas a las dopaminas. Hay que tener cuidado con lo que entra y sale de la boca.

Noviembre

Este mes estará más valiente de lo normal, por lo que podrá atreverse a buscar aumentos o prestaciones en el trabajo, a decir lo que realmente piensa sin mediar diplomacia alguna y a estallar en ira si alguien la provoca. Su presencia discutiendo en redes sociales o aconsejando en asuntos políticos será notable; sin embargo, esto podría ser realmente útil para el resto del año si busca trabajar en equipo con conejos y chanchos o con caballos y serpientes. Solo las cabritas de 2003 y las longevas de 1943 podrían estar algo susceptibles en lo que respecta a su salud emocional o mental.

Diciembre

Las cabras adultas, solteras, o que hayan llegado a acuerdos liberales en pareja sentirán la necesidad de conocer más gente y dejarse llevar, pero este mes complicará mucho la salud, no solamente de la cintura para abajo, sino también la salud pulmonar o de los bronquios. Necesitará cuidar de su cuerpo a toda costa con cualquier método de barrera que le sea apropiado. Las cabras de 2003 en particular podrían gestar una serpiente. Como ambos signos son compatibles, no sentirá miedo, pero es poco probable que la joven cabra sea independiente aún, y posiblemente su familia entraría en conflicto.

Predicciones para la Cabra y su energía

CABRA DE MADERA (1955-2015)
Hace tiempo que la cabra no celebra fiestas, aniversarios, ni bodas de plata, pero esperará el año del dragón de madera para ser una de las protagonistas de su año y "tirar el corral por la ventana".

Su dinamismo se convertirá en una usina eólica, solar e hídrica; participará de eventos sociales, culturales, de un intercambio científico y humanista en el que pondrá su cuota de sabiduría y sentido común.

Reformulará su vida en pareja, su matrimonio, o planteará nuevos sistemas de convivencia que le darán más libertad para viajar, radicarse un tiempo en el exterior especializándose en su oficio o profesión.

El dragón será su patrocinador.

La paz que consiguió después de la tempestad es un merecido premio a años de incertidumbre y desasosiego.

Tendrá que embalar sus pertenencias para mudarse o alquilar temporalmente su corral; sabe que no le faltarán amigos, mecenas en un año en el que se transformará de crisálida a mariposa.

CABRA DE FUEGO (1907-1967)
La transición entre el año del conejo y el del dragón será para la cabra el despegue hacia una nueva pradera, donde sembrará sueños, utopías e ideas revolucionarias que ayudarán a gran parte de la humanidad.

Tendrá viento a favor para asociarse con especialistas en programas de capacitación, recursos humanos y festivales de arte.

Su corazón latirá al ritmo de un tambor africano; se enamorará, dejará un tiempo la rutina para transformar su corral en una casa flotante y ecológica sobre el mar, el río, o los canales del mundo.

Su espíritu aventurero y rebelde estará más domesticado.

Conocerá la mediación, los acuerdos, la templanza en momentos clave de su vida.

Año de tener alas y sobrevolar el espacio sideral.

PREDICCIONES PREVENTIVAS PARA LA CABRA

CABRA DE TIERRA (1919-1979)

El balance del año del conejo le facilitó ordenar sus priorida-des, su I-SHO-KU-JU y alimentar sus planes postergados.

Retornará al lugar de origen, tendrá encuentros sorpresivos que le cambiarán sus planes por nuevas experiencias grupales: viajes al círculo Ártico, a la Antártida, a remotos países de África e Indonesia o a Latinoamérica, donde plasmará su profesión, su *hobby* con alta repercusión mediática.

Su naturaleza civilizada se volverá más salvaje, apreciará la naturaleza y sus beneficios en su salud holística y proyectará un cambio de vida en los próximos años.

El amor se transformará en amistad, la pasión en razón, y practicará el ho'oponopono, la compasión, incursionando en constelaciones familiares y en técnicas grupales de autoayuda.

Un año de desapego y aprendizaje.

CABRA DE METAL (1931-1991)

Tiempo de dejar atrás una etapa de su vida convertirse en un ser alado que sobrevuela el espacio sideral con nuevas ideas para la comunidad.

Su espíritu resiliente atravesó desiertos, tsunamis, tempesta-des con estoicismo.

Estará preparada para cruzar las grandes aguas, escuchar sus voces interiores y ser la cabra madrina de la manada.

Su corazón no dudará en el momento de rebelarse ante la injusticia, los planes de exterminio de la gente a través de nue-vas epidemias y vacunas que son negocios incompatibles con el organismo humano.

Será pionera en revelar el lado oscuro de la inteligencia arti-ficial.

Luchará por una vida más armónica y equilibrada, con la in-corporación de técnicas sustentables.

Construirá con permacultura y será vocera de un mundo en desintegración hacia otro de cambios sistémicos en valores, or-ganización de inmigrantes sin techo en cada lugar del planeta.

Un año de revolución en sus ideas y desafíos.

CABRA DE AGUA (1943-2003)

Durante el año del dragón la cabra practicará el desapego de una vida hacia otra.

Soltará amarras, viajará por lugares remotos de Oriente, Oceanía, y Japón.

Su necesidad de buscar las raíces en culturas milenarias será parte de su identificación con su alma, azotada por cambios que la dejaron en el umbral de una nueva vida.

Tendrá una legión de fanes, seguidores, discípulos y también guías que podrán brindarle protección, confort, y ser los difusores de su obra.

El año del dragón será un antes y un después en su vida contemplativa y poética.

Pondrá el aprendizaje al servicio de la comunidad y ayudará a mejorar los sistemas de salud, educación y comunicación.

Su experiencia será cotizada en yuans, *bitcoins*, y aprenderá nuevas técnicas de autoayuda para superar rencores y un alejamiento de sus seres queridos.

Año revolucionario en su nueva manera de vivir.

L. S. D.

La remota campana de cabra de la pastora
echa al suelo las hojas leves.

El sueño del otoño es ligero,
es el amor de la pastora graciosa.

Entonces mi sueño llega silenciosamente,
pero cargado del pesado pasado.

Oh, de momento, me siento un poco frío,
un poco frío, y un poco melancólico.

Dai Wangshu - *El sueño del otoño*

Predicciones preventivas para el Mono
basadas en el I CHING, la intuición y el bazi

En primera persona experimenté el caldero.

Al llegar de noche a Feng Shui, la casa estaba húmeda por días de ausencia y estrés en "Malos Aires".

El dormitorio rosa donde vivo en otoño e invierno, y escribo el libro de cada año, estaba húmedo y la estufa rusa apenas con unas brasitas que no ayudaban a templar mi llegada.

Instintivamente tiré alcohol al fuego, y la explosión fue tan contundente que la llama azul envolvió mi cuerpo.

El caldero ardió; en segundos supe que estaba en *bardo thodol*, "entre la vida y la muerte", y lo demás fue un milagro.

Hexagrama 50 del I CHING, en el que los monos deberemos purificarnos con el fuego –simbólicamente– durante el año del conejo, antes de la llegada de nuestro aliado, el dragón de madera.

Las materias pendientes, previas, no cursadas del simio serán tsunamis, lavas de volcán, diques que se rompen e inundan valles y pueblos, y tendrá que hacer *zapping* con otras situaciones más divertidas, confortables, productivas que el mono encuentra en la selva.

El año del conejo es un *peeling* por dentro y por fuera para los monos de todas las especies.

Encauzar actos de terceros para desviarnos del TAO, desaparecer en vez de aparecer, no reconocer logros de trabajo, ideas y equipo en los que se comparte el fruto de la selva es la manera de desgastar el prana del mono.

Estamos incómodos, eso es lo que nos pasa, y sabemos que dependerá de nosotros volver a recuperar la salud holística.

En eso estoy en el inicio de junio, en un día traslúcido con buenos presagios.

El dragón es, junto a la rata, el signo que mejor relación tiene con el simio. Juntos llegan a nuevas galaxias en las que sus ideas, planes y proyectos florecen y dan recompensa a la comunidad.

Saben que es un cambio de paradigma en el mundo, que son parte de la inspiración de muchas personas que se prepararon para el salto cuántico de una nueva humanidad.

El año será para alquimistas. Quien sepa combinar las sustancias exactas saldrá elevado, más sabio, preparado para el desafío del nuevo tiempo.

El mono trabajará arduamente, sentirá que tiene gente innovadora, creativa, consciente de las acciones y reacciones que en cadena nos llevaron a esta decadencia.

El universo desplegará señales que el dragón transmitirá telepáticamente al mono para ejecutar en la tierra.

Se hilvanarán telares de ayuda para cubrir a los niños desnudos, diezmados en guerras; en los sistemas de explotación sexual, en trata de personas, en enfermedades terminales, en nuevas epidemias que azotarán a los más débiles y excluidos del sistema.

Suena en la Triac Charly con "los amigos del barrio pueden desaparecer… pero los dinosaurios van a desaparecer".

O tal vez retornar.

Serán diferentes, más etéreos, invisibles, con un radar para atrapar a quien quiera meterles subrepticiamente el chip de la inteligencia artificial, de nuevos hábitos, para dominarlos.

Será ardua la tarea para los monos que crean en la teoría de Darwin, pues el mono encenderá nuevas luces que titilarán en el universo.

Año de resurrección o de transmutación hacia la energía cósmica.

L. S. D.

El I CHING les aconseja:
50. Ting / El Caldero

EL DICTAMEN
El caldero. Elevada ventura. Éxito.

Mientras que el pozo trata del fundamento de lo social, que es como el agua que sirve de alimento a la madera, en este caso se alude a la superestructura cultural de la sociedad. Aquí es la madera la que sirve de alimento a la llama, a lo espiritual. Todo lo visible debe intensificarse y continuarse hasta penetrar en lo invisible. Así obtiene la debida consagración y la debida claridad, y arraiga firmemente en la trama de los nexos universales. De este modo se exhibe aquí la cultura, tal como alcanza su culminación en la religión. El caldero sirve para los sacrificios ofrecidos a Dios. Lo más elevado de lo terrenal ha de ser sacrificado a lo divino. Pero lo verdaderamente divino no se presenta como separado de lo humano. La más alta revelación de Dios se encuentra en los profetas y los santos. La devoción que se brinda a estos es la verdadera devoción hacia Dios. La voluntad de Dios, que se manifiesta por intermedio de ellos, debe ser acatada humildemente, y entonces surgirá la iluminación interior y la verdadera comprensión del mundo que conduce a una gran ventura y al éxito.

LA IMAGEN
Sobre la madera hay fuego: la imagen del caldero.
Así el noble, rectificando su posición, afirma el destino.

El leño es el destino del fuego; mientras subsiste abajo, el fuego arderá arriba. Esto es lo que ocurre con la vida humana. También en el hombre hay un destino que presta fuerzas a su vida. Cuando se logra asignar a la vida y al destino el sitio correcto, se fortifica el destino, pues así la vida entra en armonía inmediata con el destino. Se encuentran en estas palabras alusiones al cultivo de la vida tal como la transmite por tradición oral la doctrina secreta de la práctica del yoga chino.

El tránsito del Mono
durante el año del Dragón

PREDICCIÓN GENERAL
El año del dragón presenta varias combinaciones de energía que provocarán cambios de rumbo muy bruscos debido a que el mono y el dragón interactúan en algo que se llama "combinación de agua", y esta energía es muy susceptible a modificar su fuerza e intención al encontrarse con las demás energías. En la tradición ancestral china, se recomienda a los amigos del dragón

(rata y mono) protegerse usando ropa roja. También es un año para transmutar las relaciones cercanas con familiares, amigos y colegas o jefes, ya que este año llamará al mono a ocupar lugares de mando y prestigio, lo cual podría provocar problemas con quienes sean capaces de guardar algún rencor o envidia hacia él.

Enero

Los primeros seis días del mes serán un tanto frívolos y sentirá la tentación de dejar para después las responsabilidades, lo cual podría provocar que los retos que le pondrá el dragón más adelante sean más complicados de lo habitual. El mes del búfalo ayudará a que el mono recobre su lugar en el zoo. También recibirá buenas noticias que tendrán que ver con el aspecto económico: podrá armar presupuestos, hacer amistades y disfrutar de unas merecidas vacaciones, no sin antes hacer ho'oponopono. Será propicio brindar tiempo y experiencia a quienes necesiten su ayuda.

Febrero

Podemos creer que el mes del tigre vendrá a interrumpir la buena racha comenzada durante el mes pasado, pero la energía del felino estará tan ocupada interactuando con la energía del dragón, que el mono podrá escabullirse entre los cocoteros y disfrutar de una combinación de elocuencia, excelentes relaciones sociales y reconocimientos de toda clase. Los monos de 1956 y 2016 tendrán asegurada toda la libertad de movimiento que les plazca, siempre y cuando cuiden lo que comen, ya que podrían sobrecargar su hígado. Los demás monos no tendrán problemas de salud, pero no pongan a prueba su suerte.

Marzo

El zoo estará muy ocupado viviendo el "fuego amigo" entre el conejo y el dragón, pero el mono estará más entretenido en su propia mente, maquinando su siguiente gran proyecto; sin embargo, hay que advertir que los monos de fuego 1956 y 2016 necesitarán un poco más de disciplina que los demás, y los de madera –1944 y 2004– podrían distraerse con algún evento molesto al que le darán más importancia de la que merece, y además

PREDICCIONES PREVENTIVAS PARA EL MONO

les atraería alguna enemistad, amargándoles las siguientes cuatro semanas. Los demás monos encontrarán el modo de concentrarse y concretar sus objetivos sin problemas.

Abril

Este mes el dragón lo invitará a correr una maratón metafórica que podría dejarlo completamente agotado en lo físico y lo mental, y por lo tanto deberá aprender a delegar las tareas que impliquen su exposición pública. Para los monos de 2004 y 2016, por ejemplo, eso significa que si tienen que realizar un trabajo en equipo en la escuela, aunque deseen sobresalir, resultará mejor que dejen el trabajo de exposición a sus compañeros un año mayores o menores que ellos. Los monos que nacieron en el siglo XX encontrarán que delegar, al menos este mes, los ayudará a dedicarse a su vida privada.

Mayo

Debido a la relación energética que el mono tiene con el dragón, es muy posible que el simio reciba mucha atención en el trabajo o la escuela durante este mes y algunas personas podrían interpretar eso como petulancia, lo que provocaría angustia en los monos de 1980, y los de 1944 y 2004 pueden pasar ratos amargos por discusiones o asuntos burocráticos. Los demás monos podrían abstraerse en sus mundos internos al grado de sufrir percances, incluso al caminar, pero no es necesario que pierdan horas valiosas explicando cada una de sus decisiones, solo necesitarán aclarar malentendidos con la gente que aman.

Junio

Este mes del caballo estará dividido en dos. Las primeras dos semanas tendrá que competir por mantener su prestigio y las oportunidades de crecimiento tanto en la escuela como en el trabajo; en el caso de los monos que ya peinan canas, eso podría significar también competir con hermanos y subordinados por los mejores bananos de la selva. No recibirá ayuda fácilmente, debido a malentendidos. Las siguientes dos semanas es posible que tenga que competir contra gente mejor posicionada, aun sabiendo que él mismo es más capaz de resolver cualquier reto, así que deberá hacerse pasar por inocente o ignorante.

Julio

El mes bendecirá a los monos con toda clase de reconocimientos, mejores oportunidades económicas y la ocasión de conocer posibles amores. Los monos que ya tienen pareja podrían casarse o renovar votos este mes, lo cual podrá alargar esas relaciones indefinidamente. Por supuesto, los monos de 2004 y 2016 serán demasiado jóvenes, y en el caso de las monitas en particular podrían sufrir algún descalabro amoroso, que parecería contradecir la predicción para los demás monos, pero ese asunto tiene más que ver con sus edades que con lo que ocurrirá energéticamente; todo mejorará después.

Agosto

Este mes afinará la destreza para convencer a cualquiera, por lo que podría aprovechar para vender cualquier producto o servicio, incluso a quien no le hace falta nada. Tal vez solo sea necesario no dar importancia a lo que se diga de ellos en las redes sociales. Si evitan estar demasiado tiempo frente a la pantalla, podrán pasar tranquilamente por este mes, sin embargo, si las habladurías se entrometen con su trabajo o desempeño escolar, deberán hablar de eso con su terapeuta u otra persona sensata a la cual puedan confiar cualquier inquietud o tristeza.

Septiembre

Este mes será muy parecido al anterior, pero el enfoque tendrá más que ver con temas de dinero que con asuntos sentimentales o amorosos. También deberá tener cuidado específico durante los días 12 y 24, ya que la energía que subirá en esos momentos provocará que el mono tome decisiones basadas en falta de tolerancia a la frustración y la falta de optimismo por lo que podría suceder en su vida a corto plazo. Este súbito arrebato de depresión no será permanente, pero de todos modos es mejor que acuda a terapias y que también se apoye en los consejos de sus amigos serpiente, búfalo y gallo.

Octubre

El perro choca con el dragón y a su vez arrastra al mono hacia ese conflicto energético, pero eso solo ocurrirá durante los días 7 y 19, por lo que se le recomienda tener una agenda a la mano y no hacer nada de importancia como firmar documentos o abrir cuentas o negocios. También deberá dejar para después cualquier cita o actividad importante entre las 19 y las 21 horas; incluso los compromisos con familia, amigos y pareja podrían verse afectados en esos tiempos, y las consecuencias repercutirán en su salud mental y emocional. El resto de los días serán beneficiosos para su vida social.

Noviembre

Este mes, el chancho lo invitará al chiquero, lo cual podría meterlo en situaciones en las que la comedia competirá con la aventura, casi al estilo de Hollywood. Es posible que gane un dinero extra o que reciba apoyo inesperado por parte de amigos y enemigos. Con tanta confusión, el mono se convertirá en el alma de la fiesta, ya que por lo general sabe cómo llamar la atención, pero con tanto que hacer, es posible que se distraiga; cuidado con los accidentes. Los monos que vivan en lugares en los que llueva mucho o haga mucho frío durante este mes, deberán cuidar su salud renal, reproductiva y pulmonar.

Diciembre

Este mes será el más dramático de todo el año, ya que la presencia del signo de la rata cierra por completo la combinación de tres signos Shui, es decir, la rata, el dragón y el mono, que forman juntos energía agua. La rata y el mono absorben parte de las responsabilidades del dragón, lo cual propicia cambios importantes y mucho trabajo interno. Los monos que más cuidado deberán tener son los de 2004; si bien legalmente son adultos, aún les falta mucho para desarrollar en el sistema nervioso, y podrían –por un descuido o arrebato pasional– traer al mundo a una serpientita bebé. Atención.

Predicciones para el Mono y su energía

MONO DE MADERA (1944-1964)

El año del dragón beneficiará a los monos que hayan saldado sus deudas afectivas, familiares, económicas y kármicas.

Sentirá un renacimiento desde la dermis a la epidermis, tendrá vida social agitada y podrá elegir con sabiduría el timón de su vida.

"El amor después del amor" lo visitará, estará dispuesto a iniciar una convivencia *part-time* o de amigos sin obligaciones que mejorará su espíritu, cuerpo y alma.

Estará menos arisco, más comprometido con su misión, profesión, *hobby*, dará sorpresas en la comunidad, en inversiones de energía renovable, eólica, solar y acuífera.

Tendrá que estar atento a las cáscaras de banana que sus íntimos enemigos le pondrán para que no brille como el lucero en el ocaso.

Viajará a países lejanos, se radicará un tiempo en el exterior por una beca, por estudio o por amor, nutriendo sus sentidos de una nueva gama de colores, sensaciones e intercambio con diferentes culturas.

MONO DE FUEGO (1956-2016)

El año del dragón ordenará en tiempo veloz las ideas que gestó durante el reinado del conejo.

Sentirá empatía, afinidad, sintonía desde su corazón por el ritmo que su socio y amigo le facilitará para cerrar grandes temas en su vida familiar, social, afectiva y económica.

Soltará un ciclo de trabajo para iniciar una etapa más introspectiva. Su experiencia en su oficio, profesión, vocación solidaria será recompensada en la comunidad, en otros países y regiones del mundo.

Estará en una etapa nómada, de desapego, con lo esencial, y visualizando un tiempo de expansión con nuevas ideas relacionadas con la conexión de Oriente con Occidente.

Mejorará su salud holística, hará dieta, taichí, yoga, natación, tenis, equitación, recuperará el humor, la alegría, los vínculos interrumpidos con la familia, ordenando herencias y ventas de propiedades.

El dragón le dará envión para concretar un proyecto inconcluso con difusión mediática y aceptación en las nuevas generaciones.

Año de despegue y *glamour.*

Mono de Tierra (1908-1968)

El mono celebrará el inicio del año del dragón con una especial ceremonia, en la cual, después del balance del año del conejo, dejará una vida para resetear otra.

Su energía será desbordante: tendrá propuestas de trabajo con socios extranjeros, intercambio cultural y deportivo, honores y mucha responsabilidad en la constelación familiar.

Comenzará a planear una vida en la naturaleza con recursos de energía renovable, permacultura, huerta, colmenas, integración de campo-ciudad, y será líder de opinión.

Su visión macromambo del mundo será plasmada a mediano y largo plazo.

Pondrá un equipo de gente de diversas culturas para compartir experiencias de vida, aportes en técnicas de ciencia y tecnología.

Tendrá un flechazo, un encuentro que aportará más entusiasmo en su mediana edad.

Compartirá viajes, seminarios, conferencias en su especialidad en el mundo.

Será respetado, y logrará encauzar un patrimonio familiar con sabiduría.

Mono de Metal (1920-1980)

El mono estará fuerte, decidido en sus objetivos, con planes que serán de cambios sistémicos y muy originales en su TAO (camino).

El año del dragón le dará luz, ideas, la tranquilidad de la salud recuperada en años anteriores y el camino para encontrar la de la depresión, la madre de todas las enfermedades.

Su espíritu cosmopolita encontrará eco para compartir estudios, viajes, obras de teatro, recitales con gente del mundo, en los que será cotizado en yuanes.

Su energía estará desbordante: se lo verá más *sexy*, renovará su *look*, su forma de relacionarse con jefes, maestros, vecinos en la comunidad, que lo elegirán como líder para tiempos de transición hacia una nueva era.

Podrá proyectar en el presente cómo construir una casa con permacultura, energía renovable, huerta orgánica, y formar parte de nuevas ideas antisistema con sustentabilidad.

Su talón de Aquiles será su ego, soberbia, sus modales que podrían ahuyentar nuevas ofertas de crecimiento personal y laboral.

Haga constelaciones familiares, diseño humano, registros akáshicos y salga de un lugar inflexible compartiendo su versatilidad.

Mono de Agua (1932-1992)

Año de búsqueda personal con un abanico de posibilidades.

Sentirá su energía renovada, tendrá tiempo para elegir nuevos proyectos de trabajo en el país y en el exterior que le darán envión para consolidar su empresa, pyme, *show* u ONG.

Aparecerán patrocinadores, mecenas, personas que le abrirán puertas para su desarrollo y estabilidad.

En la pareja habrá mas pasión, romanticismo, formas de relacionarse sin apego y con solidaridad.

Tal vez nazcan dragones, enviados de la fortuna y la suerte en el zoo; quizá tenga que ampliar la casa con feng shui y desarrollar su espíritu creativo para tener más ganancias.

Año de bienestar y nuevos amigos que serán muy necesarios para el nuevo tiempo de adaptación mundial.

L. S. D.

¡Cuántos monos blancos aquí en Qiupu!
Brincan y bailan: copos de nieve vuelan.
A beber y a juguetear con la luna en el agua.

Li Bai- *Balada de Qiupu V*

Predicciones preventivas para el Gallo
basadas en la intuición, el I CHING y el bazi

Queridos gallos y gallinas sobrevivientes del año de su opuesto complementario el conejo... ¿Están por allí?

Es cierto que les previne que sería un año cruel, sin alma, código, ni valores.

Ustedes, que son resilientes, previsores, organizados, pasaron por pruebas inéditas en su currículum.

Gran parte de su especie quedó diezmada: pérdida de gallinero, familia, empleo, cambios en los roles familiares y aprendizaje para ejercitar la paciencia china.

El año del dragón revertirá su situación y será una recompensa a todo lo que han padecido.

Desde el inicio del año, el 10-2-2024, hasta el final, encontrarán patrocinadores, amigos del pasado y en redes sociales, un abanico de posibilidades para insertarse en el mercado laboral y generar su pyme, empresa, sociedad con visión de futuro.

Ustedes, los grandes idealistas del zoo chino, compartirán su visión con las nuevas generaciones, *millennials* y *centennials,* y serán los inspiradores del nuevo rumbo de la humanidad.

El dragón admira sus convicciones, originalidad, talento y capacidad laboral.

Su vocación solidaria atraerá como el fuego a los más débiles, indefensos, carentes de un mundo tan desigual, en el que podrá organizar sus vidas con sentido común.

En la familia habrá alegría: casamientos, nacimientos, adopciones de parientes que llegarán a vivir bajo su ala, y darán a cambio posibilidades de reinventarse y organizar un restaurante, un centro de ayuda a través de técnicas preventivas de salud, medicina, sustentabilidad en construcción a través de la energía eólica, solar e hídrica, cambios sustanciales que mejorarán su hábitat y el del zoo.

Tal vez esté muy demandado. Necesitará poner límites y confiar en su habilidad para volar cuando lo quieran meter al *spiedo*.

Sentirá que en el nuevo tiempo tiene mensajes para dar al mundo.

Su corazón latirá al compás de un tambor africano.

Estará muy abierto a tener nuevas relaciones, aceptar condiciones de familias ensambladas sin convivencia, cambiará el chip convencional que lo condicionó durante años en matrimonios que debió sostener a pesar de su voluntad.

Habrá que enfrentar el legado de una herencia, de una situación familiar trabada por responsabilidad suya y aceptar que ceder es mejor que ser un gallo de riña.

Su espíritu audaz, viajero, innovador estará acentuado por su gran admirador, el dragón, que telepáticamente podrá enviarle mensajes de GPS que tomará en su vida sin alterar el equilibrio de su rumbo.

Necesitará renovar el *look*: desde el peinado, la ropa, el ejercicio físico; incursionará en técnicas de autoayuda: diseño humano, constelaciones familiares, yoga, tambores, excursiones a la montaña o lugares sagrados de América, África y Asia.

Renacerá: sus plumas brillarán como las del quetzal y el pavo real. Tendrá ganancias en negocios, ONG, pymes y en ser el inspirador de nuevas tendencias.

Su espíritu libre podrá atreverse a soñar con un mundo en el que todos tengan techo, comida, vestimenta, educación, planes de insertarse en el planeta que hemos destruido por ambición y que puede recuperarse con conciencia ecológica y un grupo de personas que sepa administrar sin robar los recursos del pueblo.

Año clave en su expansión espiritual y anímica.

L. S. D.

El I CHING les aconseja:
30. Li / Lo Adherente, El Fuego

EL DICTAMEN
Lo Adherente. Es propicia la perseverancia,
Pues aporta el éxito. Dedicarse al cuidado de la vaca trae ventura.

Lo oscuro adhiere a lo luminoso y perfecciona así la claridad de lo luminoso. Lo claro, al irradiar la luz, requiere la presencia

PREDICCIONES PREVENTIVAS PARA EL GALLO

de lo perseverante en su interior, para no quemarse del todo y estar en condiciones de iluminar en forma duradera. Todo lo que expande luz en el mundo depende de algo a lo cual quedar adherido para poder alumbrar de un modo duradero.

Así el sol y la luna adhieren al cielo; los granos, las hierbas y los árboles se adhieren a la tierra. Así la doble claridad del hombre predestinado adhiere a lo recto y por consiguiente es apto para modelar al mundo. El hombre que permanece condicionado en el mundo y no es independiente, al reconocer este condicionamiento y al entrar en dependencia de la fuerzas armoniosas y benignas del orden universal, obtiene el éxito. La vaca es símbolo de máxima docilidad. Al cultivar el hombre dentro de sí esta docilidad, esta voluntaria dependencia logrará una claridad nada hiriente y encontrará su puesto en el mundo.

LA IMAGEN
La Claridad se eleva dos veces: la imagen del Fuego.
Así el gran hombre alumbra, perpetuando esta claridad,
las cuatro regiones cardinales del mundo.

Cada uno de los signos parciales representa al sol en un cielo diurno. Así se representa, pues, una reiterada actividad del sol. Con ello se alude a la acción temporal de la luz. El gran hombre continúa en el mundo humano la obra de la naturaleza. En virtud de la claridad de su ser hace que la luz se extienda cada vez más en el interior de la naturaleza humana.

El tránsito el Gallo
durante el año del Dragón

PREDICCIÓN GENERAL
Para los gallos, la buena o mala fortuna tendrá que ver con la alquimia entre las energías que se involucrarán con los distintos años de nacimiento. El dragón tiene una relación privilegiada con todos los gallos, sin importar la edad u otros signos en sus cartas natales; sin embargo, las combinaciones diarias y mensuales

se asociarán de formas explosivas, y eso hará del ave un signo maleable al gusto del Tao. Unos aprovecharán estas crisis, algunos tendrán tanto estrés que somatizarán todo en el cuerpo físico, a otros, el ímpetu del dragón les pasará por encima, pero todos saldrán transformados de ese viaje iniciático que nos explicará por qué el pollo cruzó al otro lado del camino.

Enero
La salud y el estado emocional del gallo sigue a prueba. A él, pasar por el año opuesto le ha dejado como a Dante; el final será feliz y perfecto, aunque para nuestro héroe plumífero no hay retorno a la normalidad. Todo ha cambiado por completo, 2024 se presenta como una hoja en blanco y así sea el nonagenario gallo de 1933 o el pollo de 2017, todos se sentirán como en una encrucijada con no cuatro, sino cinco caminos frente a él, pero aún no es momento de comenzar a andar. Le recomendamos recobrar su energía, dormir bien, comer bien y hacerse de un equipo de colaboradores leales.

Febrero
El año del dragón comenzará con fuerza, sacará al gallo de su nido y lo pondrá en el centro de la acción; sumado a esto, el mes del tigre no dejará en paz al gallo porque atraerá ganancias en los negocios y buenos intercambios en el patio de la escuela. Se sentirá bien siempre que esté ocupado con algo. Afinará la capacidad de presentarse ante el público y eso le encantará. El gallo que se dedica al espectáculo estará encantado con la atención, pero deberá tener mucho cuidado con no exceder las horas de trabajo, y tendrá que ser más gentil consigo mismo.

Marzo
El mes del conejo pondrá a los gallos en medio de situaciones muy incómodas en las que se les pedirá que tomen decisiones importantes sin tener realmente las herramientas para resolver los problemas del día a día. Les será muy difícil alcanzar una buena concentración y batallarán mucho con sus capacidades de liderazgo. Hay oportunidades en medio de esta crisis; sin

embargo, tendrá que delegar a otros tanto las responsabilidades como el micrófono, y si bien eso lo hará sentir derrotado, podrá descansar y que el mundo se caiga; al final la lección será la del desapego y por ello, la libertad.

Abril

El gallo tendrá la oportunidad de viajar al interior de su alma y comenzar un proceso de deconstrucción. Para el gallo de 2017, eso significará que ya no es un bebé, comenzará a dar que hablar en la escuela primaria y necesitará mucha ayuda pues será un chico que romperá esquemas; mientras tanto, los gallos de 1957 se darán cuenta de que ya no son unos pollos. Los demás gallos podrían pasar por momentos de duelo debido a que no han logrado alcanzar todas sus ambiciones. Todos en el gallinero tendrán que aprender a meditar o hacer terapia, para poder ser más resilientes y desapegados.

Mayo

El mundo entero estará distraído con algún evento dramático, lo cual tentará a algunos gallos a asumir responsabilidades, pero no les conviene hacerlo. Así como el mes anterior fue un viaje hacia el autoconocimiento, el mes de la serpiente será socialmente intenso. Mejorará el estado de ánimo los días 12 y 24, lo cual parece poca cosa, pero esos dos días son clave y podrá usarlos exclusivamente en su salud emocional por medio de actividades de ocio, reuniones con amigos, salidas al campo, por ejemplo. Cualquier cosa que sea segura pero divertida.

Junio

La primera mitad del mes atraerá pérdidas de dinero, ya sea por distracción o por robo, así que necesita poner más atención a dónde deja las cosas. También tendrá que cuidar su energía. Los mayores ladrones de energía son los celos, la rumia (pensamientos obsesivos) y una dieta deficiente; para mejorar eso, sugerimos ayuda de sus amigos más disciplinados: búfalo y serpiente. Las últimas dos semanas atraerán oportunidades sociales, mejoría en sus relaciones con amigos y familiares, y para gallos adultos, una mejoría en su vida sexual. Esas dos semanas serán hedonistas y relajadas.

Julio

El mes de la cabra será neutral para los gallos hombre y los que se identifican más con la polaridad *yang*. Podrán terminar proyectos y recibirán apoyo en numerosas ocasiones, incluso por parte de personas que comúnmente se han mostrado antagonistas o que no tienen los mismos intereses que el ave. Por el otro lado, el mes atrae mal de amores a las mujeres gallo. Para contrarrestar los efectos de este mes, puede ayudarle buscar actividades religiosas o espirituales, ya que estas apaciguarán su alma y le traerán un sentido más concreto de lo que son el amor incondicional, la lealtad y la fidelidad.

Agosto

Es muy probable que los gallos que ya peinan canas se conviertan en abuelos o bisabuelos. También es posible que la paternidad o maternidad llegue a los gallos de mediana edad. La combinación entre el año y el mes del mono pone al gallo en medio de un ambiente que propicia la fertilidad y hasta los gallos que no tienen ningún interés en procrear podrían encargar serpientes. La segunda mitad del mes será más frívola, es probable que le cuenten rumores o que él mismo sea el centro de esos cotilleos, lo cual será más divertido que angustiante.

Septiembre

El mes propio servirá como una isla desierta en donde el gallo se irá deshaciendo del peso extra y ya sin tanto bagaje emocional sentirá que por fin puede comenzar a reescribir su vida, hasta los pollos de 2017 empezarán a tomar las riendas de su propia vida. Podrá encontrar nuevos pasatiempos y disciplinas que serán una compañía inquebrantable durante mucho tiempo, o directamente por el resto de sus días. Este es también un buen momento para ir a terapia, constelar el presente, el pasado y el futuro y comenzar un diario de sueños, los cuales le revelarán los caminos que irán apareciendo.

Octubre

El mes del perro es importante para todos los signos del zoo, ya que es el opuesto del signo del dragón y eso traerá toda clase de incidentes desagradables. Como el gallo tiene una energía compatible con el dragón y con el perro, vivirá experiencias de intermediador, lo cual podría provocar que se gane algunas enemistades y se envuelva en pleitos ajenos. Sumado a eso, la salud de las vías respiratorias y su estado de ánimo estarán sujetos a lo que lo rodee, por eso se le recomienda no estar en contacto con personas con resfriados o con tristeza: podría contagiarse de ambos.

Noviembre

El mes del chancho será consecuencia de lo vivido durante el mes anterior. Eso provocará que las reacciones se dividan entre dos clases de gallo: los masculinos o con mayor influencia de la polaridad *yang* querrán distraer la mente por medio de aventuras, que podrán ser amorosas, o por las emociones intensas que traen las fiestas; de cualquier manera, se sentirán vacíos al final. Las mujeres gallo o gallos con mayor influencia *yin* tendrán una aproximación más saludable al mes ya que este les traerá una mejor capacidad de comunicación, que deberán aprovechar para reconciliarse con amistades y familiares.

Diciembre

La rata viene a confortar al gallo del modo que puede hacerlo: por medio de una limpieza profunda de la mente y los espacios vitales que rodean al ave. Pero esto aún no termina, la primera mitad del mes el roedor le ofrecerá un *impasse* que, aunque no es lo más adecuado para solucionar los problemas que se le fueron acumulando en los meses anteriores, al menos le permitirá detenerse y reflexionar acerca de su clima mental, y que trate de controlar eso. La segunda mitad será mucho mejor, el gallo saldrá de su gallinero con las plumas renovadas para disfrutar la atención de quienes le son leales. ¡Ánimo!

Predicciones para el Gallo y su energía

GALLO DE MADERA (1945-2005)
Comenzará el año con el biorritmo alto; podrá sentir un aire renovador desde el ADN hasta las patas bien plantadas en la tierra para encontrar un gusano en el desierto.

Es tiempo de confiar en usted y mejorar la autoestima.

Será convocado para grandes causas: organizaciones en ministerios de planificación social, educación, salud, turismo, en los que administrará con honestidad los recursos del Estado.

Comenzará un estudio o incursionará en temas modernos que el mundo reclama: energía renovable, minería a cielo abierto con asesoramiento ecológico, extracción de gas yale y petróleo en lugares del mar, y será clave para la continuidad del trabajo en regiones del país y del mundo.

El dragón lo alentará para que se expanda y pueda estar con equilibrio emocional con el zoo.

Año de recompensas. Recuperará el buen humor y la alegría.

GALLO DE FUEGO (1957-2017)
Después de pasar "la noche oscura del alma", cambios en la familia por roles y responsabilidades agobiantes, logrará establecer las bases de sus prioridades.

El dragón lo beneficiará en nuevos trabajos, oficios, estudios y le brindará la posibilidad de ser el jefe de una nueva idea con resultados óptimos.

Sera un año de viajes de placer, de reencuentro con amigos del pasado, de unir al zoo en su lugar en el mundo compartiendo las pequeñas cosas de la vida: charlas intimas, un asado, un fin de semana de entretenimiento jugando al fútbol, al tenis, al *paddle* o simplemente cocinando para los seres queridos.

Volverá a confiar en su necesidad de libertad, de seguir profundizando en sus sueños y utopías, integrando a su familia y seres que adoptará con su corazón de oro.

Su visión de futuro se cumplirá a largo plazo.

Año de recompensas, becas, medallas y ascensos en su profesión.

Volverá a los lugares donde más feliz fue y sanará heridas abiertas.

PREDICCIONES PREVENTIVAS PARA EL GALLO

GALLO DE TIERRA (1909-1969)

Después de un año en el que su energía fue drenada por temas afectivos, familiares y económicos; pasará una temporada en el purgatorio para resetear su vida.

En la familia habrá cambios inesperados. Podrá comenzar a buscar la punta del ovillo para tejer una nueva trama de su vida.

Crecerá profesionalmente, integrará a nuevos maestros y ciencias que lo ayudarán a desarrollar su vocación, estudio y planes laborales con éxito.

Será convocado para ocupar puestos en el Parlasur, en la OEA, en el BID y otros organismos internacionales que valorarán su capacidad laboral y su administración de recursos.

Creará un nuevo espacio para vivir o generar encuentros con el arte y las disciplinas New Age. Compartirá tiempo libre con el zoo, en su gallinero o en lugares donde lo inviten a cacarear sus quejas y canciones junto a fogones, entre amigos.

GALLO DE METAL (1921-1981)

Sentirá que renueva desde el ADN hasta sus plumas, que brillarán en eventos sociales, artísticos y en convocatorias para apelar al compromiso por el medio ambiente, en seminarios, conferencias y lugares en los que su cacareo cambie un tiempo viejo por otro renovador.

Estará alegre, dispuesto a aceptar invitaciones con nuevos amigos, sin formalizar ninguna relación y con tiempo disponible para seguir con su independencia laboral y económica.

En la familia habrá sorpresas gratas: nacimientos, casamientos, reencuentros con parte del clan que estaba distanciado, con golpes de azar que mejorarán su calidad de vida en la comunidad, y con exámenes que cursará con éxito.

Año de despegue, de reencuentro con su esencia y planificación del futuro.

GALLO DE AGUA (1933-1993)

Sentirá ganas de ser un puente entre gente de la familia que estaba distanciada. Podrán solucionarse problemas legales, herencias, donaciones, asuntos de bienes raíces que mejorarán su patrimonio y establecerán los mojones para no que no se sienta invadido.

Tiempo de atender su salud holísticamente.

Su capacidad creativa estará muy fecunda y encontrará hangar para aterrizar; nuevas pymes, empresas, sociedades serán formadas por su habilidad y estrategia, y será su conductor.

Encauzará sus deudas, conseguirá refinanciamiento y sentirá más confianza para realizar inversiones y cambios en su trabajo, oficio o profesión.

Tendrá un flechazo que podría coincidir con una relación estable y traer dragoncitos a su gallinero, para estabilizar su equilibrio emocional y afectivo.

Año de sorpresas gratas y de expansión económica.

L. S. D.

Por fin he regresado a mi finca,
y estoy aquí, como labrador
roturando los campos yermos del Sur.
Tengo poca tierra
y unas cuantas chozas.
Olmos y sauces dan sombra a mi casa,
y veo peras y melocotones,
que crecen delante de la ventana.
A lo lejos se perciben
ruidos y voces de un pueblo.
De cerca veo tenues humos
que se elevan sobre las chimeneas.
Un perro ladra al fondo de la calle,
y un gallo canta sobre una morera.
En mi casa todo es tranquilidad,
alejado de tumultos y bullicios.
He dejado para siempre jamás
aquella vida enjaulada,
y logré volver al YO de verdad.

Tao Yuanming - *Retorno al campo*

Predicciones preventivas para el Perro basadas en la intuición, el I CHING y el bazi

Queridos perros y perritas, después de atravesar la *Illiada* y la *Odisea* en el año del conejo, llega el signo que es opuesto complementario de los canes: el dragón.

Los desafíos serán olas en el estrecho de Magallanes, la lava del volcán Vesubio, tsunamis en Indonesia, cambios bruscos en la dirección y las decisiones para el rumbo que imaginaron en su año.

El dragón observará al perro en su conducta, si está al servicio del pueblo o si es un oportunista que en medio del caos, las crisis, el cambio de época, favorece a su jauría.

Su pedigrí, lealtad, sentido común y amor al prójimo estarán acentuados, podrá lucir su lengua afilada, sus derechos a participar en peleas callejeras, en situaciones de salvataje, organización en la comunidad, el pueblo, la ciudad y el país si cumple con la misión que le asignaron.

El acercamiento es necesario para desarrollar su parte afectiva, su inteligencia emocional, el puente entre lo oscuro y luminoso, los débiles y los fuertes, los honestos y las mafias que son producto de la corrupción.

El año del dragón ayudará a quemar karma; lo real, concreto y tangible se desvanecerá como pompas de jabón.

Un mundo más sutil, imprevisible, contradictorio surgirá, y tendrá que agudizar su olfato, su espíritu combativo, su sentido común para que lo respeten.

Las prioridades serán acrecentar su patrimonio, sus bienes, inversiones, y acompañar esto legalmente.

El tiempo es propicio cerca del solsticio de verano, pues si no lo hace en ocho meses pasará pruebas en el inframundo.

Su salud deberá estar atendida holísticamente.

Su hipersensibilidad podrá sufrir recaídas, el año es un envión para subir el ánimo, el humor, promover los reencuentros con la familia, las paces con exparejas o amores que nunca pudieron volver a ver, por rencor, venganza o abandono.

El perro necesita tener la cucha tibia, empezar con el mate

a primera hora, ordenar sus papeles, su agenda, hacer deporte, *gym*, correr para entrar en calor y estar alerta en cada situación en que atravesará pruebas del Mahabharata.

El acercamiento es una señal vital para los canes.

Por rencor, heridas abiertas, cambio de rumbo con socios y amigos dejó de participar en empresas, pymes, ONG, universidades, escuelas, y lo reclamarán para que vuelva.

El defensor de los derechos humanos, la libertad y la justicia estará más activo y decidido a ladrar y morder a quienes insistan en privar de ellos a los más débiles y excluidos del sistema.

Es fundamental que tenga un guía espiritual, maestro, asesor para controlar la ira, el desorden interior que le provocará la quimera del dragón; que desde el lugar menos pensado lo pondrá en el sitio del verdugo.

Algunos perros decidirán quemar naves y partir hacia otros horizontes.

Llevarán a la cría y harán un giro de 180 grados en su vida. No dejarán rastros para que los encuentren.

Saben que dieron amor, atención, cuidados a los más desvalidos, a los amigos, socios y amores furtivos y sentirán ganas de desaparecer en las nubes que envuelven al dragón.

El balance de su vida llegará inexorablemente.

Su autoestima sufrirá rasguños, ninguneos, invisibilidad, pero saldrá fortalecido de su lucha por integrar lo real a lo absurdo del tiempo en el que es parte de la historia de su familia, pueblo, ciudad, país o del planeta.

Cambios y oportunidades para "to be or not to be".

L. S. D.

El I CHING les aconseja:
19. Lin / El Acercamiento

EL DICTAMEN
El Acercamiento tiene elevado éxito.
Es propicia la perseverancia.
Al llegar el octavo mes habrá desventura.

El signo, en su conjunto, alude a un tiempo de esperanzado progreso. Se aproxima la primavera. La alegría y la transigencia van acercando entre sí a altos y bajos. El éxito es seguro. Lo único que hace falta es la realización de una labor resuelta y tesonera capaz de aprovechar plenamente los favores del tiempo. Y otra cosa más: el tiempo de primavera no dura eternamente. Llegado el octavo mes los aspectos se invierten. Quedan entonces tan sólo dos líneas fuertes, que empero no están avanzando, sino retirándose. Es necesario tener en cuenta a tiempo este viraje y meditar sobre él. Si uno de este modo se enfrenta con el mal antes de que se manifieste como fenómeno, más aún, antes de que haya comenzado a dar señales, llegará a dominarlo.

LA IMAGEN
Por encima del lago está la Tierra: la imagen del Acercamiento.
Así el noble es inagotable en su intención de enseñar,
y en soportar y proteger al pueblo no conoce límites.

La tierra linda desde lo alto con el lago: es este el símbolo del Acercamiento y de la condescendencia de alguien superior con los de posición inferior: de las dos partes que conforman la Imagen surge su comportamiento frente a estos hombres. Así como aparece inagotable la profundidad del lago, así es inagotable la solicitud del sabio para instruir a los hombres: y así como la tierra es vasta sin límites y portadora y protectora de todas las criaturas, así el sabio es portador y protector de los hombres, sin poner fronteras de ninguna clase que puedan excluir parte alguna de la humanidad.

El tránsito del Perro
durante el año del Dragón

PREDICCIÓN GENERAL
El dragón 2024 representa una energía que se comporta igual que el fondo del mar, es difícil saber qué hay debajo. En el fondo del mar solo la oscuridad reconoce su territorio. La energía

del perro es igual a la del desierto: está siempre expuesto al sol, sin nada que esconder. El desierto fue el fondo del mar y un día el sol llegó hasta lo más profundo para iluminar cada grano de arena. Ese es el intercambio que vivirá el perro, quien verá el descubrimiento de sus profundidades al tomar el trono del Suì Pò 歲破, el año opuesto. Los retos serán tan difíciles como los que vivirá el dragón, pero las satisfacciones serán enormes y al final, saldrá más optimista y dispuesto a ser feliz.

Enero

El mes del búfalo viene con la energía distraída debido a que es todavía el año del conejo; para el perro estos días serán parecidos a ir a la escuela de obediencia canina con un entrenador que no sabe lo que está haciendo, al que más vale no obedecer. En el caso de los perros más jóvenes, la energía provocará que literalmente tengan problemas en la escuela con sus maestros y figuras de autoridad. Esto mejorará si trabaja en equipo o si le dedica más tiempo a su desarrollo artístico, físico o espiritual. Necesitan prepararse para el agitado año del dragón.

Febrero

Para el perro, entrar en el año del dragón será como entrar en un concierto en el que todos gritan al unísono. Querrá meterse en su cucha cuanto antes y no salir de ahí hasta que termine el ruido, lo cual, obviamente, no le será posible. Por fortuna, el tigre que rige este mes lo ayudará a encontrar actividades y lugares donde podrá desarrollarse a gusto. Con esa ayuda, el perro encontrará mecenas en internet, elocuencia al exponer sus proyectos ante posibles jefes o clientes, y sus amistades no lo dejarán caer en la desesperación. Los mejores días serán el 12 y el 24.

Marzo

El mes del conejo atrae oportunidades fenomenales, pero dependerá de la capacidad de poner atención a los detalles si el perro podrá obtener esos beneficios o no. Le irá mejor a los que tienen sus propios negocios o que no dependen de las decisiones de jefes o maestros. La segunda mitad del mes podría atraer situaciones sociales en las que se veía tentado a enamorarse rápidamente del primero que pase enfrente, lo cual podría ser muy divertido si la vida fuera una comedia romántica, pero en este año, las relaciones nuevas podrían no durar y eso es algo que a los perros les duele mucho.

Abril
Lo que haya comenzado durante el mes anterior, ya sea en el ámbito profesional, educativo o amoroso, vendrá a disolverse durante el mes del dragón en el año del dragón. Estas pérdidas dejarán a todos los perros hechos un ovillo en sus cuchas. No es mala idea permanecer ocultos un rato. Este retraimiento voluntario servirá para lamer las heridas y conservar el pelaje intacto. Será conveniente aprovechar la soledad para desarrollar su resiliencia, renovar su currículum y ponerse al día con nuevas tecnologías o habilidades. Un mes para el descanso obligatorio.

Mayo
El mes del ofidio será una doble predicción, ya que funciona tanto para este mes como para lo que podría ocurrir durante el año 2025. Comenzará con una serie de accidentes y contratiempos que podrían ser peligrosos, según el nivel de abstracción de la realidad que posea el perro, es decir que deberá tener cuidado con lo que hace y por dónde camina. Después podrían ocurrir pérdidas financieras que van desde un billete olvidado en un pantalón hasta errores descomunales en la bolsa de valores o en un casino. De pasada, podría enamorarse de nuevo y caer en prácticas hedonistas no muy recomendables.

Junio
El mes ayudará al perro a recobrar un poco de lo perdido. Los días que servirán para mejorar el estado de ánimo serán el 7 y el 19, los mismos que deberá reservar para visitar a los amigos y a los familiares con los que tenga una buena relación. Los perros nacidos en el siglo xx podrían traer un bebé dragón a casa, sobre todo los perros de 1994, que tienen un karma más fuerte con ese signo opuesto, y los perros de años anteriores, que por fin

tendrán la bendición de ser abuelos. Los canes de 2006 tratarán de seguir con la fiesta, pero deberán asumir las consecuencias.

Julio

Hay una combinación de energías entre el mes de la cabra y los días 12 y 24, que son dominados por el búfalo. Esto, sumado al año del dragón, provocará que el perro quede atrapado en conflictos que no son suyos directamente, pero su lealtad inquebrantable provocará que muerda y no suelte. Para evitar esto podría apoyarse en un buen calendario o una agenda, e invertir esos dos días en ir al *spa*, caminar a solas por un bosque o hacer yoga, taichí o meditación trascendental. Puede contrarrestar los efectos de este mes usando los días 14 y 26 para hablar o negociar con los involucrados en esos conflictos.

Agosto

La primera mitad del mes la gente a su alrededor tendrá mejores capacidades para la comunicación, así que el perro contará con la oportunidad de exponer, vender o negociar sus servicios, productos, o el fruto de su aprendizaje en la escuela. Podrá retomar los estudios, terminar la tesis y hacer exámenes. Algunos perros podrán ver concluido un asunto pendiente que les requirió mucho esfuerzo. Esto los dejará con una sensación de vacío durante la segunda mitad del mes, pero cuidado, este no es un año para emprender nada nuevo, así que es mejor que se lo tomen con calma y traten de distraerse.

Septiembre

El mes del gallo protegerá al perro pues atraerá dinero extra o una paga mejor en el trabajo. Los días 5, 17 y 29 podrían ser los tres mejores del año. Estas semanas podría aprovecharlas para hacer un retiro imaginario en un monasterio, *ashram* o estación espacial. No será propicio salir a la aventura ni tratar de recuperar un amor perdido, pero sí será bueno para perderse en sus pensamientos, siempre que no lo haga mientras va tras del volante. Como la energía metal será fuerte, los perros más inquietos podrían comenzar a aprender joyería, orfebrería y herrería.

Octubre

El mes propio será caótico no solo para el perro sino para todo el zoo. Los problemas irán desde asuntos políticos hasta desastres naturales. El propio perro encontrará una vez más qué hacer y en qué problemas meterse, pero gozará de una claridad que ningún otro signo del zodíaco tiene con respecto a la influencia energética del dragón. Por este motivo podrá dedicarse a ayudar a los demás, siempre que esa ayuda la dé por medio de voluntariados de organizaciones de asistencia privada o no gubernamentales perfectamente legales; así quemará karma sin perder el rabo.

Noviembre

Los perros del orbe que decidan continuar con las tareas emprendidas durante el mes anterior tendrán un mes del chancho mucho más agradable que los perros que decidan dar preferencia a lo que decidan sus padres, jefes, maestros y burócratas. Sin embargo, podría resultar muy difícil resolver las consecuencias de su desobediencia de aquí hasta que termine el año del dragón. Por eso es mejor aprovechar la súbita capacidad de elocuencia que tendrá durante este mes. El chancho le ayudará a llegar a acuerdos con la gente y hasta los cachorros de 2018 podrán recibir alguna compensación o premio.

Diciembre

Con la llegada del mes de la rata parecerá calmo, pero es posible que eso sea porque muchos perros caerán en cama por accidentes o enfermedades. Los perros de 1934 serán los más susceptibles, sobre todo los que jamás fueron al médico porque nunca tuvieron emergencias médicas o porque han pasado al menos cinco décadas desdeñando síntomas. Los perros de 1970, 1982 y 1994 podrían cometer el mismo error que los nonagenarios, por lo que este mes les regalará algún padecimiento serio al que poner atención urgente, y de paso tendrán de cuidar el resto del cuerpo, lo cual les arruinará las fiestas decembrinas. Será mejor estar atentos.

Predicciones para el Perro y su energía

PERRO DE MADERA (1934-1994)

Comenzará el año del dragón con el *bonus track* que le dejó el conejo; promediando el año se sentirá como "turco en la neblina".

Sus reservas económicas tocarán fondo, deberá salir a buscar el hueso para el zoo y tendrá encuentros con gente deshonesta que tratará de embaucarlo.

Su olfato podrá alertarlo para cambiar el rumbo del año: viajes a visitar amigos, familiares y la posibilidad de radicarse un tiempo en otra región o país, lo cual le abrirá un nuevo mundo en el que encontrará eco a sus sueños, utopías, estudios, oficios, y estará muy solicitado.

Romperá una relación para dejar que entren nuevas formas de poliamor.

Su compromiso social ocupará parte de su agenda; los excluidos, ancianos, enfermos, discapacitados, huérfanos contarán con su ayuda espiritual y contención en centros dedicados a la salud holística: cuerpo, mente y alma.

El dragón le enviará llamaradas de pasión para que recupere el buen humor y la energía positiva.

PERRO DE FUEGO (1946-2006)

El ritmo alocado del año del conejo dejó al perro en la cucha ladrando su desilusión del nuevo mundo.

Sentirá que debe cuidarse de los estafadores virtuales, *hackers*, enemigos íntimos que estarán al acecho para chuparle el prana.

Su vida social será monacal.

Añorará retornar a su tierra, echar raíces, visitar maestros, alumnos, amigos; sentirá nostalgia del futuro.

Al promediar el año, el dragón le traerá sorpresas inesperadas: nacimientos, visitas de parientes lejanos, una beca o un trabajo solidario en ONG, y podrá plasmar el acercamiento a grupos de investigación y ayuda social.

En la familia habrá chispazos, discusiones y peleas.

PREDICCIONES PREVENTIVAS PARA EL PERRO

Tendrá que pedir ayuda terapéutica: constelaciones familiares, diseño humano, chi kung, yoga, arte núbico o caminos para equilibrar el fuego que lo devora.

Sentirá la energía renovadora del año al saldar las asignaturas pendientes.

PERRO DE TIERRA (1958-2028)

El acercamiento está relacionado con el crecimiento material y espiritual que sembró en su vida.

No solo será la jubilación, sino el tiempo para el ocio creativo, los viajes sin pasaje de retorno, los nuevos amigos y las relaciones afectivas que tendrá en distintos meses y que podrían llevarlo a tomar decisiones drásticas con su familia.

Año de revolución en su vida. El dragón marcará un antes y un después en sus hábitos, costumbres y búsqueda del sentido sagrado de la existencia.

Podrá imaginar una nueva cucha, estudiar el feng shui, organizar eventos artísticos, culturales y cooperar en ONG, fundaciones de protección de animales, recuperación del patrimonio de la ciudad donde vive o ayuda a gente en situación de calle para luchar contra el cambio climático.

La energía del dragón le brindará cambios a pesar de sus planes, y el perro dejará el control remoto de la vida ajena por un tiempo, y será un antes y un después en su existencia.

PERRO DE METAL (1910-1970)

Después de un año en el que su salud estuvo en riesgo por temas que lo desbordaron, sentirá ganas de programar un tiempo fuera de la cucha, el zoo, los socios, y de dar una vuelta por lo que queda del mundo.

Su espíritu estará libre, sin horarios ni compromisos.

Tendrá que organizar una nueva vida afectiva: tal vez los hijos se emancipen, viajen o pasen la mitad del tiempo con la familia ensamblada para darle la libertad necesaria con la que soñó durante décadas.

Sentirá que quiere rebelarse a horarios, jefes, socios, y salir al mundo liviano de equipaje.

• 403 •

Comenzará el camino de la sanación, la autorrealización, y fluirá al compás de la baguala.

Año de despegue con feng shui a favor.

No se deje embaucar por los piqueteros galácticos.

PERRO DE AGUA (1922-1982)

Comenzará el año con la jauría y festejos para recibir a su opuesto complementario.

Sentirá que la vida es siempre una oportunidad para arriesgar nuevas facetas de búsqueda personal.

Despedirá a gente que marcó su vida y podrá disfrutar de un legado artístico y material que será para ayudar a ONG, fundaciones de los temas que lo mantienen en vilo: trata de personas, excluidos, inmigrantes, ancianos y huérfanos.

Su corazón se acercará a nuevos mundos, donde podrá desarrollar su oficio, arte, técnica con respaldo de la comunidad.

El dragón le enviará mensajes para cambiar su rumbo: escuche sus voces interiores: medite, haga yoga, taichí, registros akáshicos y no se deje embaucar por los oportunistas.

El zoo necesitará que esté más tiempo con ellos evitando que caigan en adicciones, compartiendo su adolescencia, tabúes y situaciones que son parte de una familia antisistémica.

Recibirá un premio, una beca o una oportunidad para ser parte de la ONU; de su vocación altruista surgirán ideas saludables de sustentabilidad.

Año de riesgos y oportunidades.

Guauau guauau.

L. S. D.

Regreso a la ciudad vacía,
ni un perro que ladre
ni un gallo que cante.
Desiertas se extienden las
avenidas, y sé que en la capital
no hay persona alguna.

Anónimo - *Canción de la dama Huarong*

Predicciones preventivas para el Chancho basadas en la intuición, el I CHING y el bazi

El chancho llegará al año del dragón con sobrecarga en sus siete cuerpos y confundido sobre su balance existencial.

El conejo le brindó una temporada en la que pudo resolver algunos problemas y se embarcó en otros.

La ansiedad, el miedo a un tiempo caótico lo llevó hacia sociedades que no tuvieron reglas claras y fueron de palabra.

El año del dragón será un espejo de sí mismo.

Tendrá que poner en orden temas legales, herencias, divorcios y acuerdos en la familia.

Su búsqueda personal, espiritual chocará con sus deberes profesionales, la conducción de su empresa, pyme, fábrica, emprendimiento artístico, cultural y ambiental.

Es necesario que busque apoyo terapéutico, que comparta sus problemas con sus íntimos, que no abarque más de lo que puede, y que tenga una cita a solas consigo mismo.

Sus bienes raíces, personales, sus inversiones podrán gozar de buena salud.

Su conocimiento será más intuitivo que académico; sabrá desarrollar un emprendimiento con seguridad en su vocación y contará con el apoyo de maestros y discípulos.

Es necesario que tome más tiempo para el ocio creativo, los *hobbies*: jugar al fútbol, al tenis, caminar, hacer arquería, *trekking* y buscar espacios para dedicarse a las cartas, al ajedrez, al *scrabel*.

En el año del dragón, el secreto para no somatizar o enfermarse será tener un balance entre su vida social, laboral y afectiva.

Si la balanza se vuelca hacia un solo lado podría tener serios inconvenientes.

El dragón le brindará oportunidades de demostrar su talento en el exterior a través del arte, la filosofía, la inteligencia artificial, el trabajo en ONG, la defensa del medio ambiente, la ayuda a gente que sufre exclusión por migración o está en situación de calle, y a los enfermos terminales.

Podrá tener destellos de enamoramientos fugaces: tal vez

sean trampas para alejarse de una relación multimedia o para sentir que está vivo en el chiquero.

Su humor oscilará como el tiempo: debe estar alerta para no provocar situaciones sin marcha atrás con su entorno; deberá autodomesticarse, pues el mundo necesita gente con espíritu de reconciliación, equilibrio emocional, salud mental y buen humor.

Conocerá gente de otras culturas a través de un trabajo que enriquecerá su cosmovisión.

Podrá viajar a lugares sagrados en América, Asia y África descubriendo más de su naturaleza que en toda su vida.

La pareja será el gran desafío; se abrirán nuevos caminos, irán juntos en algunos itinerarios y separados en otros. Se pondrán a prueba la confianza, la admiración, el dar oxígeno al otro, el aporte de ideas y en algunos casos temas en común.

Para el chancho, el nuevo tiempo será una lucha interna consigo mismo. Estará dividido, confundido, atormentado por sus contradicciones y sin poder controlar la vida del zoo.

Es necesario que tenga una mascota, un confidente real o virtual para compartir un escenario mundial y personal que lo sobrepasará y le advertirá que es fundamental dejar *net* el año del dragón antes del inicio del reinado del ofidio, su opuesto complementario, que le tomará examen desde el inicio hasta el pago kármico de su mandato.

L. S. D.

El I CHING les aconseja:
26. Ta Ch'u / La Fuerza Domesticadora
    de lo Grande

EL DICTAMEN
La Fuerza Domesticadora de lo Grande.
Es propicia la perseverancia.
Trae ventura no comer en casa.
Es propicio atravesar las grandes aguas.

Para sujetar y acumular fuerzas grandes y creadoras se requiere un hombre fuerte y lúcido al que honra el gobernante. El signo Ch'ien indica una potente fuerza creadora, el signo Ken firmeza y verdad; ambos indican luz y claridad y una diaria regeneración del carácter. Solo mediante tal autorregeneración cotidiana permanece uno en la cúspide de su vigor. Mientras que en épocas tranquilas la fuerza de la costumbre contribuye a mantener el orden, en épocas grandes (excepcionales) como esta, de acumulación de fuerzas, todo dependerá del poder de la personalidad. Mas, puesto que los dignos se ven honrados, como lo demuestra la fuerte personalidad a quien el gobernante ha confiado la conducción, resulta que es favorable no comer en casa, sino ganarse el pan en la vida pública, mediante la aceptación de un cargo, de una función. Uno se encuentra en armonía con el cielo; por eso se obtiene éxito aun en empresas difíciles y riesgosas como el cruce de las grandes aguas.

LA IMAGEN
El cielo en medio de la montaña:
La imagen de La Fuerza Domesticadora de lo Grande.
Así el noble se familiariza con multitud de dichos de tiempos remotos y de hechos del pasado,
a fin de afirmar de esta suerte su carácter.

El cielo en el centro de la montaña señala tesoros ocultos. Del mismo modo, en las palabras y los hechos del pasado se esconde un tesoro que puede ser utilizado para lograr la afirmación y el acrecentamiento del propio carácter. He ahí la recta manera de estudiar: la que no se limita al saber histórico, sino que transforma cada vez lo histórico en actualidad, mediante la aplicación de ese saber.

El tránsito del Chancho
durante el año del Dragón

PREDICCIÓN GENERAL
Para el chancho este año será un verdadero carrusel, a veces estará arriba y a veces, abajo; en círculos que serán interminables, pero cuidado: puede pensar que este año será complicado

por todo lo que implicará a continuación, pero comparado con el año opuesto a su signo que vendrá en 2025, estos días bajo la batuta del dragón serán un regalo. Para vivir mejor las experiencias alucinantes de 2024 solo necesitará organizarse las horas de trabajo y estudio por medio de un diario y un calendario. Podrá trabajar en equipo, delegando a otros las tareas aburridas, a quienes sean menos artísticos, y así aprovechar los tiempos propicios para el ocio durante los meses más difíciles, que serán julio y septiembre.

Enero

El búfalo y el chancho hacen buen equipo; si se asocian con la rata controlarán cualquier problema que tenga que ver con actos o sucesos violentos. Los días 1, 13 y 25 los podrá usar para resolver problemas o pleitos entre amigos y familiares, ya sea que él mismo esté envuelto en ellos o no. Será un mes en que los pensamientos circularán fácilmente, por lo tanto, podría aprovechar estos días para concretar algún proyecto creativo o artístico. También es un buen momento para iniciar algo nuevo, un proyecto diferente, un *hobby*. Incluso si por alguna razón la actividad queda inconclusa, será su tabla de salvación a lo largo del año porque podrá retomarlo en otro momento y mantenerse ocupado.

Febrero

Este mes la capacidad de movimiento del chancho comenzará a fluir. El tigre le atraerá más alegrías. Con eso, se sentirá más disponible de lo que ha estado durante los últimos años. Entonces podrá comenzar a tomar algún tipo de terapia que lo ayude a abrir los cajones de su mente. Verá con claridad sus propios defectos y virtudes, pero cuidado, este proceso es suyo únicamente; si involucra a sus amigos en esta búsqueda podría revelar secretos que pronto estarán en boca de todos. Particularmente los chanchos famosos podrían exponerse a ver revelado en redes sociales algo muy preciado o escondido, en especial algún amor oculto.

Marzo

Este mes será muy parecido al anterior en cuanto a lo positivo; ya sin asuntos indiscretos que pudieran distraerlo o molestarlo, el chancho podrá retomar la tarea iniciada semanas antes. Esto podría ayudarlo económicamente si esas actividades son para crear objetos artísticos o útiles que pudieran ponerse en venta, ya que el dinero no le rendirá lo suficiente. Su talento se mostrará con más claridad si usa la energía madera en carpintería o practicando alguna técnica de agricultura. Los días más productivos serán 1, 13 y 25. También podrá tener mejores relaciones en el trabajo al mostrarse más valiente ante los retos que le propongan.

Abril

Independientemente de su vida social o laboral, el chancho guardará un espacio en su corazón para el compromiso, y podría conocer a alguien que será su pareja por siempre o quizá por fin contraiga nupcias con su pareja actual. El mes del doble dragón será propicio para amarrar lazos duraderos, y es mejor que lo haga durante este mes especial y no durante el año que viene, que no será propicio. Los siguientes meses resultarán complicados, pero si se mantiene optimista durante abril, la alegría presente bastará para que continúe enfocado en la felicidad aún en las dificultades, mayores o menores.

Mayo

La serpiente viene reforzada por la influencia del año del dragón, por lo tanto, la energía del chancho se verá detenida, y lo dejará vulnerable a toda clase de incidentes molestos como accidentes e incluso alguna enfermedad, algo devastador para los chanchos de 1935. Es sumamente importante que la primera mitad del mes no la desperdicie con pensamientos obsesivos que lo lastimarán. Esto será difícil de lograr para los chanchos de 2019 que, aunque son pequeños, estarán enfrentándose a un mundo cada día más confuso. Los chanchos de 2007 mostrarán su lado rebelde, por lo que también necesitarán ayuda y comprensión.

Junio

El caballo creará una asociación peligrosa de energía con el dragón, la cual empeorará los días del gallo: 2, 14 y 26. El mes entero será complicado para todos, no solo para los chanchos de cualquier edad. Para los chanchos que se ocupan de tareas manuales o industriales y que conducen vehículos a alta velocidad, este mes sería especialmente peligroso, cuidado. Los adolescentes de 2007 querrán probar su suerte y habilidad, así que se les recomienda no practicar ningún deporte de alto riesgo; por más que quieran hacerse notar, mejor que todos pinten acuarelas. ¿Para qué arriesgarse?

Julio

La cabra ayudará al chancho a disfrutar de un descanso. La energía será estable y metafóricamente quemará todo pensamiento obsesivo, enojo y actitudes antagónicas que pudo haber alimentado durante el mes anterior. Encontrará motivos para ser feliz, concretará proyectos muy añejos, por lo que no será sorpresa ver a algún chancho nacido en el siglo XX que de pronto consiga completar un grado universitario, termine una novela, se incline por la música o la pintura o exponga su propio *show*. Recibirá reconocimientos importantes y al menos los chanchos de 1971 podrían reconciliarse con la madre o cualquier figura materna en sus vidas.

Agosto

Este mes el mono refuerza la energía metal en todo el planeta, lo cual alimenta la energía del dragón e incrementa la influencia de este signo sobre todo el zoo; esto podría provocar verdaderas revoluciones en la vida del chancho. Deberá tomar esta crisis como una oportunidad para mejorar su vida y las relaciones con otras personas. Gozará de elocuencia, aunque no encuentre con facilidad los espacios adecuados para expresarse. Podrá embellecer su espacio o invitar amigos a casa. Para mejorar la influencia del mes, podrá apoyarse en su amiga la cabra, quien funcionará como guía y comandante.

Septiembre

Tan bien que iba. Ahora el chancho tendrá que andar con los pies de plomo: mantener el perfil bajo será esencial para evitar tragos amargos. Es de suma importancia que durante este mes el chancho mismo resuelva cualquier actividad que pueda ser fiscalizada por la eterna burocracia, este no es un mes para confiarle a otros cualquier problema u omisión. Afortunadamente, los chanchos tienen buena capacidad de aprendizaje y podrán resolver esos inconvenientes por medio de cursos y aplicaciones en línea. Los chicos chancho podrían tener problemas en la escuela y en esos casos sí hay que prestarles atención y ayudarlos.

Octubre

Las mujeres chancho y personas chancho que se identifiquen con la polaridad *yin* podrían sufrir mal de amores. Se les recomienda esperar un tiempo antes de declararle su amor a nadie, puesto que el chancho estará sentimentalmente vulnerable. Eso será difícil para las chanchitas de 2007 que aún no pueden modular las emociones, por lo que podrían recibir ayuda de sus amigos rata y búfalo, que gozarán de más claridad durante esta temporada. Los demás chanchos les darán más importancia a asuntos profesionales y encontrarán difícil relacionarse con colegas y jefes. Necesitarán distraerse con sus proyectos extracurriculares.

Noviembre

Los momentos de felicidad o tristeza y de satisfacción o frustración dependerán mucho del lugar donde viva el chancho. Los chanchos del norte del planeta se sentirán más cómodos porque el clima les permitirá tener más entusiasmo y capacidad de concentración aun cuando haya tormentas casi apocalípticas. En cambio, los porcinos sureños pasarán muy mal la crisis climática, el calor impedirá continuar con las actividades del día a día. Para mejorar la evolución de este mes, se les recomienda entrar en contacto con el agua, ya sea nadando, tomando duchas a diario o hasta patinando sobre hielo.

Diciembre

El fin de año gregoriano dejará al chancho con un buen sabor de boca, aun con los pequeños y grandes fracasos que le ha traído el dragón. Este mes aportará una entrada de dinero más estable, que podrá financiar las fiestas decembrinas. La rata representa una energía romántica, erótica y feliz. Esta es una buena noticia incluso para los longevos chanchos de 1935, pero para los de 1995 y 2007, esto podría atraer esperanzas difíciles de manejar y capaces de dar el golpe karmático con la llegada de un bebé serpiente a la familia el año que viene: hay que usar protección y prudencia.

Predicciones para el Chancho y su energía

CHANCHO DE MADERA (1935-1995)

Recibirá el año del dragón con una gran fiesta.

La cosecha del conejo fue buena, sin grandes sobresaltos y pudo mantener lo que logró en su vida.

Los desafíos serán enormes: sentirá que deberá acompañar a parte de la familia en momentos críticos, ser paciente y no desbordarse en discusiones que podrían perjudicarlo.

El año traerá ciertos ecos de "a mar revuelto, ganancia de pescadores".

Necesitará tener abierto el tercer ojo para visualizar una gran oportunidad que le brindará expansión, crecimiento personal y ganancias.

Incursionará en nuevas tecnologías: inteligencia artificial, formatos de programas mediáticos; estudiará idiomas: chino, alemán, francés e inglés le abrirán puertas en otros continentes.

Podrá establecer una sociedad con empatía, y a través de una cooperativa producir cambios en la comunidad.

Será líder, encauzará su experiencia al servicio de gente en condiciones de vulnerabilidad y producirá sustentabilidad a mediano y largo plazo.

Un año de recuperación anímica, de logros personales y anímicos.

PREDICCIONES PREVENTIVAS PARA EL CHANCHO

CHANCHO DE FUEGO (1947-2007)

Llegará con fe al año del dragón, que es su aliado y socio en la vida familiar y espiritual.

Su alma estará en tránsito; sentirá necesidad de reunir al zoo, a los amigos, y confiarles parte de su vida.

El dragón será *sponsor* para que su patrimonio crezca, asiente las bases de su futuro y pueda soñar con proyectos y emprendimientos de pymes, ecología, sustentabilidad e inversiones en bonos de energía.

Su corazón latirá fuerte; una amiga o visita inesperada reforzará su erotismo y ganas de participar en una relación profunda.

Cambiará el feng shui de su hogar, convocará a socios para revitalizar ideas en la empresa, en el barrio y en el país.

Podrá compartir su conocimiento científico, artesanal y pedagógico con gente del mundo y generar nuevas fuentes de inspiración para el mundo caótico que necesita inteligencia emocional y sentido común.

Practique deporte, *trekking*, salga a conocer el país y el mundo con un espíritu de investigación, y liviano de equipaje.

Tendrá un balance enriquecedor y profundo en su vida.

CHANCHO DE TIERRA (1959-2019)

Comenzará el año celebrando la llegada de su amigo y patrocinador, el dragón de madera.

Emprendimientos artísticos, laborales y de asentamiento en una región serán un estímulo necesario para su vida.

Conocerá gente en el mundo que confiará en su talento y profesionalismo y le abrirá las puertas para crecer y nutrirse de otras culturas milenarias.

Su salud necesitará "alineación y balanceo", apuntalamiento de sanadores y ejercicio físico para estabilizarse.

La sobrecarga de responsabilidades podría debilitarlo, y los problemas familiares producir una crisis por la cual necesitará apoyo terapéutico.

Viajará a un lugar al que durante mucho tiempo deseó ir, y logrará aceptar que en cualquier lugar del planeta es tarde para soñar con un mundo color de rosa.

Año de cambios profundos en su dermis y en su psiquis.

Dejará *net* el año del dragón para estar en "alerta meteorológico" en el año de la serpiente.

Chancho de Metal (1911-1971)

Durante el año del dragón concretará lo que sembró en el reinado de su socio y aliado, el conejo.

Acrecentará su patrimonio; recibirá herencias, donaciones, y podrá cambiar de chiquero organizando planes para el zoo y para su futuro profesional.

Necesitará estar en paz, rodeado de un ambiente pacífico y en la naturaleza para sanar años de convulsión, desasosiego e inestabilidad emocional.

Conectará con el Eros, con los banquetes y salidas sociales, en los que podrá exponer su talento artístico e intelectual.

El dragón lo potenciará en sus proyectos personales y en las decisiones que deberá tomar para ser parte del cambio sistémico del país.

Tendrá que cuidarse de sus íntimos enemigos dispuestos a embaucarlo con los espejitos de colores.

Chancho de Agua (1923-1983)

Durante el año del dragón encenderá las alarmas de su salud para estar en condiciones de mejorar su estabilidad emocional.

Tendrá que aceptar sus límites y delegar en otras personas las exigencias que lleva sobre su cuerpo.

En este tiempo caótico es fundamental que se asesore legalmente para no caer en trampas y mantenerse alerta con propuestas indecentes.

Su corazón recibirá un flechazo en un viaje o en un lugar de ámbito privado o académico. Podrá sentir el llamado de Eros, tener una temporada en el chiquero y traer al mundo dragones benéficos.

Tiempo de cambios reales y con visión de futuro en su vida.

No abandone a la familia y a sus seres queridos, que son la raíz de su creatividad, progreso y cambios positivos en la integración de su vida.

L. S. D.

La chica del campo está andando tranquilamente,
lleva su cubo de agua comido por el musgo;
el agua fría chapotea sobre sus pies descalzos,
pero su corazón está debajo del sauce al lado de la fuente.

La chica camina hacia su casa vieja tranquilamente,
que está a la sombra de un acebo de cien años.
Cuando se acuerda del chico que la besó al lado de la fuente
sonríe con los labios ligeramente cerrados.

Se acercará a la casa vieja de madera,
asustará a un grupo de gorriones,
caminará hacia la cocina,
y dejará el cubo de agua al lado del heno.

Echará una mano a su madre con la comida,
mientras su padre, que acaba de volver del campo,
se sienta en el umbral fumando,
ella dará de comer a los cerdos en la pocilga,
y conducirá las gallinas a su nido.

Al anochecer, durante la cena,
el padre hablará de la cosecha de este año,
quizá también de la boda de su hija,
mientras que la chica bajará su cabeza con timidez.

Quizá su madre le reprochará su pereza,
(el retraso de ir a por agua sirve como un buen ejemplo),
pero ella no hará caso a sus palabras,
porque pensará en aquel chico un poco imprudente.

Dai Wangshu - *La chica del campo*

ESCRIBE TU PROPIA PREDICCIÓN

ESCRIBE TU PROPIA PREDICCIÓN

Ludovica Squirru Dari

ESCRIBE TU PROPIA PREDICCIÓN

Los años lunares exactos desde 1924 hasta 2032

SIGNO				
Rata	05/02/1924	a	24/01/1925	madera	+
Búfalo	25/01/1925	a	12/02/1926	madera	-
Tigre	13/02/1926	a	01/02/1927	fuego	+
Conejo	02/02/1927	a	22/01/1928	fuego	-
Dragón	23/01/1928	a	09/02/1929	tierra	+
Serpiente	10/02/1929	a	29/01/1930	tierra	-
Caballo	30/01/1930	a	16/02/1931	metal	+
Cabra	17/02/1931	a	05/02/1932	metal	-
Mono	06/02/1932	a	25/01/1933	agua	+
Gallo	26/01/1933	a	13/02/1934	agua	-
Perro	14/02/1934	a	03/02/1935	madera	+
Chancho	04/02/1935	a	23/01/1936	madera	-
Rata	24/01/1936	a	10/02/1937	fuego	+
Búfalo	11/02/1937	a	30/01/1938	fuego	-
Tigre	31/01/1938	a	18/02/1939	tierra	+
Conejo	19/02/1939	a	07/02/1940	tierra	-
Dragón	08/02/1940	a	26/01/1941	metal	+
Serpiente	27/01/1941	a	14/02/1942	metal	-
Caballo	15/02/1942	a	04/02/1943	agua	+
Cabra	05/02/1943	a	24/01/1944	agua	-
Mono	25/01/1944	a	12/02/1945	madera	+
Gallo	13/02/1945	a	01/02/1946	madera	-
Perro	02/02/1946	a	21/01/1947	fuego	+
Chancho	22/01/1947	a	09/02/1948	fuego	-
Rata	10/02/1948	a	28/01/1949	tierra	+
Búfalo	29/01/1949	a	16/02/1950	tierra	-
Tigre	17/02/1950	a	05/02/1951	metal	+
Conejo	06/02/1951	a	26/01/1952	metal	-
Dragón	27/01/1952	a	13/02/1953	agua	+
Serpiente	14/02/1953	a	02/02/1954	agua	-
Caballo	03/02/1954	a	23/01/1955	madera	+
Cabra	24/01/1955	a	11/02/1956	madera	-
Mono	12/02/1956	a	30/01/1957	fuego	+
Gallo	31/01/1957	a	17/02/1958	fuego	-
Perro	18/02/1958	a	07/02/1959	tierra	+
Chancho	08/02/1959	a	27/01/1960	tierra	-

LOS AÑOS LUNARES

SIGNO					
Rata	28/01/1960	a	14/02/1961	metal	+
Búfalo	15/02/1961	a	04/02/1962	metal	-
Tigre	05/02/1962	a	24/01/1963	agua	+
Conejo	25/01/1963	a	12/02/1964	agua	-
Dragón	13/02/1964	a	01/02/1965	madera	+
Serpiente	02/02/1965	a	20/01/1966	madera	-
Caballo	21/01/1966	a	08/02/1967	fuego	+
Cabra	09/02/1967	a	29/01/1968	fuego	-
Mono	30/01/1968	a	16/02/1969	tierra	+
Gallo	17/02/1969	a	05/02/1970	tierra	-
Perro	06/02/1970	a	26/01/1971	metal	+
Chancho	27/01/1971	a	14/02/1972	metal	-
Rata	15/02/1972	a	02/02/1973	agua	+
Búfalo	03/02/1973	a	22/01/1974	agua	-
Tigre	23/01/1974	a	10/02/1975	madera	+
Conejo	11/02/1975	a	30/01/1976	madera	-
Dragón	31/01/1976	a	17/02/1977	fuego	+
Serpiente	18/02/1977	a	06/02/1978	fuego	-
Caballo	07/02/1978	a	27/01/1979	tierra	+
Cabra	28/01/1979	a	15/02/1980	tierra	-
Mono	16/02/1980	a	04/02/1981	metal	+
Gallo	05/02/1981	a	24/01/1982	metal	-
Perro	25/01/1982	a	12/02/1983	agua	+
Chancho	13/02/1983	a	01/02/1984	agua	-
Rata	02/02/1984	a	19/02/1985	madera	+
Búfalo	20/02/1985	a	08/02/1986	madera	-
Tigre	09/02/1986	a	28/01/1987	fuego	+
Conejo	29/01/1987	a	16/02/1988	fuego	-
Dragón	17/02/1988	a	05/02/1989	tierra	+
Serpiente	06/02/1989	a	26/01/1990	tierra	-
Caballo	27/01/1990	a	14/02/1991	metal	+
Cabra	15/02/1991	a	03/02/1992	metal	-
Mono	04/02/1992	a	22/01/1993	agua	+
Gallo	23/01/1993	a	09/02/1994	agua	-
Perro	10/02/1994	a	30/01/1995	madera	+
Chancho	31/01/1995	a	18/02/1996	madera	-

SIGNO					
Rata	19/02/1996	a	06/02/1997	fuego	+
Búfalo	07/02/1997	a	27/01/1998	fuego	-
Tigre	28/01/1998	a	15/02/1999	tierra	+
Conejo	16/02/1999	a	04/02/2000	tierra	-
Dragón	05/02/2000	a	23/01/2001	metal	+
Serpiente	24/01/2001	a	11/02/2002	metal	-
Caballo	12/02/2002	a	31/01/2003	agua	+
Cabra	01/02/2003	a	21/01/2004	agua	-
Mono	22/01/2004	a	08/02/2005	madera	+
Gallo	09/02/2005	a	28/01/2006	madera	-
Perro	29/01/2006	a	17/02/2007	fuego	+
Chancho	18/02/2007	a	06/02/2008	fuego	-
Rata	07/02/2008	a	25/01/2009	tierra	+
Búfalo	26/01/2009	a	13/02/2010	tierra	-
Tigre	14/02/2010	a	02/02/2011	metal	+
Conejo	03/02/2011	a	22/01/2012	metal	-
Dragón	23/01/2012	a	09/02/2013	agua	+
Serpiente	10/02/2013	a	30/01/2014	agua	-
Caballo	31/01/2014	a	18/02/2015	madera	+
Cabra	19/02/2015	a	07/02/2016	madera	-
Mono	08/02/2016	a	27/01/2017	fuego	+
Gallo	28/01/2017	a	15/02/2018	fuego	-
Perro	16/02/2018	a	04/02/2019	tierra	+
Chancho	05/02/2019	a	24/01/2020	tierra	-
Rata	25/01/2020	a	11/02/2021	metal	+
Búfalo	12/02/2021	a	31/01/2022	metal	-
Tigre	01/02/2022	a	21/01/2023	agua	+
Conejo	22/01/2023	a	09/02/2024	agua	-
Dragón	10/02/2024	a	28/01/2025	madera	+
Serpiente	29/01/2025	a	16/02/2026	madera	-
Caballo	17/02/2026	a	05/02/2027	fuego	+
Cabra	06/02/2027	a	25/01/2028	fuego	-
Mono	26/01/2028	a	12/02/2029	tierra	+
Gallo	13/02/2029	a	02/02/2030	tierra	-
Perro	03/02/2030	a	22/01/2031	metal	+
Chancho	23/01/2031	a	10/02/2032	metal	-

KI NUEVE ESTRELLAS

Correspondencia según fecha de nacimiento y Ki nueve estrellas

AÑO	10 KAN		12 SHI		KI 9 ESTRELLAS
1923	Agua menor	3	Jabalí (cerdo-chancho)	5	Tierra amarilla
1924	Árbol mayor	9	Rata	4	Árbol verde oscuro
1925	Árbol menor	6	Vaca (buey-búfalo)	3	Árbol verde brillante
1926	Fuego mayor	3	Tigre	2	Tierra negra
1927	Fuego menor	9	Conejo (liebre-gato)	1	Agua blanca
1928	Tierra mayor	6	Dragón	9	Fuego púrpura
1929	Tierra menor	3	Serpiente	8	Tierra blanca
1930	Metal mayor	9	Caballo	7	Metal rojo
1931	Metal menor	6	Oveja (cabra)	6	Metal blanco
1932	Agua mayor	3	Mono	5	Tierra amarilla
1933	Agua menor	9	Gallo	4	Árbol verde oscuro
1934	Árbol mayor	6	Perro	3	Árbol verde brillante
1935	Árbol menor	3	Jabalí (cerdo-chancho)	2	Tierra negra
1936	Fuego mayor	9	Rata	1	Agua blanca
1937	Fuego menor	6	Vaca (buey-búfalo)	9	Fuego púrpura
1938	Tierra mayor	3	Tigre	8	Tierra blanca
1939	Tierra menor	9	Conejo (liebre-gato)	7	Metal rojo
1940	Metal mayor	6	Dragón	6	Metal blanco
1941	Metal menor	3	Serpiente	5	Tierra amarilla
1942	Agua mayor	9	Caballo	4	Árbol verde oscuro
1943	Agua menor	6	Oveja (cabra)	3	Árbol verde brillante
1944	Árbol mayor	3	Mono	2	Tierra negra
1945	Árbol menor	9	Gallo	1	Agua blanca
1946	Fuego mayor	6	Perro	9	Fuego púrpura
1947	Fuego menor	3	Jabalí (cerdo-chancho)	8	Tierra blanca
1948	Tierra mayor	9	Rata	7	Metal rojo
1949	Tierra menor	6	Vaca (buey-búfalo)	6	Metal blanco
1950	Metal mayor	3	Tigre	5	Tierra amarilla
1951	Metal menor	9	Conejo (liebre-gato)	4	Árbol verde oscuro
1952	Agua mayor	6	Dragón	3	Árbol verde brillante
1953	Agua menor	3	Serpiente	2	Tierra negra
1954	Árbol mayor	9	Caballo	1	Agua blanca
1955	Árbol menor	6	Oveja (cabra)	9	Fuego púrpura

Ludovica Squirru Dari

AÑO	10 KAN		12 SHI		KI 9 ESTRELLAS
1956	Fuego mayor	3	Mono	8	Tierra blanca
1957	Fuego menor	9	Gallo	7	Metal rojo
1958	Tierra mayor	6	Perro	6	Metal blanco
1959	Tierra menor	3	Jabalí (cerdo-chancho)	5	Tierra amarilla
1960	Metal mayor	9	Rata	4	Árbol verde oscuro
1961	Metal menor	6	Vaca (buey-búfalo)	3	Árbol verde brillante
1962	Agua mayor	3	Tigre	2	Tierra negra
1963	Agua menor	9	Conejo (liebre-gato)	1	Agua blanca
1964	Árbol mayor	6	Dragón	9	Fuego púrpura
1965	Árbol menor	3	Serpiente	8	Tierra blanca
1966	Fuego mayor	9	Caballo	7	Metal rojo
1967	Fuego menor	6	Oveja (cabra)	6	Metal blanco
1968	Tierra mayor	3	Mono	5	Tierra amarilla
1969	Tierra menor	9	Gallo	4	Árbol verde oscuro
1970	Metal mayor	6	Perro	3	Árbol verde brillante
1971	Metal menor	3	Jabalí (cerdo-chancho)	2	Tierra negra
1972	Agua mayor	9	Rata	1	Agua blanca
1973	Agua menor	6	Vaca (buey-búfalo)	9	Fuego púrpura
1974	Árbol mayor	3	Tigre	8	Tierra blanca
1975	Árbol menor	9	Conejo (liebre-gato)	7	Metal rojo
1976	Fuego mayor	6	Dragón	6	Metal blanco
1977	Fuego menor	3	Serpiente	5	Tierra amarilla
1978	Tierra mayor	9	Caballo	4	Árbol verde oscuro
1979	Tierra menor	6	Oveja (cabra)	3	Árbol verde brillante
1980	Metal mayor	3	Mono	2	Tierra negra
1981	Metal menor	9	Gallo	1	Agua blanca
1982	Agua mayor	6	Perro	9	Fuego púrpura
1983	Agua menor	3	Jabalí (cerdo-chancho)	8	Tierra blanca
1984	Árbol mayor	9	Rata	7	Metal rojo
1985	Árbol menor	6	Vaca (buey-búfalo)	6	Metal blanco
1986	Fuego mayor	3	Tigre	5	Tierra amarilla
1987	Fuego menor	9	Conejo (liebre-gato)	4	Árbol verde oscuro
1988	Tierra mayor	6	Dragón	3	Árbol verde brillante
1989	Tierra menor	3	Serpiente	2	Tierra negra
1990	Metal mayor	9	Caballo	1	Agua blanca

KI NUEVE ESTRELLAS

AÑO	10 KAN		12 SHI		KI 9 ESTRELLAS
1991	Metal menor	6	Oveja (cabra)	9	Fuego púrpura
1992	Agua mayor	3	Mono	8	Tierra blanca
1993	Agua menor	9	Gallo	7	Metal rojo
1994	Árbol mayor	6	Perro	6	Metal blanco
1995	Árbol menor	3	Jabalí (cerdo-chancho)	5	Tierra amarilla
1996	Fuego mayor	9	Rata	4	Árbol verde oscuro
1997	Fuego menor	6	Vaca (buey-búfalo)	3	Árbol verde brillante
1998	Tierra mayor	3	Tigre	2	Tierra negra
1999	Tierra menor	9	Conejo (liebre-gato)	1	Agua blanca
2000	Metal mayor	6	Dragón	9	Fuego púrpura
2001	Metal menor	3	Serpiente	8	Tierra blanca
2002	Agua mayor	9	Caballo	7	Metal rojo
2003	Agua menor	6	Oveja (cabra)	6	Metal blanco
2004	Árbol mayor	3	Mono	5	Tierra amarilla
2005	Árbol menor	9	Gallo	1	Agua blanca
2006	Fuego mayor	6	Perro	9	Fuego púrpura
2007	Fuego menor	3	Jabalí (cerdo-chancho)	8	Tierra blanca
2008	Tierra mayor	9	Rata	7	Metal rojo
2009	Tierra menor	6	Vaca (buey-búfalo)	6	Metal blanco
2010	Metal mayor	3	Tigre	5	Tierra amarilla
2011	Metal menor	9	Conejo (liebre-gato)	4	Árbol verde oscuro
2012	Agua mayor	6	Dragón	3	Árbol verde brillante
2013	Agua menor	3	Serpiente	2	Tierra negra
2014	Árbol mayor	9	Caballo	1	Agua blanca
2015	Árbol menor	6	Oveja (cabra)	9	Fuego púrpura
2016	Fuego mayor	3	Mono	8	Tierra blanca
2017	Fuego menor	9	Gallo	7	Metal rojo
2018	Tierra mayor	6	Perro	6	Metal blanco
2019	Tierra menor	3	Jabalí (cerdo-chancho)	5	Tierra amarilla
2020	Metal mayor	9	Rata	4	Árbol verde oscuro
2021	Metal menor	6	Vaca (buey-búfalo)	3	Árbol verde brillante
2022	Agua mayor	3	Tigre	2	Tierra negra
2023	Agua menor	9	Conejo (liebre-gato)	1	Agua blanca
2024	Árbol mayor	6	Dragón	9	Fuego púrpura
2025	Árbol menor	3	Serpiente	8	Tierra blanca

UN VIAJE POR LOS AÑOS DEL DRAGÓN

Dragón de Fuego 03-02-1916 al 22-01-1917

• Portugal declaró la guerra a Alemania e ingresó en la Primera Guerra Mundial.

• En Irlanda se produjo el Alzamiento de Pascua, rebelión que marcó el comienzo de la lucha por lograr la independencia de Irlanda respecto del Reino Unido.

• En Argentina, Hipólito Yrigoyen asumió la presidencia de la República. Fue electo en los primeros comicios con voto universal, secreto y obligatorio.

• Pancho Villa, junto a quinientos hombres, atacó el poblado de Columbus, en Nuevo México.

• En noviembre de 1916, Mata Hari, famosa espía de origen neerlandés, fue arrestada en Londres, pero se la liberó después de su declaración.

Dragón de Tierra 23-01-1928 al 09-02-1929

• En Grecia, un terremoto destruyó Corinto. La ciudad había sido reconstruida en 1858, luego de que otro terremoto devastara la antigua Corinto.

• En Berlín, Alemania, se estrenó *La ópera de los tres centavos*, de Bertolt Brecht, con música de Kurt Weill.

• En la Ópera Garnier de París, Maurice Ravel estrenó su famoso *Bolero* para el ballet de Ida Rubinstein.

• En Nueva York, se estrenó *Steamboat Willie*, primer cortometraje de dibujos animados con sonido sincronizado y primera película distribuida en la que aparecen Mickey Mouse y Minie, En Bélgica, el diario *Le XXme Siecle* comenzó a publicar la historieta de Tintín, creado por Hergé. El *New York Evening Journal* publicó la tira Popeye, creada por Elzie Crisler Segar.

Dragón de Metal 08-02-1940 al 26-01-1941

• En Londres, en su primer discurso como primer ministro, Winston Churchill pronunció su histórica frase: "No tengo nada que ofrecerles más que sangre, esfuerzo, lágrimas y sudor".

- Alemania declaró que las naves mercantes del Reino Unido serían objetivos militares, y como respuesta, el Reino Unido armó a los mercantes que navegaban por el Mar del Norte.
- El actor, director y escritor británico Charles Chaplin estrenó la película *El gran dictador.*
- La actriz alemana Marlene Dietrich obtuvo la nacionalidad estadounidense.
- De Gaulle fue reconocido como el líder de Francia por el gobierno británico.

Dragón de Agua 27-01-1952 al 13-02-1953
- Isabel II ascendió al trono tras el fallecimiento de su padre, el rey Jorge VI.
- Tuvo lugar la Noche de los Poetas Muertos, en la que trece destacados escritores, poetas, músicos, artistas y actores judíos fueron ejecutados por orden de Stalin en la prisión Lubyanka.
- Grecia y Turquía se adhirieron oficialmente a la OTAN.
- Se patentó el código de barras.
- La inundación del Mar del Norte fue producida por una gran tormenta que provocó la subida del nivel del mar. Hubo más de 2500 muertos. Fue el disparador para que los países afectados implementaran importantes sistemas de protección contra el mar.

Dragón de Madera 13-02-1964 al 01-02-1965
- En Buenos Aires, se publicó por primera vez la tira *Mafalda*, creada por Joaquín Lavado, Quino.
- En México, en el Bosque de Chapultepec, fue inaugurado el Museo Nacional de Antropología e Historia.
- Grecia se negó a negociar Chipre con los turcos.
- En Estados Unidos, un jurado federal condenó a Jimmy Hoffa, presidente del sindicato de camioneros por haber sobornado en 1962 a otro jurado federal en una investigación de sus vínculos con la mafia.
- En un caso único, cinco temas de The Beatles ocuparon los cinco primeros lugares de la lista estadounidense de sencillos Bilboard.

Dragón de Fuego 31-01-1976 al 17-02-1977

• Se produjo "el mayor robo de arte de la historia en tiempos de paz". En el palacio de los Papas de Avignon, Francia, fueron robados 119 cuadros de Picasso. Se recuperaron en octubre de ese mismo año.

• Se creó en Nepal el Parque Nacional de Sagarmatha, donde se encuentra el monte Everest. Sagarmatha significa "sobre la cima del mundo".

• La nave estadounidense *Viking I* realizó el primer aterrizaje en Marte.

• En Italia, a raíz de un incendio en una pequeña planta química, se produjo "el desastre de Seveso".

• En Chile, fue descubierto el yacimiento arqueológico de Monte Verde.

Dragón de Tierra 17-02-1988 al 05-02-1989

• En el Mar del Norte, una explosión destruyó la plataforma petrolífera Piper Alpha; murieron 167 personas.

• Entró en vigor el Protocolo de Montreal con el fin de proteger la capa de ozono. Lo ratificaron veintinueve países y la Comunidad Económica Europea.

• En una mansión del Tortugas Country Club, provincia de Buenos Aires, murió Cristina Onassis, hija del multimillonario magnate griego Aristóteles Onassis.

• El ciclón Amphan afectó gravemente a Bangladés, India, Sri Lanka.

• Gran parte de Bangladés quedó anegada por el desborde del río Brahmaputra. Murieron 800 personas y veinticinco millones quedaron sin hogar.

Dragón de Metal 05-02-2000 al 23-01-2001

• En Buenos Aires se suicidó el doctor René Favaloro, creador de la técnica de baipás, que revolucionó la cirugía cardiovascular.

• En Francia, uno de los aviones supersónicos Concorde se estrelló poco después de despegar de París. Hubo 109 muertos a bordo y cuatro personas que estaban en tierra.

• En España, el Palmeral Histórico de Elche fue declarado

Patrimonio de la Humanidad por la Unesco. En él se encuentra la famosa palmera imperial, nombrada así en honor a la emperatriz Sisí.

• Grecia se incorporó al Eurosistema.

• Michael Schumacher consiguió su tercer título mundial en Fórmula I.

Dragón de Agua 23-01-2012 al 09-02-2013

• La provincia italiana de Módena sufrió un terremoto de 6.1, que dejó un saldo de siete muertos, y un segundo terremoto de 5.8 provocó destrozos en la ciudad de Bolonia, con un saldo de veinte muertos.

• En Ecuador, murió Solitario George, último ejemplar de *Chelonoidis abingdonii*, tortuga gigante, por lo cual la especie se extinguió.

• En Italia se anularon los privilegios fiscales de la Iglesia católica.

• En Argentina, un grave accidente ferroviario dejó un saldo de 51 muertos y 703 heridos.

• Fue el último día del decimotercer baktún en la cuenta larga del calendario maya, y circuló la creencia de que ese día sobrevendría el fin del mundo.

• Falleció Neil Armstrong, el primer hombre que pisó la Luna.

BIBLIOGRAFÍA

- Del Sol, Paula: *Horóscopos chinos*, Gránica S. A., Buenos Aires, 1974.
- Solari Parravicini, Benjamín: *Dibujos proféticos*, Tomo 2, Ediciones Acuarela, Buenos Aires, 2000.
- Squirru, Ludovica: *Horóscopo chino*, Atlántida, Buenos Aires, 2000.
- Wilheim, Richard: *I Ching*, Sudamericana, Buenos Aires, 1996.

https://es.wikipedia.org